21 CHENGREN GAODENGJIAOYU SHIJI CAIJINGLEI XILIE JIAOCAI

21世纪成人高等教育财经类系列教材 专科 ZB

市场营销学

SHICHANG YINGXIAOXUE

总主编：周传丽

主　编：张丽莲（深圳职业技术学院）
彭雷清（广东商学院）
副主编：彭朝林（深圳职业技术学院）
左两军（华南农业大学）
赵柳村（罗定职业技术学院）
欧阳波（东莞理工学院）

西南财经大学出版社
SOUTHWESTERN UNIVERSITY OF FINANCE & ECONOMICS PRESS

图书在版编目(CIP)数据

市场营销学/张丽莲,彭雷清主编 .—成都:西南财经大学出版社,2011.12(2020.1 重印)
ISBN 978-7-5504-0468-7

Ⅰ.①市… Ⅱ.①张…②彭… Ⅲ.①市场营销学—成人高等教育—教材 Ⅳ.①F713.50

中国版本图书馆 CIP 数据核字(2011)第 221079 号

市场营销学

总主编:周传丽

主　编:张丽莲　彭雷清

责任编辑:汪涌波

封面设计:大　涛

责任印制:朱曼丽

出版发行	西南财经大学出版社(四川省成都市光华村街 55 号)
网　　址	http://www.bookcj.com
电子邮件	bookcj@foxmail.com
邮政编码	610074
电　　话	028-87353785
印　　刷	郫县犀浦印刷厂
成品尺寸	185mm×260mm
印　　张	16
字　　数	380 千字
版　　次	2011 年 12 月第 1 版
印　　次	2020 年 1 月第 7 次印刷
印　　数	23001— 25000 册
书　　号	ISBN 978-7-5504-0468-7
定　　价	33.00 元

21 世纪成人高等教育财经系列教材简介

随着成人高等教育事业的蓬勃发展，成人高等教育教材存在可选版本较少和内容陈旧等问题。虽不少学校借用普通高校教材，但所借用的教材通常难度较高并脱离成人教育实际情况。

为解决这些问题，广东省普通高等学校成人高等教育研究会在总结广东省各普通高校成人教育教学、实践经验的基础上，组织有关高校专家编写本系列教材。本教材根据成人高等教育学生的实际入学基础编写，重点突出成人、业余、实用的特点，以求达到理论与实践相结合，学习内容和形式与成人学习者相符合的目的。

本系列教材实行主编负责制，由西南财经大学出版社于 2011 年 11 月陆续出版。

总 序

他们或许是一群走上社会后还需要更新知识和提升技能的人，他们或许是一群由于种种原因没能接受普通高等教育的人，对他们而言，时间始终是一个极为坚硬的约束，但对知识的渴求和现实的压力使得他们义无反顾地选择了成人高等教育这一学习形式，以期实现自己的理想。

成人高等教育既是高等教育的重要组成部分，又是终身教育体系的重点发展方向。就培养目标而言，成人高等教育旨在培养具有专业知识和专业技能的应用型人才，以满足知识经济时代人才的需求特征。基于此，成人高等教育的教学内容就应当能及时反映当代科技与经济发展水平，及时吸收经济与科技发展中创造出的新成果，并充分体现“学”和“用”的紧密结合。

为了解决成人高等教育教材“普教化”以及成教学生“工”与“学”的矛盾，由广东省普通高校成人高等教育专业委员会牵头，组织省内重点高校共同编写出版的“21世纪成人高等教育财经类系列教材”面世。该套教材共16种，其中6种本科用教材:《中级财务会计》《成本会计》《管理会计》《会计电算化》《管理学原理》《中国税制》，6种专科用教材:《会计学原理》《财务管理学》《审计学基础》《管理学原理》《市场营销学》《财政与金融》，4种本科专科通用教材:《宏观经济学》《微观经济学》《统计学原理》《人力资源管理》。我们将分批推出这套系列教材。

我们奉行的理念是：集众多成人教育教材之精华，融几十位相关专业教师之经验，呈特色精品于学生。在充分顾及了成人高等教育的教学规律和教育对象特点的基础上，本着“实用为主，够用为度”以及注重理论联系实际的总原则，博采众长地形成了具有明显成人高等教育特色的系列教材。该套教材总体特色体现在以下六个方面：

第一，内容简明。教材充分考虑到成人教育的特点，内容以涵盖本学科的主要知识为度，对围绕主要内容的扩展性知识点到为止。略去了复杂的推理、演绎和论证过程，以突出重点。

第二，体例新颖。教材各章正文前以“学习目标”和“引导案例”作为本章的学习提示，引领学生以探究、思考和追踪的方式学习相关知识。章前“学习目标”与章后“本章小结”相互辉映，便于学生加深对本章重要知识点的印象。章后的思考题、练习题和案例分析题有利于学生通过思考和探讨，提高对理论和业务原理的认知程度，培养学生的分析能力、决策能力和创新能力。

第三，彰显实用。教材内容突出实践中普遍应用的原理和方法，除个别教材受内容限制外，大部分教材各章、各节内容中辅之以鲜活实用的“小案例”和“小链接”，在阐述理论知识的同时，引发学生对现实问题的思考和探究，并有助于“教”与“学”的互动。

第四，体现前沿。教材充分体现了各专业和各学科的国内外最新研究成果和研究动向，同时了修订以往教材中已经陈旧过时的内容，以期实现与经济发展和科学研究同步，其中的会计系列教材更是体现了近年来我国会计改革与国际趋同的理念。

第五，系统整体。在该套教材的编写过程中，我们更加重视各门课程之间的内在联系以及同一门课程内容的前后关联，以期更好地帮助学生把握相关专业知识的系统性和整体性，避免局部知识之间相互隔离与割裂。与此同时，系列教材还有意识地避免了某些知识点在多门课程中的重复出现。

第六，生动立体。以成教学生为主体，教材尽可能用通俗的、简明的和生动语言，将原本复杂难懂的理论表达出来。通过大量的图表呈现庞杂的流程和钩稽关系，使学生可以轻松地理清其中的原理和相互关系。此外，该套教材在架构上注意预留进一步编写制作电子课件、电子题库和网络测试题等其他辅助学习工具的空间，我们将进一步完善和补充成教学生需要的学习工具。

鉴于本系列教材的特点，它不仅适合成人高等教育，如脱产、业余及函授三种形式的教学使用，亦可作为各专科院校、各类型专业培训机构的教材，同时也适合广大财经从业人员作为学习参考用书。

受编者水平和经验所限，加之编写时间仓促，本系列教材不足之处在所难免，我们真诚地希望广大读者提出宝贵意见和建议，以便日臻完善。

本次出版发行的系列教材是一个起点而不是终点，我们将伴随着经济发展的步伐，以“如切如磋，如琢如磨”的精神不断修订和完善这一阶段性成果。

总主编　周传丽

2011 年 9 月

前 言

市场营销学是一门建立在经济学、管理学、哲学和行为科学等学科理论基础之上的应用科学，其核心内容是研究以满足市场需求为中心的企业营销活动过程及其规律，使企业在竞争激烈的市场环境中获得生存和发展，因此具有很强的理论性和实践性。

成人高等教育是我国终身教育体系的重要构成部分，是实施人才强国战略的基础，在我国学习型社会的构建中具有重要的地位。成人高等教育教材必须遵循成人高等教育的教学特点和规律，实现培养目标人性化、学习形式多元化、课程模块实用化，使教学内容具有针对性和应用性，既符合就业岗位的需求，又符合学生能力的多维特征，尽可能满足学生自主学习的要求。

本书系广东省普通高校成人教育研究会专门为解决成人高等教育教材"普教化"和成教学生"工与学"的矛盾，以"提高成人高等教育教材质量"为总目标而组织编写出版的"21世纪成人高等教育财经类系列教材"之一。本书的编写以"遵循成人高等教育规律，适合成人学习需要"为前提，切实贯彻"实用为主，够用为度"和"创新体例，学用一体"两大原则。教材内容设计上力求"实用为主"，使其更贴近营销管理、服务一线岗位的需要；难度上以"够用为度"，淡化理论灌输，突出实践性，使学生达到所学即所用的目的。本教材借鉴国内外成人教育和市场营销学的最新研究成果，创新编写体例，充分体现"干中学"的教育理念，实现理论与实践的融合、教学与评价的融合、学校与社会的融合，开创"学用一体"教学新范式。

编写组成员经过深入研究，博采众家之长，结合多年的教学实践经验，完成了本教材的编写。总结起来，本书具有以下五大特色：

一、内容简明，体现前沿，突出实用

根据"实用为主，够用为度"的原则，简明扼要地介绍国内外最新的营销概念、基本原理和方法，在理论"够用"的基础上，辅以大量鲜活实用的营销案例和小链接来补充相关知识，引发实践思考，以促使学生更好更快地领悟、理解、掌握乃至运用营销知识。

二、体例新颖，图文并茂，突出简易

本书采用自学式教材的编写模式，以学生为主体，使用亲和简明的语言，将教学活动纳入学习过程当中，形式活泼。全书佐以丰富图例，将原本复杂难懂的营销理论通过直观的图表呈现出来，使学生即使通过自学的方式，也能轻松理清其中的条理，掌握本书所讲的营销理论知识。

三、贴近现实，强调实训，突出工作流程

根据成人高等教育培养应用型人才的目标，本书围绕营销管理的工作流程展开，其中“营销工作坊”环节设计既自成一体又贯穿全书的各营销管理环节的营销模拟项目，把实训目标细化分解到各工作环节进行分步操练。到课程结束时，所有的实训分项报告综合起来即形成完整的市场营销策划报告。通过系统的实训，以培养和提高学生综合运用营销知识来解决营销问题的技能以及沟通演示、团队合作等基本的职业素养，探索培养学生综合职业能力的新型教学模式。

四、教材立体化，方便使用，突出互动

本教材编入教学大纲及教案范例，并对营销模拟实训项目的操作步骤有详细的指引，同时配套推出丰富的电子资源，包括电子课件、营销策划报告范例、习题参考答案等，让老师能够“拿来即用”。同时，教材的编写突出“互动化”，具体体现在“教师与学生的互动、课上与课下的互动、学校与社会的互动、学生与网络的互动、学生与学生的互动”。这些互动可以增加教学的趣味性，提高学生的参与度，从而提升教学的效率。

五、评价多元化，全面客观，保障学习效果

以国内外多元化评价的研究理论为指导，结合中国成人高等教育的实际，本教材的编写充分体现“评价体系的多元化”，每一章节都有明确的评估目标，提供不同作业形式的评价标准，能够体现评价内容、形式、方法、主体、时段的多元化，以实现对学生职业能力和素质的全面、客观的评价。

总之，本教材集众家之长，独辟蹊径，内容全面，结构新颖，有很强的实用性和可操作性。它既是一本时代特色鲜明的应用性成人高等教育教材，适合成人大专、函授、现代远程教育和自学考试教学使用，又可作为各专科院校、各类型专业培训机构的市场营销学教材，同时也是经济管理领域各类经营管理人员的必备入门读物。

本教材在编写过程中参考了大量的国内、国外书籍，在此谨对原作者表示真诚的感谢。本教材由张丽莲主编，彭朝林任副主编；张丽莲、彭朝林、林倩敏、杨倩参与编写。其中第6、7、8、10章由彭朝林编写，第9章由杨倩编写，第11、12章由林倩敏编写，第1、2、3、4、5章及其余部分由张丽莲编写。全书由张丽莲负责统稿和审定。参加审稿的还有广东商学院彭雷清教授、华南农业大学左两军老师、罗定职业技术学院赵柳村老师、东莞理工学院欧阳波老师，在此谨致衷心的感谢。

由于编者水平和经验所限，错误和缺点在所难免，欢迎广大读者批评指正。

编者

2011年8月于深圳西丽湖

教材使用说明

本教材共有12章，分别为：认识市场营销、市场营销环境、营销信息与市场调研、消费行为、目标市场、产品策略、品牌资产、定价策略、分销策略、促销策略、服务营销和市场营销新趋势12个模块。这些模块基本涵盖了市场营销管理工作的各个方面，为市场营销实践提供了全面、科学、系统的理论基础、原则和操作规范，以“引导案例”和“实例链接”为媒介帮助学生拓宽营销视界，以“营销讨论”和“营销工作坊”为平台为学生创造几近真实的营销环境，以“学习档案”和“评价标准”为导向促进学生自主学习，达到职业标准要求，为培养学生的实际营销能力创造了条件。《市场营销学》每个单元的编排体例基本一致，具体说明如下：

1. 学习目标

在每章开始前明确列出“学习目标”，包括知识学习目标和技能实训目标，有利于教师和学生了解学习本单元后应该达到的知识和技能目标。

2. 引导案例

每单元起始均设置一个与单元主题相关的“引导案例”。通过典型案例分析将主题引出，激发学生对相关主题的兴趣，引导学生对章节重点由感性认识提升到理性认识。

3. 基础知识

每章的主体“基础知识”部分科学系统地介绍市场营销的基本概念、基本原理和方法，给学生打下坚实的理论基础，使其掌握市场营销的一般过程、步骤、方法和技巧。

4. 实例链接

在介绍理论知识的同时，在篇章中插入鲜活实用的“实例链接”，补充介绍相关知识，连线市场营销现场，使学生更轻松地掌握理论，并能够更好地联系实际。

5. 营销讨论

在每个小节结束时，都精心设计“营销讨论”，包含相关营销情景的学习任务和活动，引导学生开展讨论、调研、分析、演示、报告等活动，力争将理论与实际、教学与实践充分结合，体现成人高等教育培养实用型人才的教育理念。

6. 精要回顾

本部分与开篇的“学习目标”遥相呼应，总结介绍单元主题学习必备的专业术语和理论精要，旨在帮助学生在较短的时间内梳理、熟悉和掌握营销基本理论知识，提高学生学习的效率和效能。

7. 关键概念

“关键概念”整理列举了本单元出现的重要的营销概念和术语，旨在帮助学生把握本章重点，同时有利于学生进行自我检验。

8. 思考题

“思考题”部分针对本章的重点内容，以提出问题的形式让学生思考，检验学生对理论学习的掌握程度和学习效果。

9. 营销工作坊

营销工作坊针对每个单元的学习目标，设计综合性的模拟实践项目，使学生在几近真实的市场营销情景中开展针对性的任务操练，突出对实际营销管理能力的培养和应用。每章的营销工作坊既相对独立，又与其他章节的工作坊相互衔接，浑然一体。当本书所有的营销工作坊任务完成后，就相当于对营销管理的主要工作环节进行了一次系统有序的仿真演练。学生将所有的实训分项报告综合起来即形成相对完整的市场营销策划报告。

10. 学习档案

为了实现对学生自主学习的引导以及提供学习的多元评价证据，每章结尾都设立了“学习档案”。该档案包括对学生在本章学习中必须达到的要求、学习与调研证据（包括课堂内外自学、“引导案例”、“营销讨论”以及“营销工作坊”环节产生的报告、论文、图表、复印件、录像等资料）的累积、教师对学习过程的指导意见与反馈信息等。

11. 评价标准

为了达到各单元提出的学习目标，每单元都设计了不同的作业，包括书面报告、口头演示、小组讨论等。针对这些不同的作业形式，本书最后附上详细的评价标准，方便教师对学生的学习成果进行较为客观的评价，同时给学生的自主学习和自我评价提供指引。

编者

2011 年 8 月于深圳西丽湖

目 录

1 认识市场营销

学习目标

▶ 知识目标

1. 掌握市场与市场营销的含义，了解市场营销学框架体系，建立市场营销概念；

2. 了解市场营销观念的演进，掌握各种营销观念的背景、含义及其企业行为；

3. 掌握市场营销核心概念的含义及其相互关系。

▶ 技能目标

1. 能区分并评价不同营销观念指导下的企业行为；

2. 能初步筹建营销团队，并根据要求建立起适当的合作方式。

内容结构图

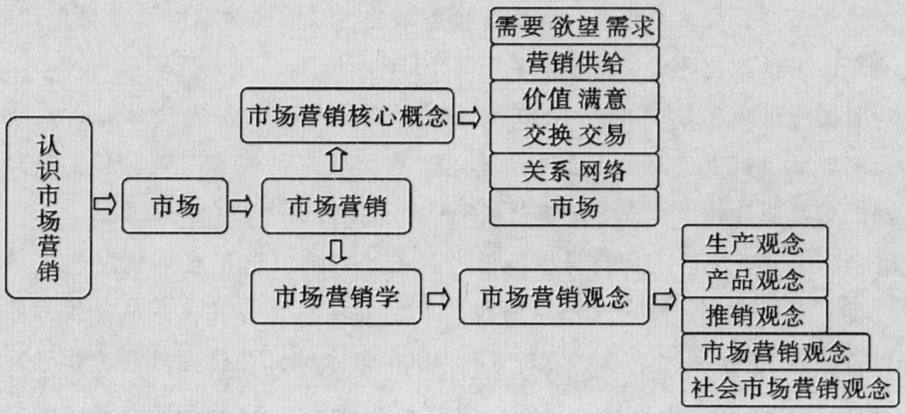

引导案例

如何把木梳卖给和尚？

某著名大公司高薪招聘营销主管，应聘者趋之若鹜。但绝大多数应聘者在得知面试题目后却面面相觑，不知所措。原来，该公司秉承“相马不如赛马”的理念，为了选拔出高素质的人才，要求应聘者在10天之内想办法把木梳尽量多地卖给和尚。

出家人剃度为僧，六根已净，要木梳何用？这不明摆着拿人开涮吗？众人纷纷拂袖而去，最后只剩下甲、乙、丙三人知难而进，表示愿意一试。

10日期限到，三个应聘者如约回来汇报销售成果。

甲君满腹冤屈：他历尽艰辛，仅卖掉1把木梳。10日里，他不辞劳苦，跑了许多寺庙，诚心推销，却无甚效果，屡屡被轰出山门，还被众僧责骂，说他心怀恶意，羞辱出家之人。好在归途中遇到一个小和尚，只见他一边晒太阳，一边使劲挠着头皮。甲灵机一动，递上木梳，并哭诉遭遇。小和尚动了恻隐之心，试用木梳后果然解痒，于是买下一把。

乙君闻之不免有些得意，他共卖出10把木梳。乙说他为了推销木梳，好不容易觅得一座名山古寺。此处山高风大，进香者的头发被风吹得凌乱不堪。他灵机一动，找到寺院的住持说：“佛门净地，进香拜佛理应衣冠整齐。倘若蓬头垢面，实属对佛大不敬。应该在寺庙的香案前摆放木梳，以供善男信女梳理鬓发。”住持闻之有理，采纳了他的建议，于是买下了10把木梳。

丙君汇报说他不仅卖出了1000把木梳，还带回了一份大订单。众人啧啧称奇，忙问究竟。丙说他到了一个颇具盛名、香火极旺的深山宝刹，只见朝拜者络绎不绝。丙找到住持方丈，侃侃而谈：“凡来进香朝拜者都有一颗虔诚之心，希望佛光普照，恩泽天下。大师为得道高僧，且书法超群，何不在木梳上题刻‘积善梳’三字，赠予香客，梳去三千烦恼丝，以示我佛慈悲为怀，慈航普渡，并鼓励其多做善事？”方丈闻之大喜，立即买下1000把木梳，并将丙君视为知己，且共同主持了首次赠送“积善梳”仪式。得到“积善梳”的香客也很是高兴，一传十、十传百，朝圣者更多，香火更旺。“积善梳”很快供不应求。方丈连忙向公司追加订单。

（根据 www. people. com. cn/GB/jingji/1045/2075001. html 2011 - 2 - 18 改编）

分析与讨论

把木梳卖给和尚，听起来有些匪夷所思，但不同的思维，不同的推销术，却有不同的结果，其中蕴涵了市场营销的精髓。

1. 在这个案例中，你认为什么是市场？什么是市场营销？营销就是推销吗？为什么甲、乙、丙三人的销售结果如此不同？

2. 根据这个案例的启示，如果你是茶叶销售商，需要开拓市场扩大销售，把茶叶卖给不喝茶的人，你会如何做？

1.1 市场与市场营销

1.1.1 什么是市场

市场是商品经济的产物，是联系生产和消费的纽带。哪里有商品生产和商品交换，哪里就有市场。市场的概念不是一成不变的，随着商品经济和企业经营活动的发展，在不同的场合，从不同的角度看，市场有不同的含义。

1.1.1.1 市场是商品交换的场所

在日常生活中，人们习惯将市场看做是买卖的场所，如集市、商场、农贸市场、人才市场、电子商务交易市场等。这是市场的原始概念，正如我国古书《易·系辞下》所载的“日中为市，致天下之民，聚天下之货，交易而退，各得其所”，市场在这里指的是商品交换的具体场所，仅仅是个买卖东西的地方，是个地理空间上的概念。

1.1.1.2 市场是商品购买者的集合

如果有人说“中国的手机市场很大”，这里指的显然不是买卖手机的场所，而是指中国的手机需求量很大，购买手机的人很多。又比如我们常说的汽车市场、服装市场，或者与地域结合起来如亚洲市场、中国市场、广州市场等，这里的“市场”是市场营销学通常所指的含义，即所谓市场是指那些具有特定需求和欲望并且愿意和能够以交换来满足此需求和欲望的实际购买者和潜在购买者的集合。

由此定义可知，作为一个现实有效的市场，必须具备人口、购买力和购买欲望三个要素，用公式来表示就是：

市场 = 人口 + 购买力 + 购买欲望

这三个要素互相制约、缺一不可，只有三者结合起来才能构成市场并决定市场的规模和容量。

人口是构成市场的基本因素，其数量的多少是决定市场大小的前提。购买力是构成现实市场的物质基础。一个国家或地区的人口虽多，如果购买力低下，也不能形成很大的市场。购买力的高低由购买者的收入决定。一般而言，人们收入越高，购买力就越大，市场就越大；反之，市场就越小。购买欲望是指消费者购买商品的动机和愿望，它支配着人们的购买行为，是消费者把潜在的购买能力变成现实购买行为的必要条件。所以，从企业角度来看，市场是对某种商品有需求的人的总和，是人口及其购买力和购买欲望三个因素的统一。

1.1.1.3　市场是商品交换关系的总和

有管理学家认为，市场除了顾客一方，还要加上“拥有可销售的商品和服务的企业”一方，因为不将买方和卖方放在一起，就不会有市场。经济学家们则从人与人之间的经济关系的角度来定义市场，认为市场是买卖双方、买方与买方、卖方与卖方、买卖双方各自与中间商、中间商与中间商之间，在商品流通领域中进行交换时发生的关系的总和。

在现实经济中，由于劳动分工的细化，加上特定商品生产者之间的各类交换活动，形成了不同层面和领域的市场，如资源市场、制造商市场、中间商市场、政府市场、消费者市场等，并使这些市场形成了相互连接的复杂体系（如图1－1所示）。

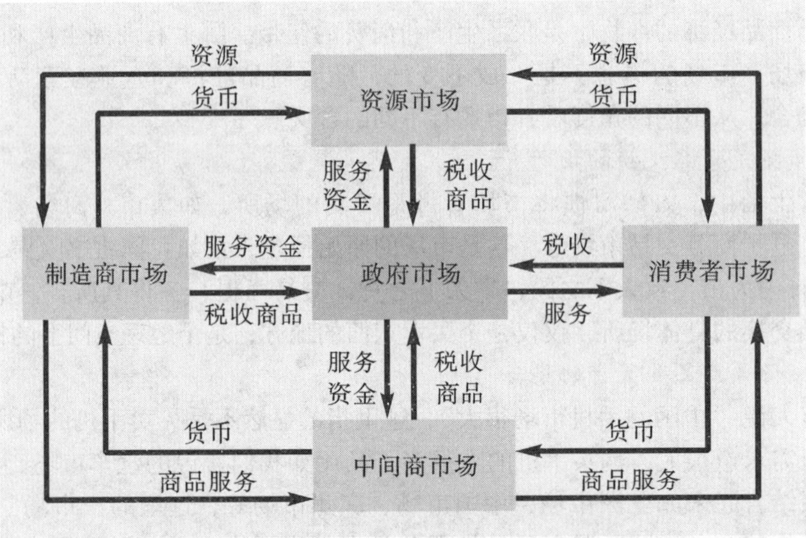

图1－1　现代经济活动中的基本市场流程图

可见，市场的定义虽然可以从不同的角度来界定，但它们只是强调的角度不同，相互之间并不矛盾。从市场营销学的观点来看，现实市场的存在必须包含三个基本条件：第一，买者，他们有某种需要或欲望，并且有支付能力；第二，卖者，他们能提供满足买方需求或欲望的产品或服务；第三，有促成交换双方达成交易的各种条件，如价格、时间、空间、服务等。

企业经营者们常常将卖方称为行业，将买方称为市场，于是一个简单的市场营销系统可以通过图1－2来表示：

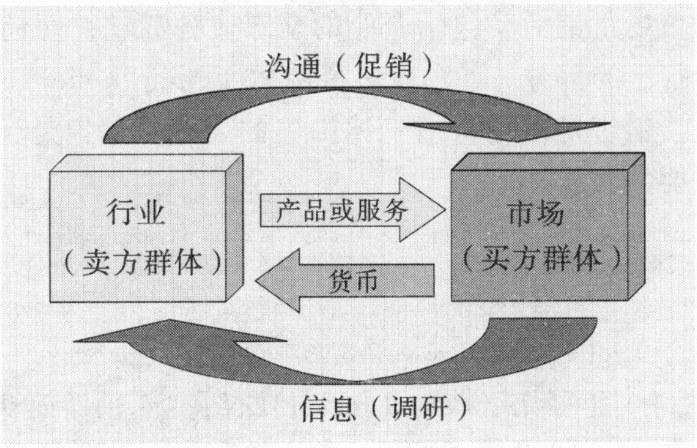

图1-2 市场营销系统简图

1.1.2 什么是市场营销

市场营销简称营销，来源于英语的“Marketing”一词。国内外学者对市场营销的定义不下百种，人们从不同角度对营销进行解读。其中著名的世界营销之父——菲利普·科特勒（Philip Kotler）将市场营销（Marketing）定义为“通过创造和交换产品及价值，从而使个人或群体的欲望和需要得到满足的社会和管理过程”。简言之，市场营销就是管理市场，以促成人们满足欲望和需要并同时使企业获得利润的企业活动。

现代的市场营销概念是从过去的市场销售发展而来的。可以说，人类社会自从有了商品和商品生产，就有了销售活动。但营销与销售或者推销不同：销售或推销（Selling）都是从卖方的需要出发，根据产品的成本定价，通过必要的促销手段最大限度地扩大销量而最终达到获利的目的；而营销则从市场的需要出发，根据消费者的需要设计产品并依据市场情况定价，再以消费者愿意接受的方式促销，通过满足消费者来获得最大利润。

企业的市场营销活动通常包括市场调研、消费者行为分析、目标市场的选择和定位、产品的开发、定价、分销、促销和售后服务等活动，几乎涵盖企业的所有业务活动。现代营销系统涉及多方参与者，他们相互影响，同时又都受到环境因素的制约（如图1-3所示）。

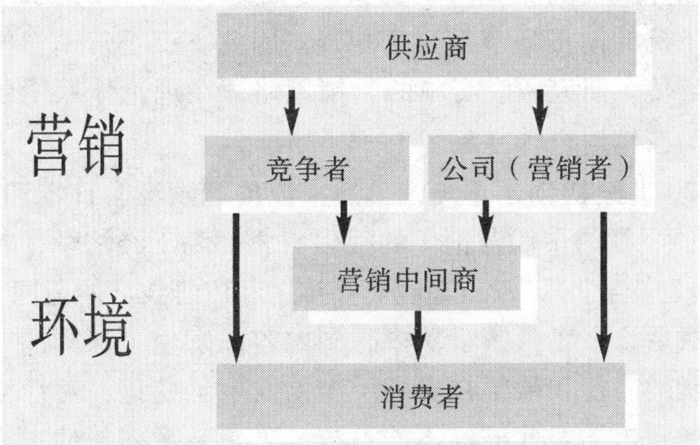

图1-3 现代营销系统的组成部分

可以说，企业的市场营销活动包括企业的全部业务活动，而销售（或说推销）只是营销活动中的一个很小的部分。菲利普·科特勒（Philip Kotler）曾说："销售不是市场营销最重要的部分，销售是市场营销'冰山'的尖端。销售是企业市场营销的职能之一，但不是其最重要的职能。"

营销讨论1

管理学宗师彼得·德鲁克（Peter Drucker）说："人们总是认为某种推销是必要的，但是营销的目的却是使推销成为不必要。"——你认为这是什么意思？结合现实谈谈你的理解。

1.2 市场营销学与市场营销观念

1.2.1 市场营销学

简单地说，市场营销学是一门研究市场营销活动的基本规律的应用学科，它专门研究通过交换过程来满足人们需要和欲望的人类活动。

现代市场营销学研究的对象是以满足消费者需求为中心的企业营销活动过程及其规律，即在特定的市场环境中，企业通过市场调研分析，为满足消费者的需要所进行的以产品（Product）、分销渠道（Place）、定价（Price）、促销（Promotion）为主要内容的营销活动过程及其客观规律。

市场营销学的核心是"交换"。从企业的角度来看，市场调研、产品开发、生产、销售、服务等活动的目标都是为了满足顾客需求。但是，如果产品和服务不能在市场上进行交换，顾客的需求就得不到满足，企业的劳动成果就不能实现价值。因此，"交换"在市场营销过程中具有特别重要的意义。但是，交换并不能孤立地发生，它与上延的生产环节，与下延的消费环节都紧密相连。因此，市场营销学围绕消费者需求这个中心，分析市场环境，研究所应实施的营销策略，在理论体系中包括营销原理、市场调研、需求分析与营销组合等（如图1-4所示）。

市场营销学于20世纪初创建于美国，后来流传到欧洲、日本和其他国家及地区，1978年被引入中国。早期的市场营销学的很多概念都源于经济学，其研究的内容实质上是"分配学"和"广告学"，没有超越商品推销和广告技巧的范围。

第二次世界大战后，市场营销学从概念到内容都发生了深刻的变化。战后经济的高速发展使得消费者的需要和欲望在更高层次上发生了变化，对社会供给提出了更高的要求，传统的市场营销学对此已经不能适应，于是一系列新的观念产生了。过去被看成是生产过程的终点的市场，现在反过来成了市场过程的起点，学者们将"潜在需

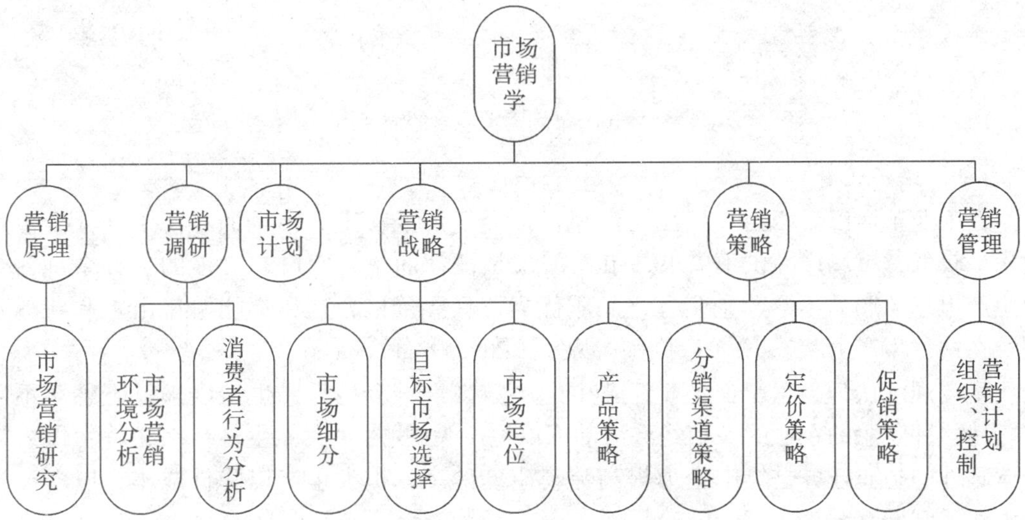

图 1－4 市场营销学的主要研究内容

求”纳入市场概念。企业经营者开始根据市场需求来组织生产，并确立以消费者为中心而不是以生产者为中心的观念。可以说，一门崭新的现代市场营销学诞生了。

现代市场营销学日益与经济学、管理学、社会学、行为学等多门学科紧密结合起来，成为一门综合性的应用科学，已经形成了自己的理论体系。进入 21 世纪，市场营销学又面临着许多新的挑战，为此，企业经营者和营销学者们正不断地进行研究探索。

1.2.2 市场营销观念

第二次世界大战后，世界上关于市场营销的论著数不胜数，营销学者们不断创新，逐步建立起以“满足需求”、“顾客满意”为核心内容的框架和体系，而有创见的营销新概念不断涌现（如图 1－5 所示）。这些概念与理论推动了市场营销学从策略到战略、从个体到社会、从外部到内部、从局部到全球的全面深化发展。

20世纪50年代	20世纪60年代	20世纪70年代	20 世纪 80 年代	20 世纪 90 年代
市场营销组合 产品生命周期 品牌形象 市场细分 市场营销观念 营销审计	4P组合 市场近视症 买方行为理论 扩大营销	社会营销 低营销 定位 战略营销 服务营销	营销战 大市场营销 内部营销 关系营销	网络营销 差异化营销 绿色营销 4R营销

图 1－5 推陈出新的市场营销学新概念

随着经济的不断发展，市场竞争与供求关系发生了深刻变化，市场营销也从粗放到细化、由低级向高级发展，企业经营的指导思想也在相应地发展演变。迄今为止，市场营销已经历了以下五个不同观念的演变（如图 1－6 所示）：

图 1－6　市场营销观念的演变

1.2.2.1　生产观念

在工业革命以后相当长一段时间里，社会经济处在卖方市场的状态下。社会生产力水平较低，市场产品供不应求，市场需求是被动的，人们没有太多的选择余地，企业生产出来的产品不论数量多寡，品质优劣，只要价格合理，都能销售出去并获得利润。在这种生产力状态下产生了生产观念（Production Concept）。

生产观念认为，生产是企业经营中的决定因素，产品只要生产出来就不愁卖不出去。持这种观念的企业的一切经济活动都以生产为中心，“我能生产什么，就卖什么”。经营管理的主要任务是集中全力提高劳动生产效率，扩大生产以降低成本，以多产多销来获得利润（如图 1－7 所示）。

实例链接

美国福特汽车公司在 20 世纪 20 年代以前，奉行的就是典型的生产观念。那时福特公司的口号是“本公司旨在生产汽车”。那时公司根本不理会顾客需要什么，生产出来的汽车只有一个款式，而且只有黑色。但是，由于当时汽车供不应求，生产商也很少，加上福特汽车价格低廉，所以清一色的黑色福特居然也卖得很好。

1.2.2.2　产品观念

随着供不应求的市场现象在西方社会得到一定缓和，卖方竞争逐步激烈，产品观念应运而生。产品观念的核心依然是生产（如图 1－7 所示），但与生产观念略有不同的是，生产观念注重“价廉”，而产品观念注重“物美”。

产品观念（Product Concept）认为消费者会选择质量好的产品，因而企业把营销活动的重点放在产品质量的提高上，坚信只要企业能提高产品的质量，增加产品的功能，不必讲究销售方式，消费者都会喜欢。因此，持这种观念的企业常常下工夫生产高价值的产品，不断改进现有产品，使之日趋完美。此时企业最容易患上“市场营销近视症”，即在市场营销管理中缺乏远见，只看到自己产品质量好，看不到市场需求的变化，容易导致企业经营陷入困境。

1.2.2.3　推销观念

随着科技以及管理的进步，市场上的产品质量不断提高，商品数量迅速增加，逐渐出现供大于求的状况；同时由于人们的生活水平不断提高，出现了需求多样化，产品在市场上的竞争变得激烈起来，这迫使企业考虑产品的销售问题。于是，生产观念与产品观念向推销观念演变。

推销观念（Selling Concept）认为，即使是物美价廉的产品，也未必能卖得出去，顾客只有在企业给予促销刺激下才会购买。企业要在激烈的市场竞争中生存，就必须大力开展推销工作，千方百计吸引顾客的兴趣，进而促使他们购买。因此，强力推销是企业扩大销售、增加利润的必由之路。

在推销观念的指导下，企业把销售看成是经营活动的核心（如图1-7所示），往往以强化或高压的推销手段来销售那些积压或销售不畅的产品，甚至为了争夺消费者而使用欺骗的行为，招致消费者的反感。尽管推销观念有许多问题，但是它在客观上提高了销售在企业经营活动中的地位，销售从此成为企业经营的重要活动之一。

1.2.2.4 市场营销观念

当企业花费大量的营销资源进行推销而绩效并不显著时，企业开始意识到自己提供的东西并不是客户真正需要的，于是企业开始关注市场的需求。市场营销观念（Marketing Concept）认为：实现企业各项目标的关键在于正确地认识目标市场的需要与欲望，并且比竞争者更有效地满足这种需要和欲望。市场营销观念把满足顾客需要作为一切活动的中心，通过顾客广泛购买和重复购买来扩大销售、增加利润，具体表现为“顾客需要什么，我们就生产和销售什么”（如图1-7所示）。

实例链接

海尔“地瓜洗衣机”的发明就是一个根据顾客需求而创新的典型例子。1996年，一位四川农民突发奇想：洗衣机能洗衣服，为什么不能洗地瓜呢？于是就用洗衣机洗起了地瓜。结果地瓜洗干净了，洗衣机的排水管却给泥土堵死了！维修人员修好了洗衣机。农民很感激，说：“如果有能洗地瓜的洗衣机就好了。”

维修人员回到公司，把这事当笑话讲了出来，管理层却因此受到启发。海尔集团CEO张瑞敏对科研人员说：“满足用户需求，是产品开发的出发点与目的。我们要开发创造出一个全新的市场。”经过研究，海尔“地瓜洗衣机”诞生了！它不仅具有一般双桶洗衣机的全部功能，还可以洗地瓜和水果，一经推出，在市场上受到热烈的追捧！

此故事一传开便成为“创造需求，引导消费”理念的最好范例。江泽民同志在一次全国经济工作会议上谈到市场问题时，专门讲到海尔的“地瓜洗衣机”案例。海尔根据这样的思路，开发出了“小小神童洗衣机”，适应西部开发的“沙漠型空调器”，适应恶劣环境的“耐热”、“耐寒”空调器，适应水资源紧缺的“节水型洗衣机”等。

1.2.2.5 社会市场营销观念

市场营销在执行中，有时在满足了部分顾客需要的同时，却损害了社会整体公众的利益，特别是社会公众的长远利益。比如一次性使用的罐装饮料包装，满足了消费者对饮料卫生、方便等需求，却造成资源浪费、废品需要处置、环境污染等问题。为此，人们需要更加先进的符合社会发展需要的营销理念。

社会市场营销观念（Social Marketing Concept）是对市场营销观念的修改和补充，它在市场营销观念的基础上，统筹兼顾了顾客、企业、社会三方面的利益，是适应建立可持续发展社会需要的营销理念。这种市场营销观念也被称为“绿色营销观念”、“生态营销观念”，其本质是一种人与自然和谐共生的大市场营销观念。

显然，上述五种营销观念的形成与发展，都与一定时期的社会经济发展水平和市场状况相适应。通过分析可以看出，前三种观念都属于生产观念范畴，都是以产品为核心，只是侧重点略有不同，第一种侧重产品的产量，第二种侧重产品的质量品种，第三种侧重产品的销售。它们都要求顾客的需求符合企业的供给，把市场作为生产和销售的终点。而后两种观点则以顾客为中心，根据市场的需要生产产品，并对市场营销因素进行有效地组合，从而制定出适合企业长期发展的营销策略。这五种营销观念如图 1－7 所示。

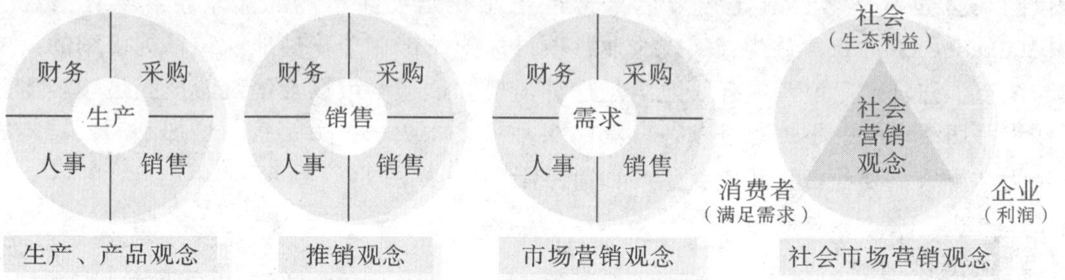

图 1－7　各种营销观念的侧重点对比图

营销讨论 2

俗话说“酒好不怕巷子深”。这句话体现了怎样的市场营销观念？试分析讨论这样的一个“卖酒”理念的产生背景与成功的条件。在现在的市场环境下，你会对这个理念进行修改或补充吗？为什么？

1.3　市场营销的核心概念

学习市场营销的核心概念，不仅有助于系统地掌握市场营销学的实质和基本理论体系，还能给我们提供一个观察市场活动的正确视角，使我们在从事市场营销活动时不偏离方向。

1.3.1　需要、欲望、需求

需要（Needs）指的是没有得到满足的感受状态，它是人的基本要求。人的需要包括生理需要和心理需要，如人们为了生存和发展，需要空气、水、食品、住所等物质，还需要娱乐、教育等精神生活。著名的美国心理学家马斯洛（Abraham Maslow，1943）将它描述为生理、安全、社会、尊重和自我实现五个需要层次（如图 1－8 所示）。

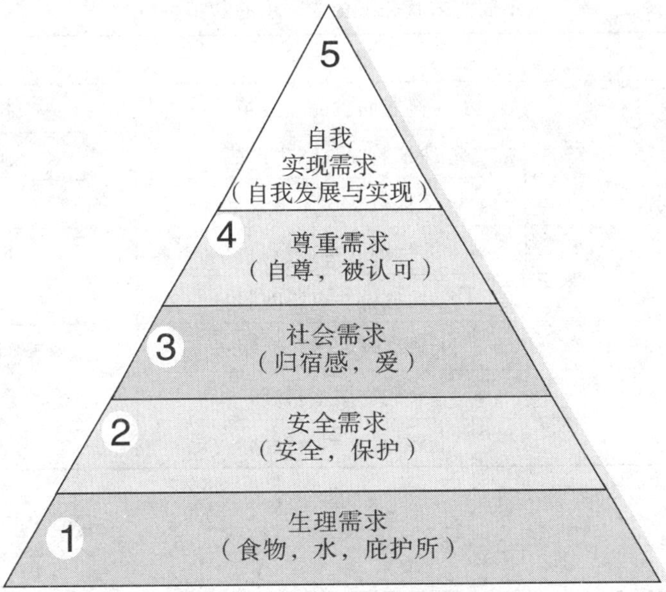

图1－8　马斯洛的需要层次图

马斯洛认为，人的需要是动态的，它随着生活水平和环境的变化而变化。只有当较低层次的需要得到满足或部分满足时，人们才会追求较高一层次的需要。比如，当人们解决了温饱问题之后，才会追求穿着的品位和风格与食品的美味和营养。当一个人的需要没法被满足时，可能会降低这种需求。例如在遇到灾荒时，会放弃舒适享受的需要而追求基本的衣食。

欲望（Wants）是当人们的需要指向某种具体的目标并希望得到满足时的一种愿望，它表现为想得到“某物”或“某种方式”。比如，人们需要解渴时，就会产生对茶、汽水、果汁的欲望；有的人在想得到别人尊重时，就产生了想穿名牌服装、开高级轿车、住豪华别墅的欲望。

值得注意的是，需要存在于人的生理或精神状态中，不是营销者可以创造的；但欲望是某种满足需要的“物品”或“方式”，是可以通过营销手段来激发和创造的。所以，企业可以激发人们的欲望并通过开发和销售那些特定的“物品”或“方式”来满足这些欲望。例如，人们想随时随地与人保持联系，企业就可以制造手机、电脑等电子产品来满足人们的这种欲望。

需求（Demands）指的是有购买能力支持的对某一具体产品或服务的欲望。需求有两个必要条件：首先它是一种欲望，然后要有购买能力支持。比如许多人都想拥有一辆奔驰轿车，但是只有少数人具有这种购买能力，因此，购买奔驰车是少数人的需求，是多数人的欲望。所以企业不仅要估计有多少人想要购买本企业的产品，更重要的是，应该了解有多少人真正愿意并且有能力购买。消费者的需求状态可以表现为几种不同的类型，针对不同的需求状态，企业可以采用不同的营销手段（如表1－1所示）。

表 1-1　　不同需求状态下企业采用的营销手段

需求状态	需求例子	营销手段
负需求	高脂肪食品、疫苗	扭转需求
无需求	废旧物品、陌生产品	刺激需求
潜在需求	节能汽车、无害香烟	开发需求
下降需求	旧式电视机	恢复需求
不规则需求	景区旅游、电影院服务	调节需求
饱和需求	上班高峰期的公交服务	维持需求
过度需求	购物用塑料袋	限制需求
有害需求	毒品、垃圾食品	抵制需求

1.3.2　营销供给——产品、服务

营销供给（Marketing Offer）指的是提供给市场用来满足顾客需要或欲望的产品、服务、信息和体验的结合体。营销供给不仅有实体产品，还包括无形服务、活动、信息或者观念，如金融服务、管理咨询、维修服务等。

值得注意的是，顾客购买他所需要的产品往往是为了它们所产生的服务和利益。我们购买电视机，目的是为了更好地得到信息和娱乐。因此，产品是获得某种服务和利益的载体，是解决顾客问题的工具。市场营销人员不能仅仅关注他们所提供的有形产品而忽略了顾客的真正需要，否则就不能真正把握市场营销的本质，从而患上“营销近视症（Marketing Myopia）”。

聪明的营销者在销售他们的具体产品或服务时，还会为消费者创造更多的产品内涵和品牌体验。例如，对大多数消费者来说，可口可乐不仅是一种饮料，还代表着一个拥有丰富历史和内涵的国际化标志；耐克不仅仅是鞋子，同时代表了一种“说做就做”（Just do it）的态度；星巴克不仅是咖啡，更是一种休闲享受的体验。

1.3.3　价值、满意

消费者在面对大量的产品和服务时，会对各种产品和服务所传递的价值和满意的预期进行对比，根据价值最大化原则进行选择。

顾客价值（Customer Value）是顾客拥有或使用某一特定产品或服务所获得的一系列利益，它包括产品价值、服务价值、人员价值和形象价值等。同时，顾客为了购买一件产品或服务也要耗费时间、精神、体力以及货币资金等，这叫顾客成本（Customer Cost）。顾客总价值与顾客总成本之差就是顾客传递价值（Customer Delivered Value），也叫顾客让渡价值（如图 1-9 所示）。

顾客满意度（Customer Satisfaction）是指对一产品价值的感知效果与他的期望值相比后形成的感觉状态。如果感知效果高于期望值，顾客会非常满意；如果接近期望值，就基本满意；如果低于期望值，就会不满意。顾客满意度是决定消费者购买行为的关键

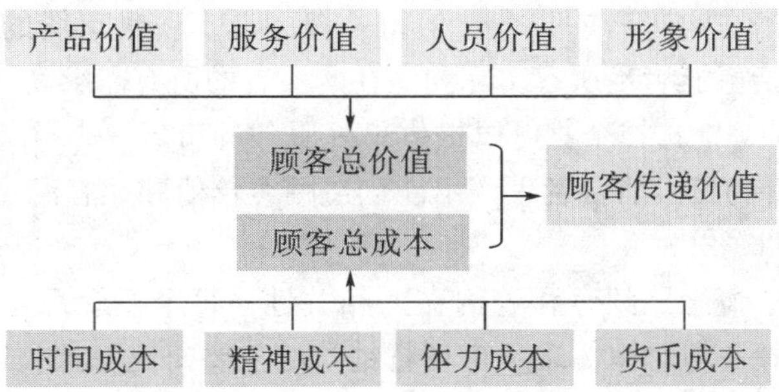

图1-9 顾客传递价值构成

因素，满意的顾客不但会成为“回头客”，还会宣传他的满意经历；不满的顾客会转向其他营销者，并在他人面前宣传他的不满。顾客高度满意是导致顾客忠诚的重要条件。

所以营销者一方面应该通过提高顾客总价值、降低顾客总成本来提高顾客让渡价值；另一方面应该认真引导和确定适当的顾客期望水平，避免期望水平过低而无法吸引足够多的顾客，因期望水平过高而导致顾客失望。

1.3.4 交换、交易

交换和交易是两个既有联系又有区别的概念。交换（Exchange）是市场营销的核心和实质，它指的是通过提供某物作为回报，与他人换取自己所需的物品的行为。交换能否实现，关键在双方是否同意交换的价值，只有当双方都认为交换能带来更大利益时才会进行交换。市场营销学研究的就是通过市场交换来满足顾客需求的一系列营销活动。在交换这个过程中，需方要寻找适合的产品或服务，供方要了解需方的需求并开发相应的产品或服务，最后供需双方达成一致交换协议，才能实现交换。一旦交换协议达成，交易也就产生了。

交易（Transactions）是指买卖双方的价值互换过程。它以货币为媒介，是整个交换（Exchange）过程中付款交货的环节，也是最重要的一个环节。例如，某人有钱想买房，在“钱”和“房”这个交换过程中包括了一系列的活动：查看房源、了解和对比不同楼盘的配套设施与价格、与销售人员讨价还价等。当他认为某个房子能带给他最大利益时，才会做出购买决策。当双方达成购买协议并付款交货时，买卖双方就完成了一项交易。

1.3.5 关系、网络

复杂的现代市场活动不但涉及顾客，还涉及制造商、供应商、中间商、竞争者、社区、广告商、媒体等，因而会产生各种各样的关系（Relationship）如客户关系、交换关系、竞争关系、公共关系等。各种关系形成了一个复杂的网络（Network），市场营销活动就是在这样一个网络中进行的。因此，建立一个和谐稳定、可持续发展的关系网络，对企业的发展至关重要。

1.3.6 市场

市场（Market）是具有特定需求和欲望并且愿意和能够以交换来满足此需求和欲

望的实际购买者和潜在购买者的集合。值得一提的是，现代市场的需求越来越细化和多变，营销者不能指望能满足所有实际和潜在购买者的所有需求和欲望；同时，市场竞争越来越激烈，企业只能选择企业可以提供最好服务的市场——目标市场，正确分析该市场的环境因素，并为目标消费者生产出能创造顾客价值和顾客满意的产品和服务，从而获得可盈利的长期客户关系。

市场营销的核心概念之间存在着内在的相关性，每个概念都是建立在它之前的概念基础上的。营销核心概念也体现了市场营销学的主要研究对象，通过这些研究对象，我们可以勾画出这门科学的基本体系框架。事实上，这本书的编写结构就是建立在这一框架基础之上的（如图 1－10 所示）。

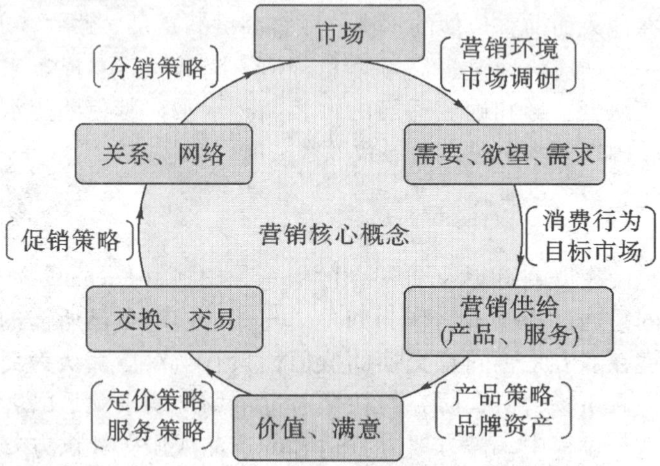

图 1－10　营销核心概念与市场营销学框架体系图

营销讨论 3

由阿里巴巴集团创立的淘宝网（www. taobao. com）是亚太最大的网络零售商圈。这一商圈的崛起与繁荣正在改变着越来越多人的生活方式。很多都市白领下班后已经不再去周边的商厦逛街购物，而是习惯上网“淘宝”。调查数据显示，每天上淘宝网“逛街”的人接近 900 万，相当于 600 家沃尔玛的客流量。越来越多的人相信并乐意通过网络购买服装、居家日用品、食品保健品、母婴用品和家用电器。有人形象地比喻说，上淘宝网就像住在城市最繁华的地方，推开门就是商场：左边是品牌店、右边是个性小店，前面有折扣店、后面有旧货店，上面有世界各地的店，下面是各类游戏、充值和票务零售点。至 2009 年底，淘宝网拥有注册会员 1.7 亿，2010 年的交易额高达 4000 亿元人民币。

1. 登录淘宝网站，了解淘宝的运作模式，说明淘宝网上的“市场”指的是什么？

2. 淘宝市场的需要和欲望是什么？淘宝网向市场提供了怎样的产品、服务或者体验？

3. 解释淘宝网给网购者们创造的顾客让渡价值。

精要回顾

市场营销学里的市场指的是具有特定需求和欲望并且愿意和能够以交换来满足此需求和欲望的购买者的集合，它由人口、购买力和购买欲望三个要素组成。市场营销是一个通过创造和交换产品及价值，从而使个人或群体的欲望和需要得到满足的社会和管理过程。这个过程的核心和实质是交换。

市场营销学是专门研究市场营销活动的基本规律的应用学科，在它的发展过程中先后出现了不同的营销观念：生产观念、产品观念、销售观念、营销观念、社会营销观念。生产观念认为消费者更偏爱那些价格低廉、容易得到的产品，企业的任务是提高生产效率和降低价格；产品观念认为消费者会选择品质最好的产品，因此，企业只需提高产品品质而无须做多少营销努力；销售观念认为消费者只有在营销刺激下才会购买足够的产品，所以企业要进行大规模的强力推销；营销观念则坚持顾客的需要才是企业的目的和出发点，因此，企业要关注市场的需求和欲望，并且努力比竞争者更有效地提供给顾客所需要的产品和服务；社会市场营销观念认为企业在实现企业目标和满足顾客需要的同时要履行社会责任。

要理解营销的内涵和体系，必须掌握这几个核心概念：需要、欲望、需求，营销供给（产品、服务），价值、满意，交换、交易，关系、网络以及市场（包括环境与目标市场）。这几个概念体现了市场营销学的主要研究对象，也串联起本书的基本框架。

关键概念

1. 市场　　2. 市场营销　　3. 推销
4. 需要　　5. 欲望　　6. 需求
7. 营销供给　　8. 价值　　9. 满意
10. 交换　　11. 交易　　12. 生产观念
13. 产品观念　　14. 推销观念　　15. 市场营销观念
16. 社会市场营销观念

思考题

1. 什么是市场？构成市场的三大要素是什么？

2. 什么是市场营销？销售、推销、营销之间有什么关系？

3. 在市场营销观念演进过程中，各营销观念产生的背景、含义及其企业行为有什么不同？

4. 举一个符合社会市场营销观念的企业经营实例，并讨论这种营销观念对该企业生存和发展的影响。

5. 简述市场营销的核心概念以及相互之间的关系。为什么说交换是营销的核心和实质？

6. 需要、欲望、需求有什么区别？你认为了解这三个概念对市场营销有何意义？

营销工作坊 -1

为了更有效地学习市场营销学，请大家组建成4~6人规模的营销团队，并将团队的背景假设为以下两者之一：①自主创业者，规模自拟，正在寻找创业机会，假设融资没有问题；②某真实公司新组建的营销团队，要为公司寻找新的市场机会，可以利用该公司的所有资源。

在本书的学习过程中，每个营销团队的成员将通力合作，完成每章“营销工作坊”里的营销任务并形成营销报告。在最后学习结束时，将每一章的营销报告汇总起来加以完善，形成一份完整的营销策划书。作为学习汇报，营销团队在上交策划书的同时做营销策划演示。老师或营销专家将对每个团队的营销策划进行评比。

本章“营销工作坊”的任务是：

1. 组建营销团队并命名，选出队长（经理），确定团队口号，明确团队工作宗旨、精神、合作方式。

2. 队员分别关注几个不同行业的市场需求与市场竞争情况，收集资料以备下一章学习使用。这些行业可以是现实市场环境下任何你感兴趣的正规行业，比如餐饮、服装、烟酒、教育、美容、汽车、休闲、电子等。

3. 简单描述你的团队，包括成员、组团背景、团队经理、口号、团队宗旨、感兴趣的行业等。

学习档案

为了体现你在完成这一章的学习之后，已经掌握了相关的理论知识和技能技巧，达到了本章提出的学习目标，你需要提供以下资料：

1. 对本章“引导案例”的分析理解；

2. 对本章“营销讨论”的分析理解；

3. 对本章“思考题”的理解回答；

4. 对本章“营销工作坊 -1”任务的团队筹备组建情况、行业资料收集等；

5. 在本章学习过程中的其他相关营销活动参与情况、课外学习情况（包括资料、方式与反馈等）。

2 市场营销环境

学习目标

▶ 知识目标

1. 认识市场营销环境，了解市场营销环境的特点；

2. 掌握市场营销宏观环境与微观环境的概念，了解其构成因素及其对企业经营的影响；

3. 了解不同的市场营销环境分析方法，掌握环境分析工具的使用原理。

▶ 技能目标

1. 能结合具体情况识别影响企业的宏观环境因素与微观环境因素；

2. 能正确使用分析法进行企业市场环境分析。

内容结构图

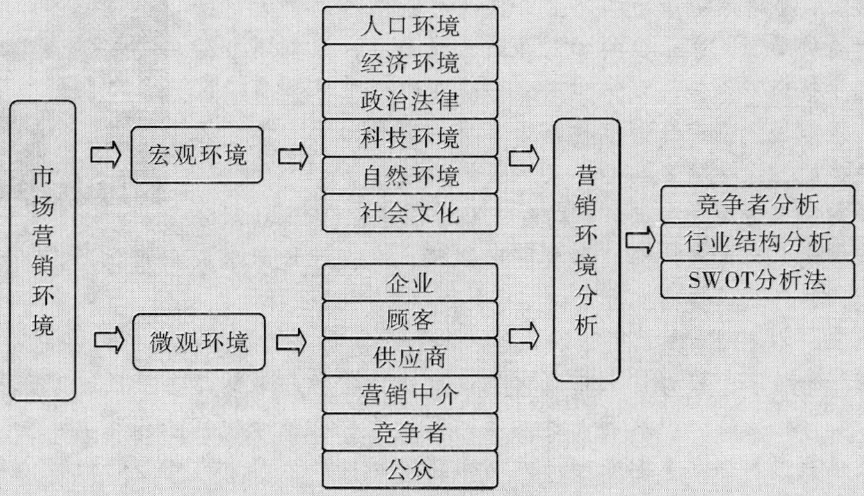

引导案例

“过江龙”不敌“地头蛇”——家乐福兵败香港

创建于1959年的法国家乐福是全球第二大零售巨头，在全球拥有1万多间分店，50多万名员工，遍布30多个国家及地区。

1989年，家乐福首度进入亚洲（中国台湾），1995年在中国开设了第一家大卖场，1996年进驻上海和深圳，同年进入香港，并在香港杏花村、荃湾、屯门及元朗开设4间大型超市。此后，家乐福在中国大陆迅速扩张。至2010年初，家乐福在我国内地的门店达157家。但是，与在内地蒸蒸日上的发展相反，家乐福在香港惨遭“滑铁卢”。2000年9月18日，家乐福宣布位于香港杏花村、荃湾、屯门及元朗的4家门店全部停业，撤离香港。

家乐福为何兵败香港?

第一，家乐福是“大型超级市场”（Hypermarket）概念的创始者，它的优质服务理念建立在宽敞、舒适的购物环境基础之上。然而它的“一站式购物”并不适合香港寸土寸金、地窄人稠的社会环境。1996年它进军香港的时候，正好遇上香港历史上租金最贵的时期，家乐福在香港没有物业，而它的经营需要很大的营业面积，因而背负了庞大的租金包袱；同时受租约限制，待做成声势时租约已满，竞争对手也想得到它的铺位，会以更高租金夺取，造成经营成本高昂。这对于以低价取胜的家乐福来说是个巨大的压力。在这期间又不幸遭遇亚洲金融风暴，香港经济也受打击。香港家乐福受这几年经济衰退的影响，一直无盈利。

第二，香港超级市场本是由百佳及惠康所属的两大财团两强对峙的局面，家乐福的加入导致三足鼎立，竞争逐渐激烈。为了抗衡家乐福，百佳和惠康纷纷在大型社区和商业区开设超级市场，将传统街市和超级市场的概念融为一体，招徕市民光顾，深受顾客欢迎。家乐福的先进经营理念也很快被竞争对手模仿而失去优势。同时，家乐福在台湾有20家分店，但香港只有4家，没法形成配送规模，直接导致配送成本相对高昂。在进军香港期间，还与供货商发生了一些争执，几次诉诸法律。

第三，本地超市集团百佳、惠康、华润、苹果速销等纷纷降价，以“割喉式”手法超低价抢客，极力扩大市场占有率。作为国际知名的超市集团，家乐福没有主动参加降价大战。但这场长达两年的降价大战，终于使家乐福难以承受。据了解，家乐福进军香港4年来市场占有率仍不足一成，而逾八成市场份额由百佳和惠康这两条“地头蛇”占有。家乐福一直在亏损中支撑，在无利可图的情况下，最终选择了撤离。

（根据 http：//baike. baidu. com/view/18119. htm 2011 -3 -2 整理改编）

分析与讨论

家乐福兵败香港说明了“巨无霸”也不是战无不胜的。市场环境中有机遇也有威胁，唯有切实地了解市场环境、适应市场才能做好市场。导致家乐福香港之战失利的，有家乐福自身的因素，也有外部环境的因素。

1. 你认为当时的香港零售市场有没有给家乐福的发展带来机遇？又受到了哪些威胁？

2. 请把阻碍家乐福（香港）发展的因素罗列出来，并区分它们当中哪些是家乐福自身的因素，哪些是外部因素。

2.1 市场营销环境及其特点

2.1.1 市场营销环境

如同任何一个生物的生存都离不开环境一样，任何一个企业的生存和发展都离不开一定的社会经济环境。而构成社会经济环境的因素是在不断地变化的，一方面，它既给企业带来新的营销机会；另一方面，它又会给企业造成某种威胁。因此，市场营销环境对企业的生存和发展具有重要意义。企业必须重视对营销环境的分析和研究，并制定有效的应对战略和策略，才能保证企业的健康发展。

市场营销环境（Marketing Environment）是指对企业经营活动产生影响的所有内外条件和相关因素的集合，它包含微观环境和宏观环境两个层面（如图 2 - 1 所示）。微观环境是指环境中直接影响和制约企业的市场营销活动的各种条件和力量，如顾客、供应商、竞争者、中间商和社会公众等；宏观环境则指间接影响和约束企业的市场营销活动的一系列巨大的不可控的社会力量，如人口、政治、经济、科技、社会文化和自然等。宏观环境和微观环境将分别在后面两节详述。

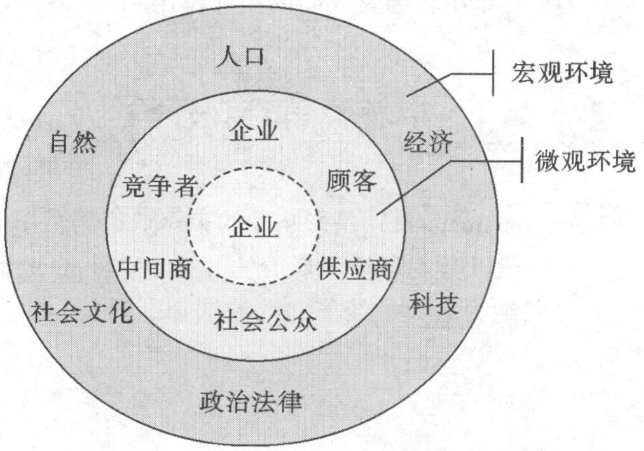

图 2 - 1　企业的市场营销环境

2.1.2 市场营销环境的特点

总的来说，市场营销环境是个不断变化的多因素综合体，它具有以下特点：

2.1.2.1 客观性

不管是微观的还是宏观的环境因素都是客观存在的。企业要生存和发展，其营销活动就不可避免地受到这些因素的影响和制约。因此，企业经营者必须清醒地认识到这一点，对营销环境进行客观、全面的分析研究，并及时做好充分的准备，应对企业所面临的挑战。

2.1.2.2 差异性

不同的国家和地区之间，宏观环境存在着广泛的差异；不同的企业之间，微观环境也千差万别；就算同一个企业，在不同时期所面对的环境因素也是不同的；而同一种环境因素对不同企业的影响也不尽相同。营销环境的这种差异性要求企业处在不同的环境下应该采取不同的营销策略，才能使营销活动卓有成效。

2.1.2.3 多变性

营销环境是个动态的概念，构成环境的每个因素都随着社会经济的发展而不断变化。例如，我国的经济与科学技术正处在日新月异的发展当中，法律法规也在不断地完善，国家产业结构也在不断调整，我国消费者对物质的追求已从数量向质量和个性化转变，这些变化将对企业的经营产生最直接的影响。在影响企业营销环境的诸多因素中，有些因素如政策、科技、经济等变化速度较快，需要企业有较快的反应速度；有些因素如人口、社会文化等变化比较慢，但对企业活动的影响相对较长。总之，企业应对营销环境的变化随时保持高度的关注。

2.1.2.4 相关性

市场营销环境是一个系统，在这个系统中，各因素相互影响，相互依存，相互制约。比如经济政策的变动会影响到进入一个行业的新的竞争者数量，从而形成新的竞争格局；行业的竞争程度可能影响到竞争产品的价格，从而影响到产品的市场需求情况。而市场需求不但受到产品价格的影响，也与市场环境中的经济、社会文化因素密切相关。因此，要密切关注环境中各因素之间的相互作用。

2.2 市场营销宏观环境

营销宏观环境（Macro-environment）是影响和约束企业市场营销活动的一系列巨大的不可控的社会力量，它一般以微观环境为媒介去影响和制约企业活动，故也称为间接环境。宏观环境因素可归纳为人口、经济、政治法律、科技、自然、社会文化等几个方面（如图 2－2 所示）。

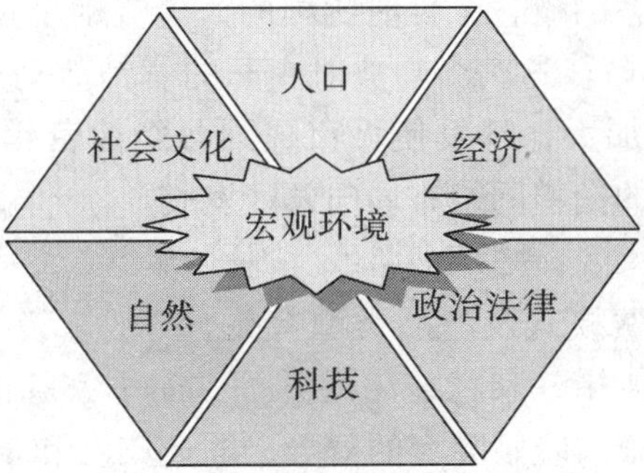

图2-2 市场营销宏观环境因素

2.2.1 人口环境

人口（Demography）是构成市场的基本因素，人口的多少，其购买欲望与购买力的强弱，直接决定潜在市场的容量。因此，人口是营销人员最感兴趣的环境因素之一。但是，企业的产品并不可能面向所有人，所以，企业要对人口做进一步的分析，通常要关注以下几个方面：

2.2.1.1 人口规模及其增长率

人口规模及其增长率影响现在及未来市场的容量。从全世界范围来看，人口正呈持续增长趋势，这意味着人们生活必需品的需求会持续增长。但是人口的地区增长并不平衡，人口增长最快的地方恰恰是经济欠发达的地区，这使得这些国家的需求层次的升级将受到影响。

中国是个人口大国，目前人口规模已超过13亿，超过欧洲和北美洲人口的总和。随着经济的发展，人们的收入水平不断提高，我国已被视为世界最大的潜在市场。

2.2.1.2 人口年龄结构

人口年龄结构决定市场需求的结构。不同年龄阶段的人对产品的需求有很大的差别：儿童需要玩具和营养食品；青年需要时装和教育用品；老年人需要保健食品。所以，分析一个时期目标地区的人口年龄结构，能发现市场的机会或者威胁。比如欧美一些发达国家人口出生率下降，给儿童食品、童装、玩具等经营企业带来了威胁，但同时也使得年轻夫妇有更多的闲暇时间和剩余资金，这给从事旅游、娱乐、餐饮、休闲等行业的企业带来了机会。

随着经济与科技的进步，人口的平均寿命大大延长，加上许多国家的出生率都呈下降趋势，使得许多国家的人口老龄化正在加速。人口老龄化是当今世界发展的必然趋势。随着老年人口的增加，“银色市场”日渐形成并迅速扩大。

2.2.1.3 人口地理分布

人口的地理分布影响着市场的需求特征与消费习惯。不同地区的人群，由于受地理环境、气候条件、自然资源、风俗习惯等的影响，消费需求的内容和数量也存在差异。比如，在我国南方，人们对降温防暑产品需求量大，而北方则更需要取暖设备和御寒衣物。

人口地理分布是个动态的概念，目前我国的人口流动呈现两个趋势：① 从农村流向城市；② 从城市流向郊区。这两个趋势对企业的营销活动产生了很重要的影响：其一，城市的市场需求量在加大，越发使城市成为各企业营销战略的必争之地；其二，郊区人口的增加使得企业的销售网络布局向郊区发展。

2.2.1.4　人口家庭规模

家庭规模的大小与消费模式及产品类型有关。一般来说，大家庭需要大容量、大体积的产品，比如大型号冰箱、家庭装沐浴露等；而小家庭则会青睐小型、小包装的产品。随着计划生育的实施、晚婚晚育的倡导、职业妇女和单亲/独身家庭的增多，家庭消费需求与模式正悄然发生变化。

实例链接

中国人口学会副会长翟振武指出，未来五年，我国人口老龄化将提速，到2015年，60岁以上老年人口总量将突破2亿，占总人口比例高达14.8%。目前我国已经拥有世界上最大的老年人市场，并且老年人的收入也在不断地提高。老年人市场对许多行业来说又是一个市场“新蓝海”。例如，许多家具企业已经加快研发老年家具产品的步伐，开发出了许多带有按摩功能的座椅、沙发，有磁疗功能的床上用品等。在产品设计上更加突出了老年家具产品的安全性、舒适性、轻便性、环保性和实惠性。

2.2.2　经济环境

由于购买力是形成市场必不可少的因素，因此考察市场的经济环境（Economic Environment）主要是分析影响人们购买力的各个因素，包括经济发展水平、消费者收入与支出、储蓄与信贷等。

2.2.2.1　经济发展水平

一个国家或地区的经济发展水平决定了人均收入水平，从而决定购买力的大小。经济发展快，人均收入高，社会购买力就大，企业的营销机会就随之增大；反之，经济衰退，人均收入降低，社会购买力就小，市场规模就会随之缩小，企业不得不缩小生产经营规模。

国内生产总值（GDP）是反映一个国家或地区综合经济实力的重要指标，而人均GDP与居民消费之间存在着密切关系。此外，该地区的经济结构与经济发展形势等也是经常被用来分析经济环境的因素，因为它们很大程度上决定了这个国家或地区的市场竞争以及供需状况。

2.2.2.2　消费者收入与支出

消费者收入指消费者个人的所有货币收入，包括工资、奖金、分红、馈赠及其他收入。消费者收入的多少决定购买力的大小以及消费模式。但是，消费者收入并不能全部用于消费，因此，要正确了解消费水平，还要理解个人可支配收入和个人可任意支配收入两个概念。个人可支配收入（Personal Disposable Income，PDI）是消费者收入减去个人负担的各项税款和非税性款项（如工会费、医疗社保等）之后的余额，可用于消费或者储蓄。个人可任意支配收入是个人可支配收入减去维持生活必需的支出（如日常伙食、水电、房租等）和其他固定支出（如分期付款、学费等）所剩下的那部分个人收入。这部分收入是消费者可以任意投向的收入，因而是影响消费结构最活跃的经济因素。个人可任意支配收入越多，人们的消费水平就越高，企业的机会就越多。

随着消费收入的变化，消费者支出模式会发生相应的变化，继而使一个国家或地区的消费结构也发生变化。著名的恩格尔定律描述的就是这种变化。

恩格尔定律：如果需求函数中的其他因素不变，随着收入的提高，食品支出占收入的比重会不断减少。

$$\text{恩格尔系数} = \frac{\text{食物支出总额}}{\text{家庭消费支出总额}}$$

按照恩格尔定律，食物支出占家庭总收入的比重是衡量一个国家、地区、城市、或者一个家庭生活水平高低的标准。恩格尔系数越小表明生活水平越高，越大则表示生活水平越低。按照联合国的衡量标准，恩格尔系数>60%者为绝对贫困，50%~60%为温饱，40%~50%之间为小康，40%以下为富裕。按此标准，我国已经步入小康水平。

2.2.2.3 储蓄与信贷

消费除了受收入与支出模式影响外，还受储蓄和信贷状况的影响。收入的主要流向是消费和储蓄。所以，在收入固定的条件下，储蓄的增加会减少近期的消费支出；反之，储蓄减少，则消费支出增加。一定比例的储蓄可以增加未来的购买力，但如果比例过高则说明当前市场缺乏购买热点，需求不足。

与储蓄相反，信贷是消费者超越现有收入的限制，通过赊账、分期付款、信用贷款等形式提前支出未来的收入，也就是俗话说的“花未来的钱”。这种信贷形式的出现，大大刺激了消费，给企业营销带来很多机会，从而推动了社会经济的发展。

实例链接

按照国际惯例，购房按揭贷款首付是20%~30%，余款按月还本付息。但美国为了刺激房地产消费，在2006年以前的10年里实行购房“零首付”，半年内不用还本付息，5年内只付息不还本，甚至允许购房者将房价增值部分再次向银行抵押贷款。这个世界上“最浪漫”的购房按揭贷款制度极大地刺激了需求，让美国人超前消费、超能力消费，使穷人都住上大房子，也造就了美国住房市场持续繁荣的十年。但是辉煌的背后潜伏了巨大的房地产泡沫及关联的坏账隐患，由此引发的“次贷危机”导致了2007年8月开始并逐渐席卷全球的金融风暴。

（根据 http：//baike.baidu.com/view/1256938.html？wtp=tt 2011-08-12 整理）

2.2.3 政治法律环境

企业总是在一定的政治法律环境下运行的，任何一家企业的营销活动都要受到政治法律因素的规范和约束。这种政治法律环境（Political Environment）是由强制和影响社会上各种组织和个人行为的法律、政府机构、公众团体等所组成的。

2.2.3.1 政治环境

政治环境指企业活动的外部政治局势与状况，主要包括一个国家的政治局势、政治体制、政策方针等内容。如果一个国家或地区的政局稳定，人们安居乐业，会给企业营造良好的营销环境；相反，如果政局不稳，社会矛盾尖锐，会对消费和经营带来很大的负面影响。不同国家的不同政治体制会在一定程度上决定企业的组织管理方式。国家也可以通过方针政策对企业经营活动施加影响，比如，通过征收个人收入所得税来调节消费者收入，从而影响消费者购买力；又如，通过征收房产税来调节房屋市场的需求等。

2.2.3.2 法律环境

对企业来说，法律是评判企业经营活动的准则，只有依法进行营销活动，才能得到国家法律的保护。因此，企业必须知法守法，自觉地用法律来规范自己的营销行为，并自觉地接受执法部门的监管，同时，要善于运用法律武器来维护自己的合法权益。目前，我国已颁布的与企业经营有关的主要法令法规如表 2－1 所示：

表 2－1　　影响企业经营的部分法令法规表

功能类别	法令法规
保护企业权益法规	商标法、专利法、著作权法》、公司法
规范企业行为法规	经济合同法、反不正当竞争法、反倾销法、广告法、价格法、食品卫生法、产品质量法、海关法
保护消费者权益法规	《消费者权益保护法》

2.2.4 科技环境

“科学技术就是生产力”。每一种科技的新成果都可能会给社会经济和生活带来深刻的变化，当然也影响着企业的市场营销活动。科技进步给市场营销带来的影响是多方面的，比如：

- ▶ 产品更新换代的速度加快，促使企业研发投入加大；
- ▶ 给营销提供更好的物质条件，如更便捷的运输工具，更先进的通信设备等；
- ▶ 现代信息传媒的发展使促销手段更加先进，有效刺激消费；
- ▶ 推动需求层次向高档次、多样化发展；
- ▶ 使交易方式、流通方式更加现代化。

有人说，科技是一种带有破坏性的创造力量。也就是说，当一项新技术给一些行业和企业带来增长机会的同时，也可能严重威胁另一些行业和企业的生存。例如，电视技术的突破性进展带动了电视业的发展，但也带走了相当一部分的电影观众；激光唱片技术夺走了磁带市场；手机的普遍使用使得 BP 寻呼机再无用武之地。我们在看到科技带来的机遇的同时，也不要忽略它同时带来的挑战。

实例链接

历史上，新音乐格式的创新（从黑胶到磁带再到 CD）总是增加唱片公司的利润，唱片公司已经习惯了将音乐和其载体一起捆绑销售。但随着数字音乐的出现，传统的唱片业受到了前所未有的冲击。MP3 格式、播放技术和互联网三者的结合使音乐的获得、传递、复制和播放易如反掌，传统唱片业的销量因此下滑了 60%。2007 年美国最大的唱片零售商倒闭。近年来，随着内容售卖业务的兴起，苹果、亚马逊等企业纷纷推出内容零售商店。这些商店下载量的上升，更令唱片市场每况愈下。继 2010 年 10 月宣布停产卡带随身听之后，索尼又关闭了其全球最大的 CD 生产厂。2011 年 1 月 4 日，音乐、书籍、游戏和 DVD 零售商 HMV 也宣布，因销售业绩飞速下滑，不得不卖掉或关闭其在英国的 60 家商店。

2.2.5 自然环境

这里的自然环境（Natural Environment）主要指自然物质资源。21 世纪人类面对的主要环境问题是：自然环境污染日益严重，资源日益短缺，能源成本不断提高，政府对自然资源的管理和干预不断加强。企业必须寻找与环境协调发展的途径和方法，尽量减少生产经营对环境的破坏和影响，自觉承担起环境保护的责任。当下，很多企业都在面对自然环境恶化的威胁的同时，积极寻找由此带来的新的发展机会，一些绿色产业更是显露出勃勃生机。

2.2.6 社会文化环境

社会文化环境（Social Cultural Environment）指人类在社会发展过程中所获得的各种物质和精神层面的概念和社会规范的综合体，亦即人们生活方式的总和。它是个复杂的系统，覆盖面很广。从广义上看，它由物质文化、制度文化和精神文化三个层次构成（如图 2－3 所示）。

具体看来，社会文化包括各种社会组织、社会规则、信仰、艺术、伦理道德、风俗习惯、法律、审美观、语言文字等。这些看不见摸不着的文化因素对市场营销的影响在其深度和广度上有可能超过其他环境因素。这里仅介绍与企业营销活动关系较为密切的几个方面。

2.2.6.1 传统

传统是社会文化环境中相对稳定的因素，它是在长期的历史进程中逐步形成和发展起来的。在一定的文化传统影响下，人们形成了一定的风俗习惯。它在饮食、服饰、

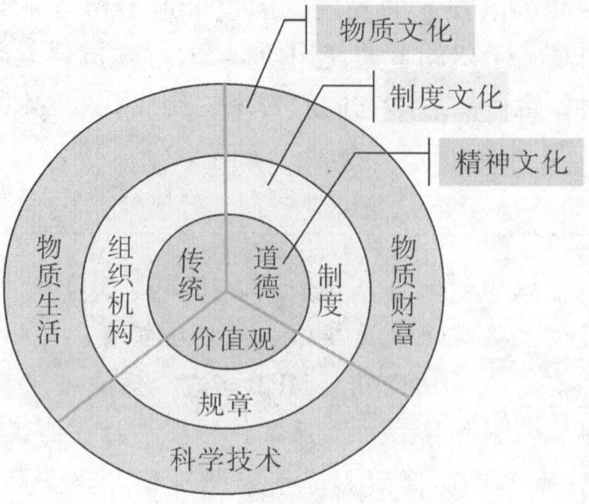

图2-3　社会文化环境构成图

居住、节日、婚丧、人际关系等方面都表现出独特的心理特征和行为习惯，从而对人们的消费行为起着不可估量的影响。

2.2.6.2　教育水平

不同的文化修养表现出不同的审美观念和鉴赏能力。教育水平不但影响人们的收入，还影响人们的消费心理、消费结构和消费行为。例如，在教育水平低的地区，用文字描述的形式做广告难以收到好的效果，人们喜欢操作简便、维修保养简单的产品；而在受教育程度高的地方，人们则需要先进、多功能、品质好的产品。

2.2.6.3　宗教信仰

宗教信仰都有其特有的文化倾向、价值观念和行为准则，逐渐形成一种行为模式，影响人们的消费行为。不同的宗教，其信仰和禁忌也不尽相同。了解和尊重消费者的宗教信仰，对企业营销活动具有重要意义。企业应该充分了解不同地区、不同民族、不同消费群体的宗教信仰，提供适合的产品和服务，避免触犯宗教禁忌而失去市场机会。

2.2.6.4　价值观念

价值观念是人们对社会生活中各种事物的态度、评价和看法。不同的文化背景下，人们的价值观念差别很大。而不同的价值观念在很大程度上决定着人们的生活方式，从而影响消费行为。比如喜欢冒险的激进消费者，会乐于接受新鲜奇特以及超前消费的产品；而保守的消费者则会循规蹈矩地购买传统、成熟、大家易于接受的产品。

2.2.6.5　语言

语言是文化的核心组成部分之一。不同国家、不同地区、不同民族往往都有自己独特的语言文字。即使同一种语言也会有不同的表达和交流方式，比如我国大陆与台湾地区的普通话，与广东、香港地区的粤语表达都存在许多不同的地方。在营销活动中，如何把营销信息有效地进行沟通就显得相当重要。

实例链接

在不同的国家或地区进行营销时，一定要了解该地区使用的语言以及消费者的文化背景，不能简单地音译或者意译了事。我国的“白象”牌电池最初被译为“White Elephant”，结果在美国市场上无人问津。原来在英语中“White Elephant”是“无用而累赘的东西”的意思。百事可乐公司有一个广告口号“Come Alive With Pepsi!”，本是“百事令你精神振奋”的意思，但翻译成德语却成了“从坟墓中复活”，与原意大相径庭!

营销讨论1

近几年，中国的经济环境发生了很大变化，人民币持续升值，外汇储备进一步增加，经济继续高速增长，居民消费指数也在不断刷新…… 查阅有关年报数据，分析中国市场的宏观环境的各个方面具体发生了哪些变化？这些变化对企业的营销运作有哪些影响？

2.3 市场营销微观环境

微观环境（Micro-environment）也叫直接环境，是指环境中直接影响和制约企业的市场营销活动的各种条件和力量，如企业本身、顾客、供应商、营销中介、竞争者和社会公众等（如图2－4所示）。

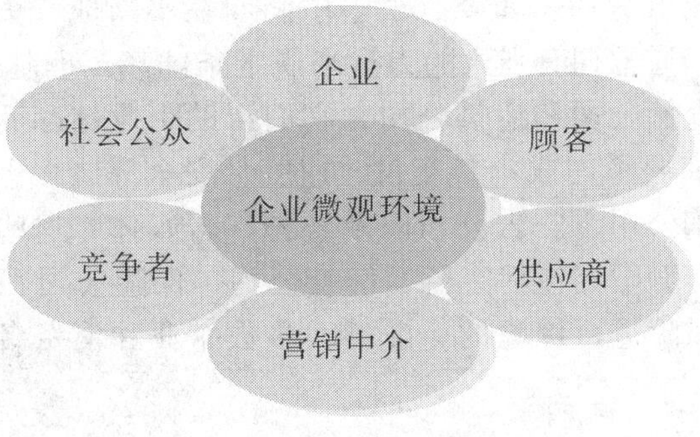

图2－4 市场营销微观环境图

2.3.1 企业

企业（Company）是微观环境中的首要因素，主要是指企业本身的内部环境。任何一个企业的营销活动都不是某一个部门能够单独承担的，而是整个企业团结协作的结果。企业各部门的分工是否科学、各机构的运作是否有效、员工精神是否振奋等都直接影响企业营销活动能否取得预期的效果。企业内部环境具体包括企业的管理层、研发、生产、销售、财务、采购等各个相互联结的职能部门。在市场营销观念下，所有部门必须为顾客着想，协调一致地紧密合作，提供卓越的顾客价值和顾客满意。

2.3.2 顾客

顾客（Customer）是企业的服务对象，顾客的需求是企业营销的起点、目的与核心，所以顾客是企业最重要的环境要素。根据不同的角度和划分标准，顾客市场可以分为五大类：① 消费者市场包括个人和家庭，它们购买商品和服务用于个人消费；② 企业市场购买商品和服务用于再加工或用于自身的生产；③ 中间商市场购买商品和服务用于再次销售以获得利润；④ 政府市场由政府代理机构组成，它们购买商品和服务是为了提供公共服务；⑤ 国际市场则由其他国家的消费者组成。每类市场都有独特的顾客，这些顾客有着不同的购买行为和不断变化的需求，要求企业认真研究并做出相应的营销决策，才能使营销卓有成效。

2.3.3 供应商

供应商（Supplier）为企业提供生产商品和服务所必需的资源，包括原材料、设备、能源、劳务和资金等，它们是企业创造和传递顾客价值的合作伙伴。企业必须监控资源的质量、价格和可获取性。资源质量下降会影响最终的产品品质；供应成本上升会导致价格上涨，从而损害企业利益。所以，企业应该慎重选择供应商，不断拓宽供应渠道，并与供应商保持良好的生产协作关系。

2.3.4 营销中介

营销中介（Intermediary）是指协助企业推广、销售和分配产品给最终购买者的那些企业，包括中间商、实体分配商、营销服务机构和金融中介。中间商包括批发商和零售商，它们买进和卖出货物。如今有很多中间商在不断成长为强大的转销组织，如沃尔玛和家乐福，它们通常拥有强大的力量来规定条件甚至把制造企业拒之市场之外。实体分配商主要包括仓储公司和运输公司，它们帮助企业储存商品和将商品运输到目的地。选择实体分配商要考虑成本、交付、速度、安全等诸多因素。营销服务机构包括调研公司、营销咨询公司、广告公司以及各种广告媒体，这些机构协助企业选择目标市场、推销产品。金融中介包括银行、信贷公司、保险公司和其他帮助企业进行财务交易或为企业营运风险进行保险的企业。大多数企业和消费者都有赖于金融中介进行财务交易。

2.3.5 竞争者

在市场经济条件下，竞争是绝对的。市场上总会有多个企业在为某个顾客群体提供相同或类似的市场供给，这些企业就是竞争者（Competitor）。市场营销观念认为，企业要取得成功，不能只是简单地适应顾客的需求，还必须要比它的竞争对手提供更高的顾客价值和满意。因此，每个公司都需要了解它自身以及竞争对手在市场中的位置、优势、劣势以及战略变化，以制定相应的对策。

2.3.6 公众

营销环境里的公众（Public）指的是任何对企业达成目标的能力有实际的或者潜在的利害关系或影响力的团体。现代市场是个开放的系统，企业的经营活动必然与多方面发生联系。一个企业的公众主要有金融公众、媒体公众、政府公众、公民行动公众、地方公众、一般公众和内部公众（如图2-5所示）。公众有可能增强企业实现其目标的能力，也有可能妨碍其实现企业目标。所以，企业必须采取积极适当的措施，主动处理好与公众的关系，树立良好的企业形象。

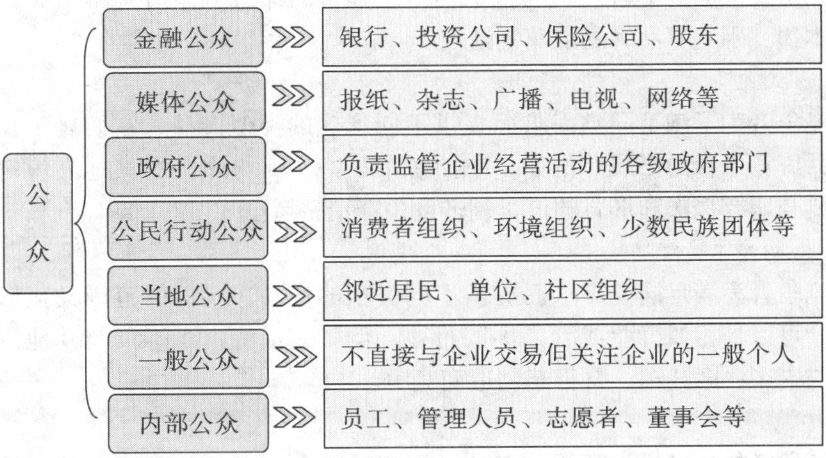

图2-5 公众的类型及示例图

营销讨论2

由于美国人不断减少油炸食品的消费量，肯德基在美国的市场份额自20世纪90年代以来一路下滑，但它已成功地将业务拓展到亚洲国家，在中国、韩国、马来西亚、泰国和印度尼西亚成为快餐业的佼佼者。

试从微观角度分析肯德基在中国的市场环境应该考虑哪些方面的因素？微观环境各个方面情况如何？

2.4 营销环境分析

市场环境是复杂多变的，企业要在市场中立于不败之地，必须准确掌握市场信息，了解竞争动态，分析行业结构，正确把握环境机会，应对环境威胁，从而制定相应的对策。

2.4.1 竞争者分析

消费者的收入总是有限的，为了争夺消费者的有限支出，不同的企业从不同的角度提供相同、相似或可替代的产品或服务。于是，市场总是处在竞争的状态之中。一个企业在市场上面临的竞争对手有以下几种类型：

2.4.1.1 品牌竞争者

品牌竞争者为了满足同一种需求而提供同类产品的不同品牌，它们属于同一个行业，是企业最直接的竞争者。例如，中档轿车福特的品牌竞争者是价格和档次都相当的丰田、本田、别克等品牌的汽车制造商。

2.4.1.2 形式竞争者

形式竞争者为了满足同类需求而提供不同形式的类似产品，它们属于相同或相似行业，是品牌竞争者的拓展。例如，中档轿车福特不但与中档的其他品牌汽车制造商竞争，还要与所有档次和形式的汽车制造商争夺消费者。

2.4.1.3 属类竞争者

属类竞争者为满足同类需求而提供不同类型的产品，它们的范围又比形式竞争者大了一些，可以是相似行业或者是不同行业。例如，福特汽车不仅与其他汽车制造商竞争，还与卡车、摩托车、自行车制造商竞争。

2.4.1.4 愿望竞争者

愿望竞争者的范围最为宽泛，它是指为满足同一消费者的不同需求而提供不同类型产品的所有人。消费者的欲望是多方面的，但是购买能力是有限的，不能同时满足所有的欲望，只能在市场所提供的产品中做出选择。例如，他们可以选择购买汽车、房子或者到国外度假等。在这个层面上，福特汽车要与房产公司、休闲度假等高端消费者企业竞争。

企业需要正确辨别和确定竞争者，范围不能仅仅局限于品牌竞争者，但也不宜过于宽泛以至于“草木皆兵”。企业有必要建立和完善企业的竞争情报系统，收集和分析有关竞争者的情报资料，以便发现竞争者的优势与劣势，预测其未来的发展方向和市场行为。

2.4.2 行业结构分析

行业指提供相同或相似产品和服务给顾客的企业群。一般而言，最激烈的竞争存在于行业之内。行业的竞争结构按照竞争程度可划分为：不存在任何垄断的完全竞争市场、包含一定垄断程度的不完全竞争市场（如垄断竞争和寡头竞争）、在一定范围内没有竞争完全垄断市场以及大量企业间自由竞争的自由竞争市场。

分析行业的竞争程度通常使用迈克尔·波特（Michael Porter）的“五力模型”（Five Forces Model）（如图2-6所示）。这五种竞争力包括：潜在进入者的威胁、购买者的议价能力、替代品的威胁、供应商的议价能力和既有竞争者。这五种竞争力会影响产品的价格、成本和必要的投资，因而能够决定行业的盈利能力，也决定了行业结构，因此对企业判断竞争态势、制定竞争战略具有重要意义。

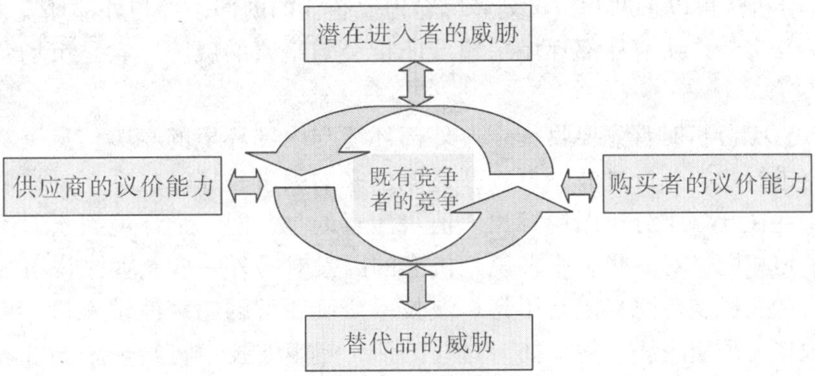

图2-6 波特的“五力模型”图

2.4.2.1 潜在进入者

潜在进入者指那些计划进入或有可能进入该行业参与竞争的企业。它们将带来新的生产能力，会改变原来的供求关系，加剧行业内竞争。其威胁程度主要取决于行业进入屏障，即进入行业所必须付出的代价以及行业内现有企业对新加入者可能做出的反应程度。进入屏障越低，现有企业反应越不激烈，潜在竞争者就越容易进入，从而对行业的威胁就越大。

2.4.2.2 购买者的议价能力

如果客户（买方）拥有讨价还价的能力，他们一定会利用它压低价格，这会减少企业的利润。当产品的标准化程度高、顾客可选择性强时，客户的议价能力就高，对行业的威胁就大。

2.4.2.3 供应商的议价能力

供应商的议价能力与客户的议价能力相反，他们会设法提高价格，这同样会影响企业的收益。当供应商的行业进入屏障高、产品有特色或专用性强、替代品种类和数量少时，供应商的议价能力就大。

2.4.2.4 替代品的威胁

替代品的存在意味着企业的产品或服务的销量和价格将受到限制。当替代品的种类和数量多、替代程度高、顾客转向替代品的代价即“转换成本”低或替代品相对优势大时，其对企业的威胁就大。

2.4.2.5 既有竞争者

既有竞争者指现有行业内的竞争者。行业内的竞争者数量越多、竞争力差距越小、产品差异程度越低、产品越是过剩、行业退出屏障越高时，行业内竞争越激烈。

2.4.3 SWOT分析法

SWOT是四个英文单词首字母的缩写，S（Strength）代表自身优势，W（Weakness）代表自身劣势，O（Opportunity）代表环境机会，T（Threat）代表环境威胁。其中S、W主要来源于企业本身的内部条件，而O、T则来源于外部环境，包括宏观环境因素和微观环境因素。

SWOT 分析法可以帮助营销策划者综合考察企业的内部条件与外部环境，从而认识自身的优势与劣势，认清外部环境中蕴藏的机会与暗藏的威胁，它是市场营销环境分析常用的方法。

进行 SWOT 分析时首先要收集企业外部环境与内部环境的相关信息资料，并把收集到的信息进行归类分析过滤，再判断过滤出来的因素是属于机会还是威胁，是优势还是劣势，并在 SWOT 分析图中标出。值得注意的是，同一个环境因素对不同企业的意义并不一定相同，对一些企业来说是机会的因素对另外一些企业来说可能意味着威胁。例如，洗衣机制造商有望利用超声波技术研制新型的超声波洗衣机，一旦研制成功，洗衣服将无须使用洗衣粉；如果这样的话，超声波技术将给传统的洗衣粉行业带来巨大的威胁。

图 2-7 列举的是企业面临的部分 SWOT 因素，在实际运用中，需要我们根据实际情况来确定对企业的决定性因素。SWOT 分析法形成了四种可供选择的战略，企业可以适当采用，以充分发挥优势，回避或减少劣势。

SO 战略：利用企业内部的优势去抓住外部机会。

WO 战略：利用外部机会来改进内部不足。

ST 战略：利用企业优势去避免/减轻外来的威胁。

WT 战略：直接克服内部弱点和避免外来的威胁。

S（优势）	W（劣势）
◇ 领先/专有的核心技术 ◇ 充足的资金 ◇ 良好的品牌认知度 ◇ 高品质的产品/服务 ◇ 低成本高回报 ◇ 良好的分销渠道 ◇ 优秀的管理层 ◇ 优秀的团队精神 ◇ ……	◇ 落后的技术/设备 ◇ 缺乏资金/人手 ◇ 顾客认知度低 ◇ 高成本 / 低品质 ◇ 缺乏创新 ◇ 分销网络不完善 ◇ 战略方向不清 ◇ 缺乏营销技巧 ◇ ……
O（机会）	**T（威胁）**
◇ 出现新的市场机会 ◇ 经济增长带来高收入 ◇ 政策扶持鼓励发展 ◇ 取消管制 ◇ 行业合作/一体化发展 ◇ 竞争者力量削弱 ◇ 消费观念转变 ◇ ……	◇ 新的竞争者进入 ◇ 经济衰退致收入减少 ◇ 政策管制 ◇ 科技发展带来替代品 ◇ 行业增长缓慢 ◇ 供应商议价能力高 ◇ 人口变动致需求变化 ◇ ……

图 2-7　SWOT 部分关键因素

营销讨论 3

当今世界，互联网已经进入了社会生产和人们的日常生活。企业借助互联网能快速、便捷、低成本地和客户、供应商、分销商进行信息交流。电子商务方兴未艾，强大的网络功能也为规模化的“一对一”定制生产提供了可能。那么，互联网的出现和运用，是否有可能从根本上改变市场交易活动的方式呢？你认为营销学者提出的“使销售成为不必要”的设想是否最终能变成现实？

请用 SWOT 分析法分析当前电子商务的践行者——淘宝网店所拥有的优势与劣势、面临的机遇和挑战。

精要回顾

市场营销环境是指对企业经营活动产生影响的所有内外条件和相关因素的集合，它包含微观环境和宏观环境两个层面。市场环境具有客观性、差异性、多变性和相关性等特征。

营销宏观环境包括影响和约束企业的市场营销活动的一系列巨大的不可控的社会力量，它一般以微观环境为媒介去影响和制约企业活动，故也称为间接环境。宏观环境因素可归纳为人口、经济、政治法律、科技、自然、社会文化等几个方面。

微观环境也叫直接环境，是指环境中直接影响和制约企业的市场营销活动的各种条件和力量。它包括企业本身、顾客、供应商、营销中介、竞争者和社会公众等方面。

企业要制定成功的营销策略，就必须准确掌握市场信息，了解竞争状态，分析营销环境。

一个企业面临的几种竞争对手类型有品牌竞争者、形式竞争者、属类竞争者和愿望竞争者。这些竞争者在不同层面展开激烈的角逐。

波特的“五力模型”用五种竞争力来分析行业竞争状态。这五种竞争力包括潜在进入者的威胁、购买者的议价能力、替代品的威胁、供应商的议价能力和既有竞争者。这五种竞争力会影响产品的价格、成本和必要的投资，因而能够决定行业的盈利能力，也决定了行业结构，因此对企业判断竞争态势，制定竞争战略具有重要意义。

SWOT 分析法最常用的营销环境分析工具。它从 S（优势）、W（劣势）、O（机会）、T（威胁）四个方面来分析企业自身的优势与劣势以及环境所带来的机会与挑战。

关键概念

1. 市场营销环境
2. 营销宏观环境
3. 经济环境
4. 社会文化环境
5. 营销微观环境
6. 公众
7. 供应商
8. 营销中介
9. 竞争者
10. “五力模型”
11. SWOT 分析法

思考题

1. 什么是市场营销环境？它有何特点？
2. 宏观环境包括哪些因素？各有何特点？
3. 微观环境由哪些方面构成？竞争者、顾客对企业营销活动有何影响？
4. 一个企业在市场上面临的竞争对手有哪几种类型？
5. 一个企业在市场上面临的竞争者有哪几种类型？
6. 什么是 SWOT 分析法？它对企业的市场经营活动有什么作用？

营销工作坊-2

根据前面“营销工作坊-1”的要求，我们已经选定了一个感兴趣的行业（比如餐饮业或者服装业），团队成员也分头收集到了很多关于这个行业的资料。

在本章的“营销工作坊”里，我们的任务是：

1. 根据已收集的资料，对所选行业的宏观和微观市场环境进行全面的分析；

2. 分析这个行业的市场需求和竞争态势；

3. 结合我们所设定的团队背景，用 SWOT 分析法分析这个行业环境给我们带来的机遇与挑战，我们如果要进入这个行业的话，具有哪些优势与劣势；

4. 把分析结果写成环境分析报告。

在分析过程中，如果已有资料不够，大家再分头收集补足相关资料。通过分析，如果发现这个行业的宏观和微观环境对我们有足够的吸引力、机遇大于挑战的话，我们将选择这个行业作为目标行业，在以后的“营销工作坊”里，逐步为进入这个行业做准备。如果分析的结果相反，我们将放弃这个行业，另选其他行业进行前述分析，直至找到一个合适的行业为止。

学习档案

为了体现你在完成这一章的学习之后，已经掌握了相关的理论知识和技能技巧，达到了本章提出的学习目标，你需要提供以下资料：

1. 对本章“引导案例”的分析理解；

2. 对本章“营销讨论”的分析理解；

3. 对本章“思考题”的理解回答；

4. 根据“营销工作坊-2”要求所做的环境分析与 SWOT 分析报告；

5. 在本章学习过程中的活动参与情况、课外学习情况（包括资料、方式与反馈等）。

3 营销信息与市场调研

学习目标

▶ 知识目标

1. 了解营销信息以及市场营销系统的含义与作用；
2. 了解市场调研的类型、含义和内容；
3. 掌握市场调研的一般步骤和基本方法。

▶ 技能目标

1. 能根据具体情况分析和评价企业的市场调研方法；
2. 能根据市场调研的目的设计合适的调研方案；
3. 能够运用调查问卷进行市场调研。

内容结构图

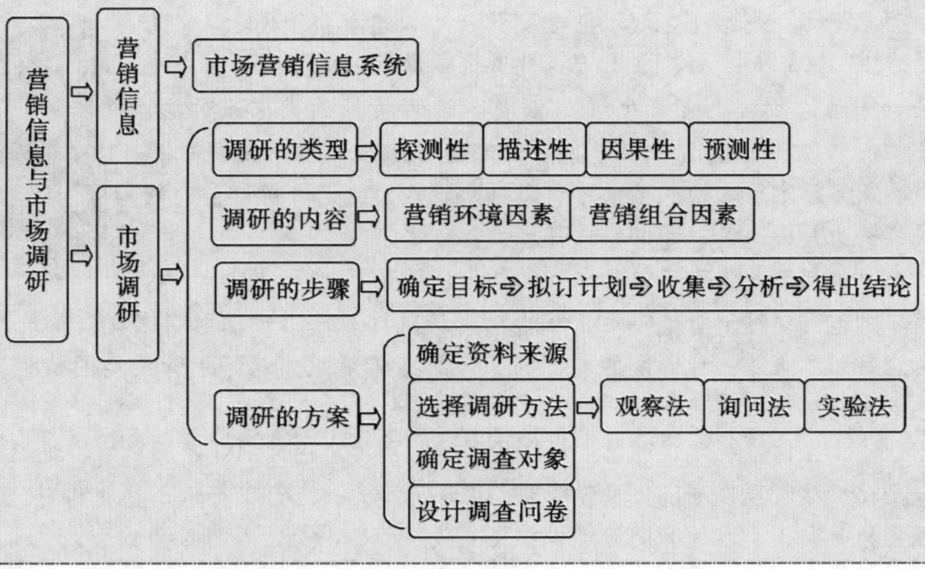

引导案例

成也萧何败也萧何——营销调研给可口可乐的教训

20 世纪 70 年代中期以前，可口可乐公司一直是美国饮料市场的霸主，它占据了全美 80% 的市场份额，且以年销量 10% 的速度高速增长。

然而到 20 世纪 70 年代中后期，百事可乐迅速崛起，到了 1984 年，可口可乐只领先百事可乐 3% 的市场份额。百事可乐凭着“百事新一代”的系列广告赢得了青少年的喜爱。其随后推出一款非常大胆而富有创意的“口味测试”直播广告。在被测试者毫不知情的情形下，请他们对两种不带任何标志的可乐口味进行品尝，结果令百事可乐公司非常满意：80% 以上的人回答是口感稍甜与柔和的百事可乐优于可口可乐。这个命名为“百事挑战”的直播广告令百事可乐的销量再一次激增，可口可乐猝不及防而无力应对。

为了应对竞争者的挑战并且查出可口可乐发展不如百事可乐的原因，可口可乐公司推出了一项代号为“堪萨斯工程”的市场调研活动。可口可乐广泛地深入到 10 个主要城市中进行访问，试图通过调查，看口味因素是不是可口可乐市场份额下降的重要原因，同时征询顾客对新口味可乐的意见。于是，在问卷设计中，询问了例如“你想试一试新饮料吗？”“可口可乐味变得更柔和一些，您是否满意？”等问题。调研最后结果表明，顾客愿意品尝新口味的可乐。可口可乐的决策层以此为依据，在传统配方的基础上，开发新口味可乐。没多久，口感更柔和味道更甜的新可口可乐出现在世人面前。

为了万无一失，可口可乐公司又不惜血本进行了新一轮口味测试。在 13 个城市中，约 19.1 万人被邀请参加了无标签的新、老可乐的口味测试活动。结果 60% 的消费者认为新可乐比原来的好，52% 的人认为新可乐比百事好。于是，新可乐推向市场顺理成章了。在新可乐上市之初，可口可乐又举办了盛大的记者招待会，依靠传媒的力量大造了一番声势，引起了轰动效应。

起初，新可乐销路不错，有 1.5 亿人试用了新可乐。然而，越来越多的老可口可乐的忠实顾客开始抵制新可口可乐，对于他们来说，传统配方的可口可乐意味着一种传统的美国精神，放弃传统配方就等于背叛美国精神。很多人甚至扬言不再买可口可乐了。面临如此巨大的批评压力，公司决策者们不得不做出让步，在保留新可口可乐生产线的同时，再次启用近 100 年历史的传统配方。

至此，尽管可口可乐公司曾花费了 400 万美元，进行了长达 2 年的调查，但新可乐推出不到 3 个月的时间就宣告彻底失败了。

（根据 http://wenku.baidu.com/view/483c35c69ec3d5bbfd0a743f.html 2011－7－10 整理改编）

分析与讨论

掌握准确全面的市场信息对任何行业的生存发展都至关重要。许多大公司精准的市场调研不但成就了许多商业传奇，也成为众多小企业纷纷效仿的对象。但是可口可乐这个失败的市场营销调研案例，也让我们看到了市场调研危险的一面。

1. 你认为可口可乐公司的新可乐调研失误在什么地方?

2. 从这个案例中我们能得到什么启示?

3.1 市场营销信息

3.1.1 营销信息

营销大师菲利普·科特勒曾说：“要管理好一个企业，必须管理它的未来；而管理未来就是管理信息。”信息对于一个企业的重要性可见一斑。

市场营销信息（Marketing Information）是指在一定时间和条件下，与企业所处市场的各种经济活动以及环境有关的数据、资料、情报的统称。它反映了市场活动和环境的变化、特征和趋势等情况。市场营销信息最突出的特征是时效性和准确性：谁最先获得有用的信息，谁就可能抓住市场机会；但是市场信息又是纷繁复杂的，往往真伪难辨，企业需要通过科学有效的手段，从大量的市场信息中准确提炼出对自身最有价值的信息，才能用以正确指导营销决策。

3.1.2 营销信息系统

市场营销信息系统（Marketing Information System，MIS）由人、设备和程序构成，营销决策者通过它收集、筛选、分析、评估和分配所需要的市场营销信息，以及时发现和捕捉市场机会，为市场营销活动的分析、计划、执行和控制提供决策依据。

如图3－1所示，市场营销信息系统由企业内部报告系统、营销情报系统、营销调研系统和营销分析系统四个子系统构成，它们评估营销经理的信息需要，搜集和开发所需的信息，并适时对信息进行分配，以满足营销经理在对市场营销环境实施分析、计划、执行和控制决策时的信息需求。

3.1.2.1 内部报告系统

内部报告系统是企业使用最频繁的信息系统，它主要提供企业的内部经营状况的信息数据，如产品销售、成本、利润、存货、现金流动及应收应付账款等资料。该系统的核心是订单→发货→账单的循环，即订货部门将顾客、经销商、销售代表提交的订单通过计算机网络进行及时处理，根据订货要求，仓储部门及时发货，将发票、运单、账单及其他单证及时送达有关部门，使各部门协调运作；顾客收到货物和账单后付款，企业根据付款凭证确认货物送达。

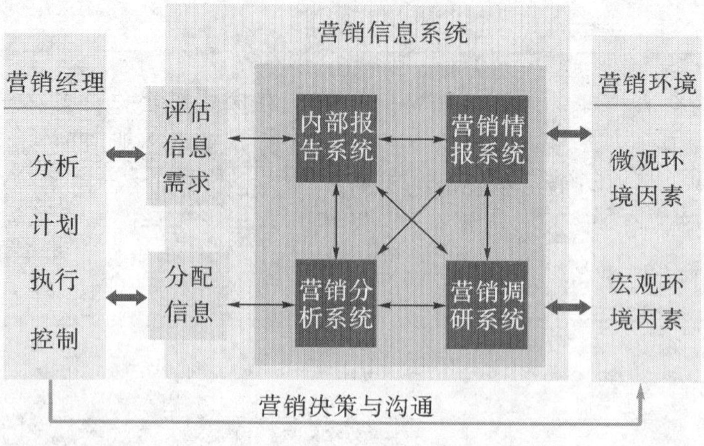

图 3－1　市场营销信息系统运作示意图

3.1.2.2　营销情报系统

营销情报系统主要用于向管理人员提供外部环境变化的最新资料，如新的法律条文、社会潮流、技术创新、竞争者动态等，以帮助营销管理人员了解市场动态和把握市场机会。情报的来源很广泛，包括政府机构、竞争者、营销合作者、顾客、大众传媒及其他机构等。

3.1.2.3　营销调研系统

营销调研系统是营销信息系统中最重要的部分，它主要针对企业营销面临的具体问题，收集有关信息进行专门的调查研究以便解决这些特定的问题，例如：市场需求预测、销售趋势研究、市场份额调查、消费者行为调查、广告评估、新产品销售情况等活动，都属于营销调研系统的范畴。

3.1.2.4　营销分析系统

营销分析系统是企业为了更好地进行经营决策，采用一些先进的技术进行市场营销信息分析的子系统，它通常由统计库和模型库两部分组成。其中统计库采用各种统计分析技术从大量数据中提取有用的信息进行分析统计；而模型库则包含了各种解决营销问题的数学模型，如新产品的销售预测模型、广告预测模型、厂址选择模型、竞争策略模型、最佳营销组合模型等，用来为营销决策提供科学的数据依据以及最有效的营销方案。

营销讨论 1

美国百威啤酒公司（Budweiser）创立了联系批发商、零售商和其他商业合作伙伴的网站 BudNET。这个系统处理销售报告、客户开发、零售推广建议和周销售预测，并有逻辑排序功能。通过这个网络，分销商可以输入数据，公司从而知道还有多少货在零售商的货架上；如果货不在货架上，那么它在哪里，等等。每天结账时，公司可以获得反映产品销售走势的数据。

请分析评价百威公司的 BudNET 系统对百威啤酒的营销活动有哪些具体的意义。

3.2 市场调研

3.2.1 市场调研的类型

按照调研的不同目的，市场营销调研一般可划分为探索性调研、描述性调研、因果性调研和预测性调研四种类型（如图3-2所示）。

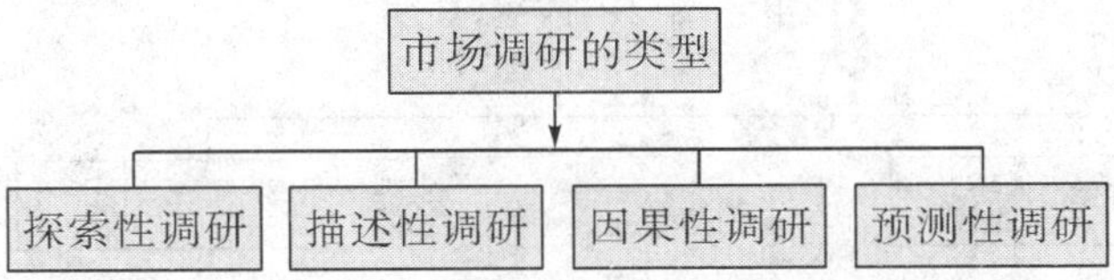

图3-2 市场调研的类型

3.2.1.1 探索性调研

探索性调研（Exploratory Research）指企业在情况不明朗时为了找出问题的症结，明确进一步的调研内容和重点，需要进行非正式的初步调研，收集一些相关的资料进行分析。例如，某企业最近两个月的销售量突然大幅度下降，其原因并不明确。是顾客喜好发生突变？是金融危机的影响？还是竞争者的原因？企业在无法确定研究重点的情况下，可以先用探索性调研法来寻求最可能的原因。探索性调研所研究的问题和范围比较大，在研究方法上较灵活，在研究过程中可根据情况随时进行调整。探索性调研的资料主要来源于二手资料或请教业内专家，让他们发表意见和看法，或者参照过去类似的实例来进行。

3.2.1.2 描述性调研

描述性调研（Descriptive Research）是在已明确所要研究问题的重点和内容后，通过详细的调查分析，对市场营销活动的某个方面进行客观的描述，对已经找出的问题做出如实的反应和具体的回答，比如消费者如何购买、何时买、买多少等问题。多数市场营销调研都是描述性调研。此类调研一般要进行实地调查，需要事先拟订周密的调研方案，做出详细的调研计划和提纲，以确保调研工作的顺利进行。

3.2.1.3 因果性调研

描述性调研可以说明某现象或者变量之间的相互关系，但要说明某个变量是否影响或决定着其他变量的变化，则要采用因果性调研（Causal Research）。因果性调研的目的是找出关联现象或变量之间的因果关系，一般是为了回答“为什么”的问题，比如新的促销手段能否提高产品的销售量，能提高多少，为什么不同的促销手段对产品销量的影响会不同等。因果性调研同样需要详细的计划和准备工作，实验法是因果性调研中的一种主要研究方法（见本章第3.3节）。

3.2.1.4 预测性调研

预测性调研（Predictive Research）是对市场的未来变化信息进行调研，包括预测某特定活动的结果和预测市场的潜在需求及其变化，以帮助企业制订有效的营销计划和进行相关市场营销决策。例如某建材销售商为预测未来3年内某二线城市对建材的需求而进行的调研。

3.2.2 市场调研的内容

根据调研的内容不同，市场调研可以分为营销环境因素和营销组合因素两大类(如图3－3所示)。

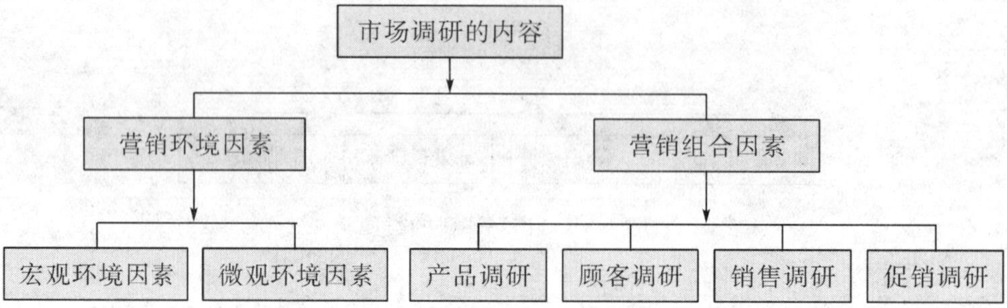

图3－3　市场调研的内容

3.2.2.1 营销环境因素

环境因素调研是针对包括市场宏观环境和微观环境中与企业市场营销活动相关的各种因素进行的调研。调研中具体需要获取的信息以及内容举例见表3－1。

表3－1　营销环境因素调研的主要内容

	分类	细目	调查内容举例
营销环境因素调研的内容	宏观环境因素	政治法律	国家政策、法规、关税条例等
		经济环境	GDP、个人可支配收入、消费与储蓄比、利率汇率变化等
		社会文化	教育水平、宗教信仰、价值观念、风俗习惯、流行趋势等
		人口环境	宏观人口结构、人口数量、增长速度、分布特征等
		科技环境	科技水平、科研成果应用、技术开发、研究水平等
		自然环境	自然资源、气候变化、地理位置等
	微观环境因素	企业本身	企业内部的人力资源情况、资金、技术资源、设备等
		消费者	消费者需要、购买动机、购买习惯、购买类型等
		供应商	供应商产品可获取性、供应成本与质量、供应渠道变化等
		营销中介	中间商优劣势、仓储成本、交付、运输速度与安全等
		竞争者	竞争者经营能力、产品信息、市场份额、营销策略等
		社会公众	各公众群体的意见、舆论变化等

3.2.2.2 营销组合因素

营销组合因素调研涉及营销活动的各个方面，归纳起来主要有产品调研、顾客调研、销售调研和促销调研等。

产品调研：包括对新产品的设计、开发、试销，对现有产品的改良，对流行趋势和销售前景的预测，对供求形势的意见，对影响价格的其他因素的变化进行调研。

顾客调研：包括对消费心理、消费行为特征、消费者的品牌偏好以及对本企业产品的满意度等进行调查，研究环境因素对购买决策的影响，此外还需要了解潜在顾客的需求情况。

销售调研：包括对销售量、销售范围、分销渠道等方面的调查，了解市场潜量与销售潜量以及市场占有率的变化情况，还需要了解竞争对手的销售优劣势等方面的信息。

促销调研：包括对企业在产品或服务的促销活动中所采用的各种促销方法的有效性进行测试和评价，如广告目标、媒体影响力、广告设计及效果、公关效果、企业形象设计与塑造等。

营销讨论 2

废纸条变宝贝

在澳大利亚昆士兰州，许多远道而来的顾客，特别是怕忘事的家庭主妇，在到商店购物前总喜欢把准备购买的商品名写在纸条上，买完东西后则随手丢弃了。一家大百货公司的采购经理注意到这一现象后，不但自己经常把这些废纸条当宝贝一样捡起来，更悄悄发动其他管理人员也行动起来。他以此作为重要依据，编制了一套扩大经营的计划，结果许多妇女以前要跑很远的路才能买到的商品，现在到附近分店同样也能买到。公司不但从中获得了可观的利润，更提高了顾客的满意度。

你认为这个案例中的经理从废纸中能获得哪方面的信息？你从中得到怎样的启示？

3.2.3 市场调研的步骤

如图 3－4 所示，市场调研一般包括确定调研问题与目标、拟订调研计划、收集信息、分析信息、提出结论五个步骤。下面将根据美国航空公司的调研实例对这五个步骤加以说明。

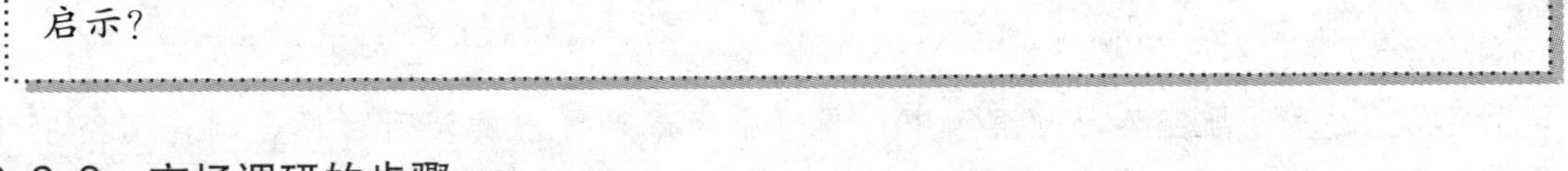

图 3－4 市场调研的一般步骤

实例链接

美国航空公司注意探索为航空旅行者提供他们需要的新服务。一位经理提出在高空为乘客提供电话通信的想法。其他的经理们认为这是个激动人心的创意，并同意对此做进一步的研究。于是，提出这一建议的营销经理自愿为此做初步调查。他同一个大电信公司接触，以研究波音747飞机从东海岸到西海岸的飞行途中，电话服务在技术上是否可行。据电信公司讲，这种系统每次航行成本大约1000美元。因此，如果每次电话收费25美元，则在每航次中至少有40人通话才能保本。于是这位经理与本公司的营销调研经理联系，请他研究旅客对这种新服务将做出何种反应。[摘自：菲利普·科特勒. 营销管理（新千年版）. 梅汝和，梅清豪，周安柱，译. 北京：中国人民大学出版社，2001：129－142.]

营销讨论3

在上述“实例链接”中，美航营销调研经理应该按照怎样的调研步骤进行调研？他的调研目标是什么？为此他应该提出怎样的调研问题？拟订怎样的调研计划？又会有怎样的调研结论呢？

3.2.3.1　确定调研问题与目标

为保证调研的成功与有效性，首先，需要确定调研的目标。目标既不能太宽泛也不能太狭窄，要充分考虑调研结果的有效性。其次，在确定目标的基础上，明确需要解决的问题。

在上述美国航空公司的案例中，调研小组最初提出的调研目标是调查“空中旅客需要怎样的服务？”但这个目标太大，可能会得到大量不需要的信息，而实际需要的信息却得不到。后来把目标调整为调查“在某航线中是否有足够的乘客愿意使用电话，而使这项服务不致亏损？”根据这个目标，确定了以下研究问题：乘客在航行中需要通话的主要原因是什么？哪些类型的乘客喜欢在航行中打电话？有多少乘客可能会打电话？各种层次的价格对他们有何影响？这一新服务会增加多少新顾客？这项新服务对公司的形象会产生积极影响吗？

3.2.3.2　拟订调研计划

在后面的环节我们会学习到不同的调研方法，如实验法、观察法、调查法等。企业在拟订调研计划时要根据调研的目标、市场的特点以及调研成本，来确定资料来源，选定合适的调研方法，设计抽样计划和接触方法等（如图3－5所示）。

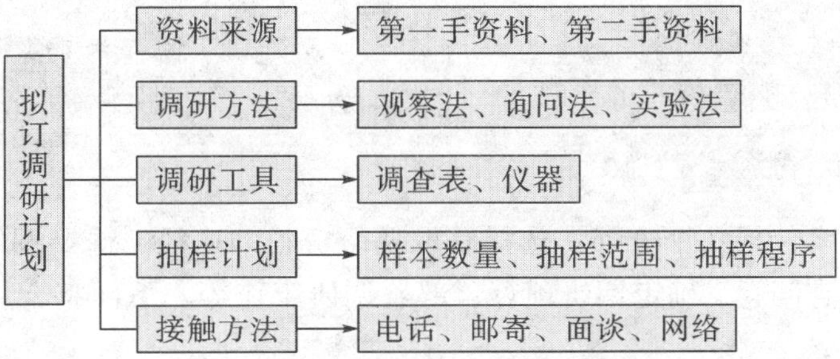

图 3－5　拟订调研计划

美国航空公司要调查的问题由于没有或很少有可用的二手资料，在空中电话通信系统安装之前也没法进行观察或实验，所以调研经理决定设计问卷调查表，通过与旅客面对面直接询问的方法取得第一手资料。

3.2.3.3　收集信息

在制订调研计划后，要由有经验或者经过培训的调研人员按计划收集相关信息。为了保证调研的有效性，执行调查的有关人员必须掌握调查技术、友善耐心、善于沟通，而且所有的调查人员要统一认识和统一行动。

3.2.3.4　分析信息

没有经过处理的原始资料往往是不能使用的。所以，当信息收集工作完成之后，就要对所获得的资料进行整理分析，包括分类、核校、编号、列表等，以便于提炼出适合调研目标的调查结果。

3.2.3.5　提出结论

根据调研信息分析，调研人员通常以调研报告的形式向营销主管提交调查结论，提出有关建议或对策。调研报告应力求简明、准确、完整、客观，为科学决策提供依据。

美国航空公司的营销调研部门根据此次调研的目标与问题，制订了周密的调研计划，得到了充分的第一手资料，经过分析，得出以下几点结论，以供营销经理做出“是否在航线中推出空中通话服务”的决策：

1. 使用飞机上电话服务的主要原因是：有紧急情况，紧迫的商业交易，飞行时间上的混乱，等等。用电话来消磨时间的现象是不大会发生的。绝大多数的电话是商人所打的，并且他们要报销单。

2. 每 200 人中，大约有 20 位乘客愿花费 25 美元打一次电话；而约 40 人期望每次通话费为 15 美元。因此，每次收 15 美元（40 × 15 = 600）比收 25 美元（20 × 25 = 500）有更多的收入。然而，这些收入都大大低于飞行通话的保本点成本 1000 美元。

3. 推行飞行中的电话服务使美航每次航班能增加 2 个额外的乘客，从这 2 人身上能收到 400 美元的纯收入，然而，这也不足以帮助抵付保本点成本。

4. 提供飞行服务增强了美航作为创新和进步的航空公司的公众形象。

[资料来源：菲利普·科特勒. 营销管理（新千年版）. 梅汝和，梅清豪，周安柱，译. 北京：中国人民大学出版社，2001：129－142.]

3.3 调研方案

制订调研方案包括几个方面：选择获取调研资料的途径、选择调研方法、确定调查对象、设计调查问卷、确定调研预算、部署调研工作等。下面将介绍最重要的几个方面：

3.3.1 资料获取的途径

市场调研资料的获取主要有两个途径：二手资料法和一手资料法。

3.3.1.1 二手资料法

解决当下调研问题所需的信息，可能目前已存在，那些过去为其他目的而收集起来的信息，称为二手资料。通过收集二手资料来研究当下调研问题的方法，叫做二手资料法。

这种资料收集方法的优点是简便快捷、省时省力、成本低。缺点是资料的适用性不强，可能与调研目的有相当的差距，不能准确地说明问题。另外，二手资料的真实性和可靠性也需要认真评估。所以必须慎重使用二手资料。

二手资料的主要来源有：

（1）企业内部资料：如各种财务报表、销售记录、工作报告、存货记录、购销合同等；

（2）政府机构的出版物：如各种统计年鉴、统计报告、调研报告、政府工作报告等；

（3）行业协会的报告和定期出版物；

（4）专业市场咨询公司的研究报告。

3.3.1.2 一手资料法

当现有的二手资料不能解决当下调研问题时，企业必须针对调研问题收集专门的第一手资料。通过收集第一手资料来解决调研问题的方法，称为一手资料法。

一手资料法的优点是针对性强，能提供直接满足调研所需的信息，是达到调研目的的重要手段。其缺点是工作量大、耗时费力、成本高。所以现在一些企业把收集一手资料的工作委托专业调研咨询公司，效果很不错。一手资料法中常见的方法将在后面详细介绍。

3.3.2 常用的调研方法

常用的一手资料调研方法主要有观察法、调查法和实验法（如图3-6所示）。

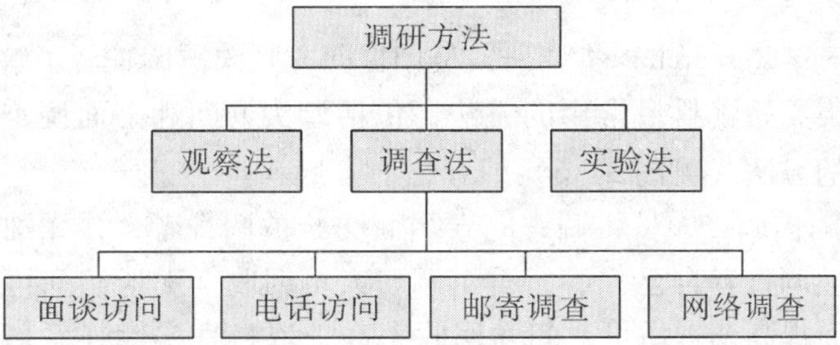

图3-6 常用的调研方法图

3.3.2.1 观察法

观察法（Observational Research）是调查人员在现场直接观察被调查者的言行表现而获取需要的信息的方法。也可安装摄像机、录音机等设备进行现场拍摄和录音。

比如，某商场想了解每天不同时段来店的顾客特点，就可以安排调研人员在商店的停车场、入口和出口处观察记录不同时间段来店的顾客人数、性别、是否驾车、购物数量等情况。商家还经常安排“神秘顾客”到下属商店或者竞争对手的商店，进行观察体验，以达到内部评估和了解竞争者经营情况的目的。这种做法也属于观察法。

由于调查者和被调查者不发生直接对话，甚至被调查者并不知道自己正在被调查，被调查者的言行完全处在自然的状态，因此观察所得信息能客观、如实地反映问题。观察法的主要缺点是只有显性的、公开的行为能被观察到，而隐秘的行为、内在的想法、情感、动机和态度等因素无法被观察到。因此，观察结果是表面的，无法说明引起行为的内在原因。

实例链接

“落难的日本人”

一次，一个美国家庭住进了一位“不幸”的日本人。奇怪的是，这位“落难者”每天都在记笔记，记录美国人居家生活的各种细节，包括吃什么食物、看什么电视节目、出门带什么东西等。一个月之后，日本人走了。不久丰田公司推出了针对当今美国家庭需要而设计的价廉物美的旅行车，大受欢迎。直到此时，丰田公司才在报刊上刊登了他们对美国家庭的研究报告，并向被打扰了的美国家庭致歉并表示感谢。

“顾客的影子”

找人充当顾客的影子是美国一些市场营销调研公司的杰作。这些公司专门为各商场提供市场营销调研人员。这些人接受商场聘请后，选定目标顾客，时刻不离顾客左右，观察顾客购买了哪些商品、停留多久，多少次回到同一件商品前，为什么在挑选了很长时间后还是失望地离开等信息。美国许多企业得益于这类调查，并因而使调查更具针对性、更贴近消费者。

3.3.2.2 调查法

调查法（Survey Research）指调研人员用提问方式向被调查者了解情况，收集信息的方法。这是收集原始资料最常用的方法，包括口头询问和书面调查。具体来看又分为以下几种常用的方法（见图3－6）：

（1）面谈访问：调查人员将调查问卷当面交给被调查者，并详细说明调查的目的和调查要求，由被调查者自己作答，再由调研人员回收。面谈访问可以当面消除被调查者的疑虑，从而提高调查质量，问卷回收率高，资料真实性强，是最常见的调研方法。但是面谈访问的费用相对较高，计划组织工作量大，也容易受到地域范围的限制。

实例链接

肯德基公司计划进驻一座新城市，在新店开张之前，公司在新店附近公园设置了免费品尝点。在品尝前，先为试吃者送上苏打饼干和白开水，以消除口中异味，稍后便送上香喷喷的炸鸡块。品尝完之后，工作人员拿出一份调查表，开始了项目十分详细的询问，了解顾客对炸鸡块的评价以及征求餐厅的设计意见，并询问了顾客的住址、职业、收入等情况。

整个询问过程不到20分钟，这位工作人员收集到了顾客能够给予的全部信息。询问结束之后，工作人员又给顾客每人送上一袋热气腾腾的炸鸡，纸袋上“KFC”的字样分外醒目。

（2）电话访问：调研人员按照调查问卷的内容，通过电话联络方式询问被调研者的意见，由访问者记录回答信息。这种方法速度快，省时，资料统一程度高，对某些不便面谈的问题可能在电话中得到回答，但是受到通话时间的限制，调研的问题少，不能深入地讨论分析问题。

（3）邮寄调查：调研人员将拟订的调查问卷通过邮局邮寄或电子邮箱发送给被调查者，要求他们按要求填妥后寄回给调查者。这种方法成本低，调查范围广，样本量大，被调查者可以不受调查者的影响，可以没有偏见。但是这种方法的问卷回收率低，真实性差，回答的问题可能较肤浅。

（4）网络调查：网络调查是基于互联网平台的一种崭新的调研方式。简单地说，网络平台与互联网搜索引擎的便利使用大大地丰富了市场营销调研的资料来源，扩展了传统的市场调研方法。网络调研有很多优点：费用低，主要是设计费和数据处理费，每份问卷所要支付的费用几乎为零；调研样本数庞大；运作速度快，只需搭建平台，数据库可自动生成；调研的时效性长，可全天候进行；对调研者和被调研者都很便利。但是也有缺点：受访者可能不是目标被调研者，资料的真实性也相对比较弱。

3.3.2.3 实验法

实验法（Experimental Research）是从影响调查问题的若干因素中，选择一两个因素，将它们置于一定条件下进行小规模的实验，从而获得信息，再分析研究是否值得大规模推广的一种调研方法。

实验法在营销调研中应用很广，比如在商品改变品种、包装、价格、广告、陈列方法等因素时，都可以应用这种方法。市场上常见的新产品试用、试销、新店试营业等都属于营销实验法。

实验法的优点是比较科学，所获得的资料能比较客观地反映实际情况，而且能直接检验出营销策略的效果。但是缺点也很明显，比如获取资料所需时间长，实验费用高，由于实验管控的因素较多而可能致使实验效果难以推广等。

实例链接

巴克希尔的咖啡广告实验

巴克希尔食品公司的销售经理迈克与公司的广告代理商对巴克希尔咖啡的下一款广告设计产生了意见分歧。迈克认为在广告中应该出现美貌的女性形象，因为有研究结果表明一个人对另一个人的感觉和反应很大程度上取决于他（她）的外表的吸引力。而广告代理商则持相反的观点，他认为应用外表并不出众的人做广告会使得广告更为可信和有效。另外，代理商还建议用男性而不用女性形象来做广告。

经过充分讨论，他们决定通过实验研究来决定这些问题：应该用外表有吸引力的人还是一般的人做广告？应该用男性形象还是女性形象？

为此，他们准备了4款广告。这4款广告除了手拿咖啡的人不同以外，其他都一样。4个拿咖啡的人分别是：有魅力的男士、有魅力的女士、普通的男士、普通的女士。然后从电话黄页上通过随机抽样方式抽取48名男士和48名女士参加者进行测试。这些人被随机分成12组，每组4人，每人可以看到4个广告，其中只有1个实验广告，另外3个虚构的广告，用来掩盖那个实验广告的独特性。

在实验开始时，研究人员向参加实验者介绍规则，并被告知他们要做的不是比较广告的好坏，而是看过之后对广告本身以及广告中的产品进行评价。实验开始后，研究者把广告逐个递给实验者，在每看完一个广告之后，他们都要在一份调查表上给该广告及其产品打分。

研究人员最后根据调查表所得数据进行分析，结果发现有魅力的男士形象产生的认知性分数最高。据此，广告代理商最终在广告中采用有魅力的男士形象。

（根据 http://wenku.baidu.com/view/202c7c1c59eef8c75fbfb355.html 修改）

3.3.3 确定调查对象

调查对象的代表性直接影响调查结果的准确性，所以必须根据调研的目的、人力物力和时间等情况确定调查的对象和样本的数量。

3.3.3.1 普查

普查是对研究总体进行逐个的调查，以取得全面、精确的资料。普查的准确度高，能全面反映客观事物；但工作量大、费用高、耗时长，也可能使调查资料失去时效性。

3.3.3.2 抽查

抽查指当研究总体数量大、区域广，而人力、物力、时间又不允许进行普查时，抽取研究总体的一部分作为样本，然后根据调查资料来分析推理全体。现实中，大多数企业采用抽查方式。为了科学地进行抽查，就需要设计适当的抽样方法。常用的抽样方法有：

纯随机抽样：完全排除人们主观的有意识选择，使总体中的每个个体都有同等机会被抽取出来，如抽签法。

机械抽样：遵照随机原则，先将总体样本进行编号，然后严格按照一定的间隔机械地抽取样本。由于样本在总体中分配较均匀，样本的代表性也较大。

分层抽样：先将总体按照与调查目的的相关的特性分层，然后每一层再按一定比例简单随机或机械抽取样本。比如研究总体是全校学生，则可以按男生、女生或者按年级分层。

整群抽样：先将调研总体按一定标准分成若干个群体，再按随机原则抽取某个/些群体作为样本，对样本群内的每一个体进行逐一的调查。比如随机抽取某些班级作为全校学生的研究样本。其优点是容易组织，但是样本分布不均，代表性较差。

判断抽样：由专家判断而决定抽取哪些样本，也称为立意抽样。

3.3.4 设计调查问卷

问卷设计是营销调研的重要一环。问卷质量的好坏对调研结果影响很大。因此，一份高质量的问卷需要经过认真仔细地设计、测试和调整。设计调查问卷要注意以下事项：

（1）调查主题要突出，问题明确，卷面简洁；那些可要可不要的问题干脆不要列入。

（2）问题应该是被调查者能够回答的，避免问被调查者不了解或难以回答的问题。

（3）注意询问语句的措辞和语气，问句意思要清楚，避免理解上的误差而影响调查结果。

（4）问题要具体明确，避免重复和相互交叉，问卷拟订的答案要编号，以便于统计结果。

（5）避免使用引导性或暗示性的问题，以免造成答案偏差。

在设计问卷的问题时，有两种提问方式：封闭式提问和开放性提问。

3.3.4.1 封闭式提问

封闭式提问是指在问题后面设计几个可能的答案供被调查人选择。这种提问法便于统计，但答案伸缩性较小，常用于描述性、因果性调研。下面是几个封闭式问题形式：

（1）你购买空调时注重商品牌子吗？　　是（　　）否（　　）

（2）你通常每周去几次咖啡店？

①0次　②1~2次　③3~5次　④5次以上

（3）你选择海尔空调的最重要原因是：

①名牌产品 ②广告吸引 ③朋友推荐 ④价格适中 ⑤售后服务好 ⑥其他

(4) 当你光顾咖啡店时，咖啡店的环境对你来说

①非常重要 ②很重要 ③重要 ④无所谓 ⑤不重要

3.3.4.2 开放式提问

开放式提问允许被调查者用自己的话来回答问题。这种提问方式由于被调查者不受限制，因此可以揭露很多新信息。但是其结果不易统计和分析，所以在一份调查问卷里面只能占小部分，要慎重选择使用。下面是一些开放式问题的例子：

(1) 您对本店的服务有何意见和建议？________________________________

(2) 当我运动后口渴时，我想喝____________。

(3) 当网购商品邮寄到达后，你发现实际商品与网站描述的出入较大时，你会……（请完成这个故事）。

营销讨论 4

林老板在生活小区附近开了一家餐馆。他每天都辛勤工作，希望顾客如云。但是现实并不尽如人意，他希望通过市场调研来发现问题出在哪里。他说：我每天都用心接触顾客，我知道他们的名字、他们的喜好。我留意菜单，知道哪种食物最受欢迎；如果菜单中的某种食物没有卖出去，我就会知道他们不喜欢这种食物。我也阅读《现代餐馆》杂志，所以我了解餐饮业的现状和发展趋势，这是我所需要的市场调研。

根据在本章所学的知识以及你对市场调研的理解，谈谈你对林老板这番话的看法。如果你是他，你会如何做这个市场调研？请设计一个具体的调研方案。

精要回顾

市场营销信息对企业发现和捕捉市场机会至关重要，它为企业在市场营销活动中的分析、计划、执行和控制环节提供决策依据。企业通过市场营销信息系统收集、筛选、分析、评估和分配所需要的市场营销信息。该系统由企业内部报告系统、营销情报系统、营销调研系统和营销分析系统四个子系统构成。

按照调研的不同目的，市场营销调研一般可划分为探索性调研、描述性调研、因果性调研和预测性调研四种类型。市场调研的内容可能涉及宏观环境因素、微观环境因素和营销组合因素（包括产品、顾客、销售和促销等）。市场调研的步骤一般包括确定调研问题与目标、拟订调研计划、收集信息、分析信息和提出结论。

有效的市场营销调研需要制订科学合理的调研方案，方案需要考虑几个方面的内容，包括选择获取调研资料的途径、选择调研方法、确定调查对象、设计调查问卷等。其中调研资料的获取主要有两个途径：二手资料法和一手资料法。常用的一手资料调研方法又包括观察法、调查法和实验法。

关键概念

1. 市场营销信息　2. 市场营销信息系统　3. 探索性调研
4. 描述性调研　5. 因果性调研　6. 预测性调研
7. 环境因素调研　8. 营销组合因素调研　9. 抽样
10. 观察法　11. 调查法　12. 实验法

思考题

1. 结合实际，谈谈市场营销信息对企业的运作有哪些作用。
2. 市场营销信息系统包含哪些组成部分？各个部分之间是如何协调运作的？
3. 按照不同的调研目的，市场营销调研一般可划分为哪些类型？
4. 市场调研的一般步骤是怎样的？
5. 常用的市场调研方法有哪些？它们各自的优缺点是什么？

营销工作坊 -3

在前面的“营销工作坊”里，我们已经选定了本模拟营销项目要进入的行业，并且已经对该行业的市场环境进行了分析，发现这个行业总体来说环境乐观，前景诱人，因此，本项目团队准备深入调查，了解竞争者经营情况，挖掘市场机会，以便更有效地打入该市场。

在本章“营销工作坊”里，我们的任务是要回答以下几个问题：

1. 我们选定的行业中，目前存在的主要竞争者有哪些？

2. 这些竞争者针对市场推出了哪些主要产品？这些产品各有什么优点与不足？

3. 目前市场已有的竞争产品能否满足消费者的需求？如果有不足的地方，消费者希望能得到怎样的产品？

针对以上问题，制订一份合适的市场营销调研方案，并设计调查问卷，实施调研，并把调查结果写成市场调查报告。

学习档案

为了体现你在完成这一章的学习之后，已经掌握了相关的理论知识和技能技巧，达到了本章提出的学习目标，你需要提供以下资料：

1. 对本章“引导案例”的分析理解；

2. 对本章“营销讨论”的分析理解；

3. 对本章“思考题”的理解回答；

4. 根据“营销工作坊 - 3”的要求所设计的市场调查问卷以及市场调查报告等；

5. 在本章学习过程中的其他相关营销活动参与情况、课外学习情况（包括资料、方式与反馈等）。

4 消费行为

学习目标

▶ 知识目标

1. 了解消费者购买决策的内容；
2. 理解消费者购买行为模型；
3. 了解影响消费者购买行为的因素；
4. 掌握消费者购买决策过程与购买行为类型。

▶ 技能目标

1. 能分析判断不同类型的消费者购买行为；
2. 能识别影响消费者购买行为的不同因素；
3. 能针对消费者购买的不同类型提出相应的营销建议。

内容结构图

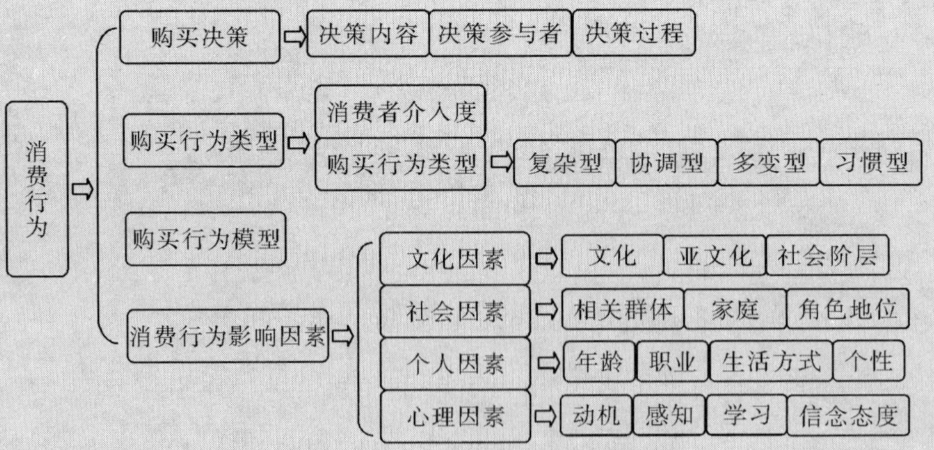

引导案例

“80后”一代——中国市场的商业金矿

“80后”特指出生在改革开放后，即1980年以后出生的一代，也称“独生代”。他们是“吃着零食，看着广告和动画片，玩着网络游戏长大”的一代，因此又被称为“物质化的一代”。由于特殊的时代背景，他们对于世界有着独特的记忆，对于消费也有着与父辈不同的认知。他们注重自我、个性鲜明、不爱储蓄、习惯透支、时尚为先、乐于消费、寻求刺激和体验；他们引领着音乐、互联网、数码产品的时尚潮流。

有数据显示，目前中国的“80后”一代拥有大约2亿8千万的潜在消费人群。这一代人正成为中国的消费主力军，他们的消费能力和消费欲望的膨胀速度极大地吸引了商家的眼球。从2006年起，中国市场上为“80后”群体刮起的年轻化风潮，更是一浪高于一浪。为了这个年轻的群体，一些世界知名品牌不惜放下更为广大的客户群，转而针对“80后”一代，重新制定在中国的市场策略。

▶ 联想手机第一次放弃了它一贯的商务形象，主打时尚概念和网络娱乐概念，专门针对“80后”人群推出的“粉时尚”系列手机大规模上市。“粉时尚”的名称来源于“80后”惯用的网络用语，“粉时尚”就是“很时尚”。

▶ 世界时尚腕表品牌斯沃斯（SWATCH）虽然将消费者圈定为8~80岁的整个消费人群，但2006年它在中国地区邀请了“80后”青春偶像李宇春作为首位形象大使。

▶ 苹果公司推出的iPod、iPhone，通过色彩、外形、娱乐功能等设计，凸显品牌的时尚性，成为电子消费品中的时尚代表作，获得独生代的极大追捧。

▶ 动感地带从产品的设计、品牌的推广到宣传语都围绕着“80后”。近年来频繁在北京、深圳等地举行“80后”偶像周杰伦的演唱会，所有参会者全部是M-zone人；它与NBA合作、举办街舞大赛、动漫大赛等一系列“80后”喜爱的活动，使其品牌价值迅速提升。

▶ 金融领域面向“80后”推出的产品也让人应接不暇。仅招商银行就接连推出了两款专为“80后”职场新人和在校学生设计的信用卡，其中，Hello Kitty卡推出仅21天就发售了6万张，针对办公室群体来推出的MSN卡也非常受欢迎。

▶ 互联网站专门推出“80后年轻一代门户网站”（http://www.8090shq.com/），甚至有专门为“80后”打造的地板行业网站（贝尔商城www.bblfloor.com）……

（根据http://bbs.icxo.com/thread-152530-1-1.html整理改编）

分析与讨论

作为中国特殊历史背景下成长起来的新新人类，“80后”一代有着与传统世代迥异的消费特点，他们正在并将继续颠覆中国人的传统消费观念，改变中国的消费趋势。

1. 你观察到的“80后”一代有什么共同特征？这些特征如何影响他们的消费行为？

2. “80后”一代有着显著的共同“时代烙印”，那么他们的消费行为模式是否都一样？如果有不同，你认为有哪些不一样的模式？

4.1 消费者购买决策

4.1.1 消费者购买决策内容

营销人员在制定针对消费者市场的营销组合之前，必须先研究消费者购买行为。消费者购买行为所涉及的内容非常广泛，包括影响消费者行为的客观外部环境因素、消费者的个人特征、心理过程、购买决策过程等。那么，研究消费者购买行为应该从哪个方面入手呢？在现实当中，我们往往看到不同人即使面对同样的产品，也会做出不一样的决策。因此，营销学者从购买者行为的结果出发，提出了一个简称“5W2H”的分析模型（如图4－1所示）。一般情况下，企业只要能够对图中7个方面的问题分析清楚，就能够针对消费者的实际情况，设计具体的营销组合策略。

图4－1　消费者购买决策内容

例如，一个生产和销售牛奶制品的公司，在设计针对消费者市场的营销组合策略前，必须先研究以下问题：

（1）Who：哪些人需要购买牛奶？是学生、老人、妇女、婴儿、康复者，还是所有人？

（2）What：他们需要什么样的牛奶？是加钙的、脱脂的、灌装的，还是小袋装的？

（3）Why：他们为什么要购买这样的牛奶？是饮食习惯，还是营养需要？

（4）How：他们是怎样购买牛奶的？是亲自购买、托人购买、送货上门，还是顺带购买？

（5）How many：他们每次购买多少？是整箱、单个，还是随意？

（6）When：他们什么时候购买？是每天、每周、节假日、早餐时，还是外出旅游时？

（7）Where：他们在什么地方购买牛奶？是大超市、便利店、专门店，还是餐饮门市？

营销者只有对这些问题了解清楚了才能使他们的4Ps策略设计有据可依。在此基础之上，需要进一步了解消费者的购买决策过程的其他特征。

4.1.2 消费者购买决策的参与者

消费者在购买活动中可能扮演下列五种角色中的一种或几种：

（1）发起者：指首先提出或有意向购买某一产品或服务的人。

（2）影响者：指其看法或建议对最后决策具有一定影响的人。

（3）决策者：指做出是否买、买多少、哪里买等方面的购买决定的人。

（4）购买者：指实际执行购买决策的人。如与卖方进行商谈、带上钱去商店选购等。

（5）使用者：指实际消费或使用商品的人。

当消费者以一个人为单位购买时，一人可能同时担任上述五种角色；当以家庭或小组为购买单位时，五种角色往往由家庭或小组不同成员分别担任。在以上五种角色中，营销人员最关心的是谁是决策者。有些产品不容易找出决策者，则要分析家庭不同成员的影响力，然后对影响力大的成员施加影响。

4.1.3 消费者购买决策过程

营销人员必须了解消费者购买决策过程，才能对消费者的购买决策施加影响。西方营销学者对消费者购买决策的一般过程作了深入研究，提出若干模式，采用较多的是五阶段模式，即消费者的购买决策过程一般包含五个阶段：问题认知→信息收集→方案评价→购买决策→购后行为（如图4-2所示）。

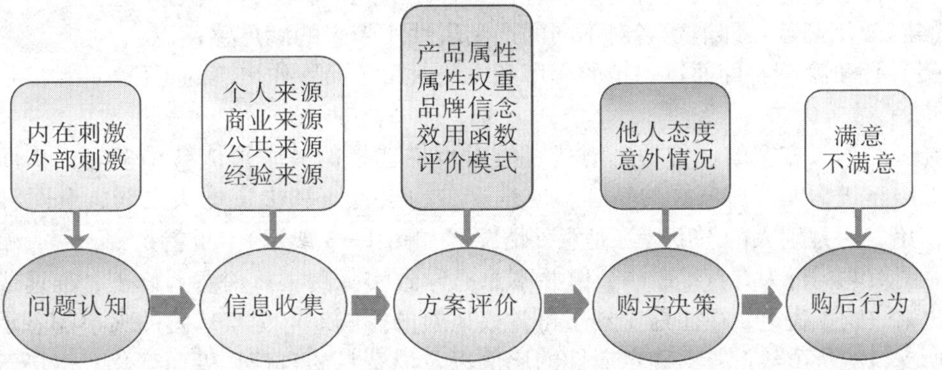

图4-2 消费者购买决策过程

4.1.3.1 问题认知

消费者的问题认知就是确认自己的需要是什么。需要是购买活动的起点，它会驱使人们采取行动去寻找满足。需要可以由内部刺激和外部刺激唤起。内部刺激是人内在的心理或心理活动驱使的，如觉得饿了就想买吃的、感到冷了就想买衣服等；外部刺激是由外界诱因触发，如看到别人穿的裙子很漂亮，就也想去买一条，新出的手机很好用，所以想把旧手机换掉，等等。

市场营销人员在本阶段的任务是：① 注意识别引起消费者需要和兴趣的因素，了解那些与本企业的产品实际上或潜在的有关联的驱使力；② 了解消费者对某种产品的需求强度会随着时间的推移而变动的规律，适时设计诱因，增强刺激，促使消费者对企业产品产生强烈的需求，并引导他们进入购买过程的下一阶段。

4.1.3.2 信息收集

一般情况下，消费者认知到的需要不是马上就能满足。如果消费者并不确定具体什么样的商品能满足自己的需要，或者只知道商品名但不知道该商品的具体情况，他就得收集有关这个商品的信息，来判断它是否是最佳选择。

消费者可以经过许多信息来源获得相关信息，其中主要有：

（1）个人来源（家庭、朋友、邻居、熟人等）

（2）商业来源（广告、推销员、经销商、包装、展览等）

（3）公共来源（大众传播媒体、消费者评审组织等）

（4）经验来源（处理、检查和使用产品等）

消费者通常从商业来源收到最多的信息，然而最有影响力的信息来自个人来源或者由独立专家提供的公共来源。

在这个阶段，市场营销人员应对消费者使用的信息来源加以识别，并评价其各自的重要程度，以便选择最适合的渠道传播产品信息，以收到最佳的沟通效果。

4.1.3.3 方案评价

消费者通过信息搜寻，会了解到不同的竞争品牌。那么，消费者就需要对进入备选范围的竞争品牌进行评价，以做出最终的选择。一般来说，消费者在进行方案评价时，要考虑以下几个问题：

（1）产品属性：即产品的哪些特性能够如何满足自己的需要；

（2）属性权重：即对自己关心的产品属性的重要程度（即重要性权数）；

（3）品牌信念：即消费者对某品牌优劣程度的总的看法；

（4）效用函数：即消费者对不同的产品属性所带来的满足感；

（5）评价模型：即通过一定的程序和方法对每个品牌作出总的评价。

4.1.3.4 购买决策

经过对购买方案的评价后，消费者便对可供选择的品牌形成某种偏好，从而形成购买意图，进而购买所偏好的品牌。但是，在购买意图和决定购买之间，有两种因素会起作用，一是别人的态度；二是意外情况（如图 4 - 3 所示）。也就是说，尽管偏好和购买意图对购买行为有直接影响，但并不总是导致实际购买。消费者修正、推迟或者回避做出某一购买决定，往往是受到了可觉察风险的影响。可觉察风险的大小随着承担该风险所支付的货币数量、不确定属性的比例以及消费者的自信程度而变化。市场营销人员必须了解引起消费者有风险感的那些因素，进而采取措施来减少消费者的可觉察风险。

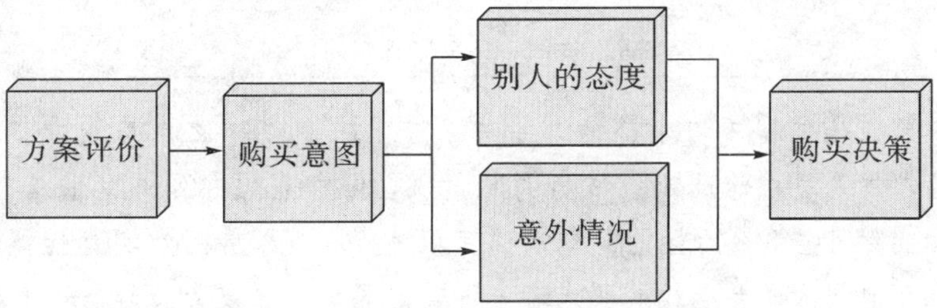

图 4－3　消费者购买决策的影响因素

4.1.3.5　购后行为

消费者在购买商品后，会产生满意或者不满意的感觉。消费者对其购买的商品是否满意，将影响到以后的购买行为。如图 4－4 所示，消费者如果对商品满意，则在下一次购买中可能继续采购该商品，并向其他人宣传该商品的优点。如果对产品不满意，一些消费者可能会采取不作为的方式，而另一些人则会诉诸公众，让“坏事传千里”，同时获得补偿，或者告诫亲朋好友以及周围的人不要购买该商品。

所以说，商品在被卖出去之后，市场营销人员的工作并没有结束。“满意的顾客是企业最好的广告”，因此，企业要注意采取有效措施，尽量增加顾客满意度，降低或者消除顾客的不满意感，千方百计“让坏事变好事”。

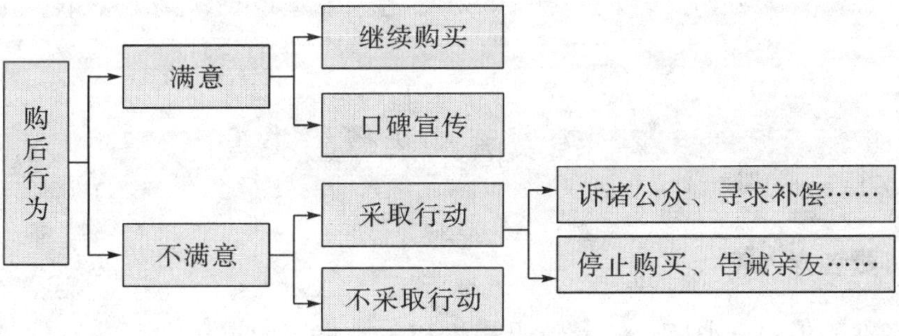

图 4－4　消费者购后行为

营销数据

研究发现

1. 平均而言，一个不满意的顾客会将自己的不满传达给其他 11 个人，而他们每个人又会将这种不满分别传达给另外 5 个人。于是就有 67（1＋11＋55）个人在说你企业的不好。企业形象会因这种负面广告而受损。

2. 虽然对所购买的商品不满，但还会选择再次回去购买的顾客有多少？

- 不投诉的：　9%（91% 不会再回去）
- 投诉但没有得到解决的：　19%（81% 不会再回去）
- 投诉并得到了解决的：　54%（46% 不会再回去）
- 投诉并迅速得到解决的：　82%（仅有 18% 不会再回去）

实例链接

波音公司卖的每架飞机都价值几千万美元，因此保证客户满意度是很重要的。波音公司的销售人员在估计他们产品的潜在优点时有点保守，经常低估飞机的油耗水平。比如实际可省8%油耗的，却只说可以省5%。客户因为实际性能超过期望，所以很满意，他们因而会继续购买或者告诉其他客户，说波音公司信守承诺。

反观时下很多网店，为了吸引顾客，往往把商品的作用和效果夸大，结果往往令消费者有上当受骗的感觉，对网购心有余悸，甚至从此放弃了网购，更会因此而影响身边的一批人。

营销讨论1

根据图4-2所示信息，回想你最近的一次印象深刻的购买行为，务必逐个考察你购买决策过程中的五个阶段，并详细描述你每个阶段的经历。销售人员对你做了哪些事情有助于你的购买决策，让你的购买经历更加愉悦？或者相反，他们做了什么阻碍了你的购买决策过程？如果有，你会建议他们如何改善？

4.2 消费者购买行为类型

4.2.1 消费者介入度

消费者在购买一只水杯、一台数码相机和一辆汽车的过程中所花费的时间、精力会有很大的不同，也就是说消费者对购买这些商品的介入度不同。消费者介入（Consumer Involvement）是指消费者对某产品的重要性或与自我的相关性的认识，它是一种激发的状态，为消费者购买决策过程中的认知和行为提供动力和指导。

如果消费者认为某产品或品牌很重要，或者与自己的相关性很高，则购买该产品时会高度介入。通常在产品价格昂贵、消费者缺乏产品知识和经验或者购买具有较大风险性和高度自我表现性的产品时，消费者的介入度较高；反之则消费者介入度较低。比如，如果消费者高度介入到手机的购买过程时，会花大量的时间去收集不同手机品牌和型号的信息，关注公告、咨询朋友、多逛商店等，并努力整合这些信息来评估不同品牌型号以做出购买决策。

值得注意的是，对于同一种产品，不同的消费者可能表现出来的介入度是不一样的。比如同样是购买一台2000元的手机，对于低收入的农民工来说可能是一件奢侈的高消费，需要考虑再三，认真比对；但对于高收入、对手机商品并不陌生的商务人员来说，则比较随意，只要觉得需要又合适就会很快发生购买行为。

4.2.2 消费者购买行为类型

不同的消费者，其购买决策过程的复杂程度不同。究其原因，有许多影响因素，其中最主要的影响因素是消费者介入程度与所购买产品的品牌差异大小。同类产品不同品牌之间的差异越大，产品价格越昂贵，消费者越是缺乏产品知识和购买经验，或者感受到的风险越大，则购买决策过程就越复杂。阿萨尔（Assael）根据购买者的介入程度和品牌差异的大小，把消费者购买行为分为复杂型、协调型、多变型和习惯型四大类型（如图4－5所示）。

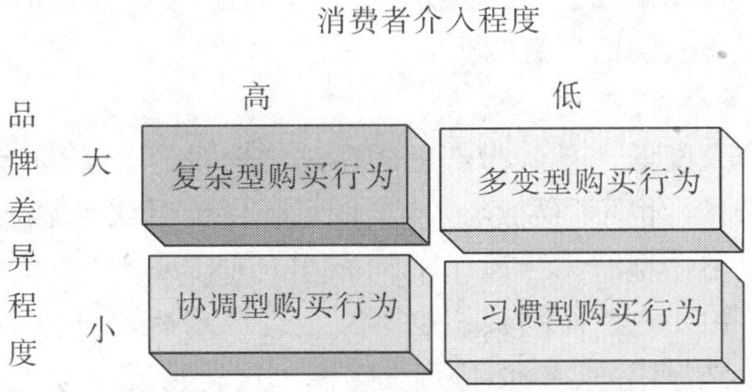

图4－5 购买行为的四种类型

4.2.2.1 复杂型购买行为

如图4－5所示，如果消费者对某产品的购买高度介入，并且了解到该产品的品牌、品种、规格之间差异大，就会产生复杂型购买行为。复杂型购买行为（Complex Buying Behavior）指消费者的购买决策过程完整，需要有个学习过程，需要经历大量的信息收集了解、全面的产品评估、慎重的决策过程和认真的购后评价等各个阶段。

对于复杂型购买行为，市场营销者应采取有效措施帮助消费者了解产品性能及其相对重要性，并介绍产品优势及其给购买者带来的利益，从而影响购买者的最终选择。普通居民购买住宅、汽车、高档消费品等行为一般都属于复杂型购买行为。

4.2.2.2 协调型购买行为

有些产品品牌差异不大，但是由于价格较高或者其他风险使得消费者介入度高，则会产生协调型购买行为（Dissonance-reducing Buying Behavior）。有这种行为的消费者一般要比较、看货，但不会广泛收集产品信息和精心挑选，只要价格公道、购买方便、机会合适，他就会决定购买。购买过程相对复杂型购买行为来说要简单和迅速。比如地毯、装饰材料、首饰、家具、某些家电等商品的价值高，但不常购买，消费者看不出或不认为某价格范围内的不同品牌有大的差别，所以通常购买迅速。但是购买以后，消费者也许会认为自己所买的产品有某些不足或者发现其他同类产品更好而不够满意，从而产生失落感。于是消费者在使用过程中，会了解更多情况，并寻求种种理由来减轻、化解这种失落感，以证明自己的购买决定是正确的。

针对这种购买行为类型，市场营销者应注意运用价格策略和人员促销策略，选择最佳销售地点，向消费者提供有关产品评价的信息，完善售后服务，使其在购买后相信自己做了正确的决定。

4.2.2.3　多变型购买行为

如果消费者介入度低，且产品的品牌差异显著，则会产生多变型购买行为（Variety-seeking Buying Behavior）。多变型购买行为指消费者购买产品有很大的随意性，并不愿花长时间来选择和评估就决定购买，而在下次购买时又会转换其他品牌的产品。这样做并不一定是因为对产品不满意，而是为了寻求多样化。比如，人们购买衣服、鞋子、食品等商品时一般都是多变型购买行为。

针对这种购买行为类型，市场领导者和挑战者的营销策略是不同的。市场领导者通常通过占有货架、保障供应、广告提醒等手段鼓励购买；而挑战者则以低价、折扣、赠券等促销刺激手段来鼓励消费者购买。

4.2.2.4　习惯型购买行为

如果消费者的介入度低，且认为产品的品牌之间没有显著的差异的话，消费者就不需要花时间进行选择，也不需要经过搜集信息、评价对比等复杂过程，因而其购买行为最简单，这就是习惯型购买行为（Habitual Buying Behavior）。这种情况下消费者只是被动地接收信息，由于熟悉而购买，也不一定进行购后评价。例如，人们购买日常用品如纸巾、食盐、洗涤用品、报纸等商品多属于这类购买行为。

针对习惯型购买行为的市场营销策略主要有：

（1）用价格优惠等促销方式鼓励消费者试用、购买和续购其产品。

（2）开展大量重复性广告加深消费者印象，使消费者通过被动地接受广告信息而产生对品牌的熟悉感。广告信息应该简短有力、只强调少数几个重要信息、突出视觉符号和形象。

营销讨论 2

小琳大学毕业后参加工作已五年了。她在一家跨国企业任部门经理，月收入近 2 万元。最近她又升职了，准备调任总裁助理。由于职位的变动，小琳将有机会经常出席高层会议和晚宴等场合，因此她准备购置一些得体的衣服。小琳是个没事就逛街购物的女孩，这事似乎难不倒她。令她头疼的是，她想买一辆属于自己的车，既可方便工作、生活出行，又能彰显她的个性，但她对车并不熟悉，再说 20 万元左右的车多得让人眼花缭乱。另外，她和男朋友计划年内结婚，她准备给男朋友一个大惊喜：去订购一个精美婚纱照套餐。但是选择哪个婚纱摄影机构呢？她对此可一点主意也没有。

（1）请分析小琳对购买衣服、汽车、婚纱照套餐这几种商品的介入度是否一样？若有不同，为什么？

（2）你觉得小琳在购买这些商品时的行为应该分别属于哪种购买类型？为什么？各商家应该采取什么营销对策？

4.3 消费者购买行为模型

如前所述，同一个消费者购买不同商品时会表现出不同的行为方式，不同消费者在购买同一样商品时的反应也可能千差万别。营销者可以通过调查了解消费者买什么、哪里买、买多少等问题，但是对于要了解消费者为什么买、为何这样买的原因就显得困难很多，因为答案通常深藏在消费者的头脑里——营销学者称之为“消费者黑箱”。

图4－6是一个简单的心理学的刺激—反应模型，它说明外界的刺激物对有机体做出刺激，有机体就会有相应的反应。例如，面包的香味刺激了人们的嗅觉，于是人们便会突然觉得饥肠辘辘，继而忍不住要寻找香味的来源。

图4－6　刺激—反应模型

营销专家在这个刺激—反应模型的基础上，建立了一个消费者购买行为模型（如图4－7所示）来解释消费者为何有不同的购买行为。这个模型展示的是，营销及其他外在的环境刺激因素进入“消费者黑箱”里，与消费者特征和个性化的决策过程相结合，导致一系列可以观察得到的消费者反应：产品选择、品牌选择、零售商选择、购买时间和购买数量。

在这个模型里，营销刺激因素包括4Ps：产品、价格、渠道和促销手段；其他环境刺激因素包括消费者所处的环境中的经济、技术、政治和文化方面的因素。这些因素是可以观察得到的，消费者反应部分的具体表现也是明显可视的，但当外界刺激因素进入消费者黑箱以后，如何被转换成为消费者反应就并不直观，需要我们对消费者黑箱部分进行研究。

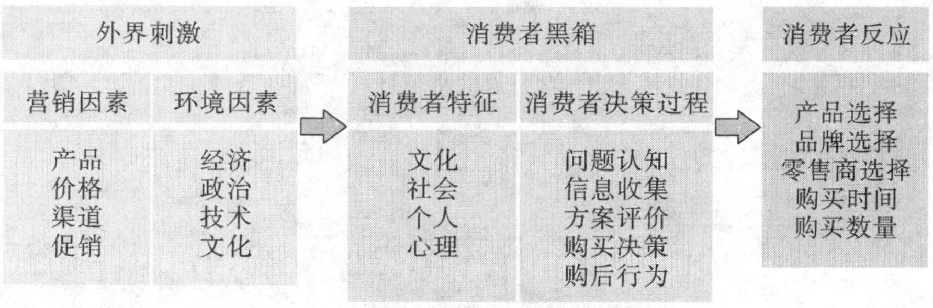

图4－7　消费者购买行为模型

消费者黑箱包括两个部分：

（1）消费者的个性特征影响着他如何对待这些刺激因素并作出反应；

（2）消费者决策过程的不同也影响着他的最终反应。

对于消费者决策过程前面已有阐述，我们将在后面专门研究消费者特征具体受哪些因素的影响。

4.4 消费者行为影响因素

在以“消费者至上”为根本特征的买方市场，“游戏规则”赋予消费者天然的自由选择权。在竞争日趋激烈、消费者需求日益丰富的今天，只有对影响消费者购买行为的因素加以仔细分析，才能变被动为主动，最大限度地“俘获”消费者的心，在市场营销竞争中立于不败之地。

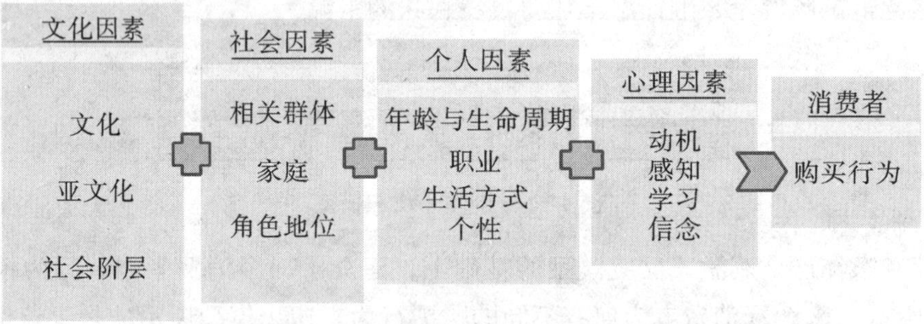

图 4-8 影响消费者行为特征的因素

图 4-8 所总结的影响消费者行为特征的主要因素，包括文化因素、社会因素、个人因素和心理因素四大方面。营销者无法控制这些因素的大部分，但是了解它们有助于设计相应的营销策略。

4.4.1 文化因素

影响消费者购买行为的文化因素（Cultural Factor）主要包括文化、亚文化和社会阶层（如图 4-9 所示）。

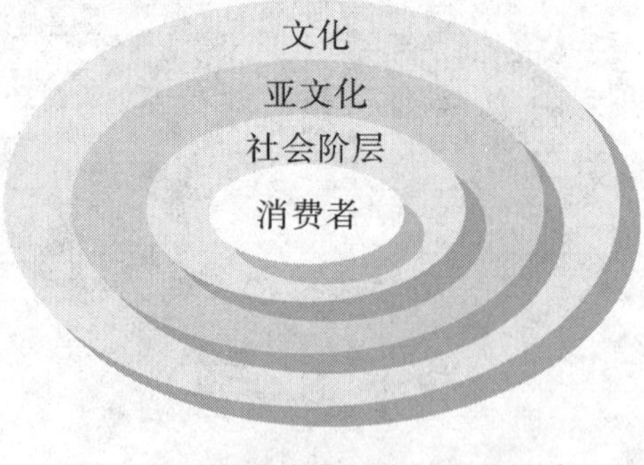

图 4-9 影响消费行为的文化因素

4.4.1.1 文化

这里的文化（Culture）指的是社会文化，或者说是广义的文化，它是决定人类欲望和行为的基本因素。文化的差异引起消费行为的不同，表现在婚丧、服饰、起居饮食、建筑风格、节日、礼仪等物质和行为的各个方面。比如美国人比中国人更加喜欢冒险、追求刺激和个性自由，而中国传统文化更突出忠孝、谦让、内敛等。

实例链接

营销者在开拓市场时如果不懂得当地的文化，很可能会因为冲突而使营销努力付诸东流。一个美国棒球代表团试图开拓中国台湾市场，带了许多绿色的棒球帽来到台湾搞推广活动。不巧，这次访问恰逢台湾地区选举前的一个月，而绿色刚好是反对党的标志颜色。更糟糕的是，根据中国文化，男子"戴绿帽"表示他的妻子对婚姻不忠。可想而知，美国棒球代表团的礼物不但不受欢迎，派送礼物的人还挨了不少责骂。

4.4.1.2 亚文化

每一种文化都由较小的亚文化（Sub-culture）构成，亚文化为其成员提供更加具体的社会化认同感。在每种大文化里面，由于宗教、种族、地域等的不同，会形成相应的宗教亚文化、种族亚文化、地域亚文化。许多亚文化都构成了重要的细分市场，营销者通常会设计满足他们需要的产品和营销活动。

实例链接

整体来说，中国东南部地区的生活水平比西北部地区高，但有趣的是，消费者购买手表的行为却很不同，反映出强烈的亚文化影响。一个典型的广州消费者有两块以上的手表，他们购买手表的主要原因是手表的外观吸引人；在北京，大多数消费者购买手表是为了替换原来坏掉的手表，他们看中的是手表的功能；而在西部的重庆，消费者购买手表的重要原因是为了追赶潮流。因此，手表生产商需要制定不同的地域性战略来适应这种亚文化差异。

4.4.1.3 社会阶层

根据社会经济地位、利益、价值观等标准，可以将社会总人群划分为若干个社会阶层（Social Class）。在同一阶层中，因经济状况、价值观倾向、生活背景、受教育程度等相近，其生活习惯、消费水平、兴趣和行为也相近，其购买行为自然也相近。而不同阶层中的人，购买行为却可能相差很大。比如，如果按经济收入划分阶层，下层人士倾向于购买廉价商品，对品牌不是非常看重，而上层人士倾向于购买知名度和美誉度高的品牌商品，对价格却不敏感。

4.4.2 社会因素

社会因素（Social Factor）主要包括参考群体、家庭和角色地位等方面（如图

4－10 所示)。

图 4－10　影响消费行为的社会因素

4.4.2.1　参考群体

参考群体(Reference Group)也称为相关群体或者参照群体。任何一个人，都是工作、生活在某一个甚至多个群体之中的，这些群体可以通俗地理解为“社交圈”，他们的消费往往受到圈中人的影响。比如购买某种时尚消费品的人，他接触的人通常都是乐于追赶时尚的人，否则，他的购买行为不会得到赞同和欣赏。在这些参考群体内有影响力的人物被称为“意见领袖”或“意见领导者”，他们的行为会引起群体内追随者和崇拜者的效仿。

参考群体对消费者购买行为的影响表现为以下几个方面：提供消费模式；坚定消费者的购买信心；引起效仿的欲望；产生“一致化”的压力。营销人员要善于运用相关群体对消费者的影响作用，制定产品开发和营销策略。

实例链接

在中国，“90 后”这个庞大的群体有着跟其他群体显著区别的特征。他们在追求自我的同时，又有很强的群体意识。他们按照自己的偏好和社交圈子，分为不同的小圈子，小圈子的意见会左右他们的消费观念。于是，QQ 圈子、微博圈子、MSN 圈子、校内网圈子、开心网圈子等大行其道。一个没有加入“网圈”、不会玩网络游戏的90 后会被视为异类。在这些圈子里，他们分享自己的体验，也接受别人的经验总结，进而作为自己的消费依据。于是，商家把针对“90 后”的营销战场搬到网络，使用网络“圈子营销”更能影响“90 后”的消费者。

4.4.2.2　家庭

家庭(Family)是一个人最重要的相关群体，它同时又是一个消费单位和购买决策单位。在家庭成员中任何一个人的购买行为，都可能受到其他家庭成员的影响。每个家庭成员的影响力并不一样。通常情况下，日常用品的购买由女主人拿主意，而大宗消费品如汽车、房子等通常由男主人拿主意。

同时，家庭存在生命周期，一般可以把家庭分为：单身期、新婚期、满巢期、空巢期、鳏寡期。处于不同生命周期的家庭，其消费支出重点会有所变化。

4.4.2.3　角色地位

一个人在社会中属于多个群体(如家庭、俱乐部和各类组织)，他在这些群体中扮演着不一样的角色（Role），有不同的地位（Status）。例如，阿芳在公司是店长，在家是贤惠的妻子、两个孩子的母亲，还是父母的女儿……作为店长，阿芳会购买那些能够体现自己社会地位的服装；作为妻子和母亲，她会光顾男性和儿童用品店；作为女儿，她会不时购买老年保健品和按摩器材给她年迈的父母。

不同身份和地位的消费者有不同的需求，营销者应该意识到，商品和服务正在成为身份和地位的象征，商品和服务应该注意它的价值取向，以此来吸引特定的目标顾客。

实例链接

1979年中国开始实行计划生育政策，造就了大量的独生子女。这些被美国《新闻周刊》称为“小皇帝”和“小公主”的“独生代”现在已进入30岁左右的年龄段，成为市场消费主力军。社会政策造就这一代人从小被无以复加地溺爱，使得他们成为家庭的轴心，在家庭中享有几乎是“至高无上”的地位。这种特殊的背景使得他们有全方位的享乐主义、永不满足的消费需求、强烈的品牌意识、有钱就花的消费观念、追求感觉和体验式的消费模式……他们的消费观念和消费特征将对整个社会产生重大影响。

4.4.3 个人因素

影响消费者购买行为的个人因素（Personal Factor）主要有年龄与生命周期、职业、生活方式和个性四个方面（如图4-11所示）。

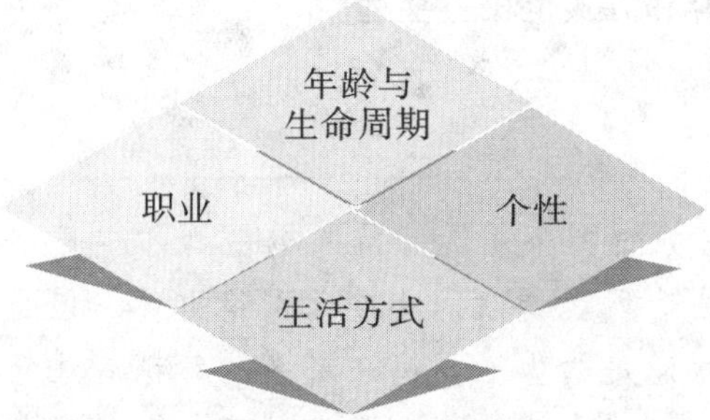

图4-11 影响消费行为的个人因素

4.4.3.1 年龄与生命周期

人们在一生中购买不同的商品和服务，在年幼时吃婴儿食品，在成年期吃各类食物，在晚年期吃低热量健康食品。人们对服装、家具、娱乐的喜好也与年龄息息相关。同样，人处在不同的生命周期也会对其购买行为产生影响。传统的家庭生命周期阶段包括年轻的单身家庭和已婚有子女家庭。但是现在出现了越来越多的非传统的家庭生命周期阶段，如未婚同居者、大龄剩男剩女、单亲家庭、同性恋家庭、丁克家庭等。

精明的营销者都十分注意目标消费者群的年龄因素，同时，他们通常以生命周期阶段来定义目标市场，并针对每个阶段开发适合的产品和营销计划。

实例链接

当顾客跨越生命周期中的不同阶段，他们对商品和服务的需要会发生改变。汇丰银行旗下的一家保险公司在深入研究后发现，当有了第一个孩子后，顾客们开始郑重地考虑购买家庭人寿保险。基于这个事实，公司设计广告刺激顾客购买人寿保险的需求。广告里描述一对刚成为父母的夫妻在讨论如何给孩子取名。当名字确定后，广告中提出了一个问题："接下来怎样呢？"他们非常技巧地将对家庭人寿保险产品的需求引导出来，因为这里有个家庭正需要它。

4.4.3.2　职业

职业（Profession）直接决定一个人的社会地位、经济收入、所属群体，从而影响消费者所购买的商品和服务。蓝领工人倾向于购买结实耐用的服装，管理人员则更多地购买商务套装，而模特则青睐潮流时尚、与众不同的品质时装。

营销者试图识别出那些对自己的商品比一般人更感兴趣的职业群体。一个公司甚至可以专门生产某一特殊职业群体需要的产品。因此，电脑软件公司会为品牌经理、会计、工程师、律师和医生研发出不同的软件，银行也设计不同类型的信用卡来满足不同职业群体的需要。

4.4.3.3　生活方式

生活方式（Lifestyle）是一个人的生活模式，表现为他生活中的活动、兴趣和观点。即使来自相同亚文化、相同社会阶层和相同职业的人，也可能有很不一样的生活方式，因此，消费的内容和方式也相去甚远。

实例链接

随着网络时代的发展，时下出现了越来越多的"宅男宅女"。他们很少外出，大多数时间封闭在家中上网玩游戏、流连于网络群体，但是并不觉得自己的行为没有意义，每天过着很满足的生活。越来越多的营销者注意到了这个群体的特殊生活方式，并适时推出深受宅男宅女们欢迎的商品和消费模式，比如，足不出户就能体验的耕种体验（开心农场）；点击就购买的网络购物（淘宝网）；在家开网店、做威客就能赚钱（淘宝网、拍拍网、猪八戒网）；不用下厨就有美食（必胜客"宅急送"），等等。

4.4.3.4　个性

个性（Personality）是一个人的性格特征，如内向或外向、活泼或沉稳、消极或进取等。显然，外向的人容易受周围人的意见影响，也容易影响别人，而内向的人则相反；自信、进取的人购买时能够很快地做出决策，而慢性子或者优柔寡断的人购买时就要反复权衡，决策过程较长。因此，消费者的个性分析对产品或品牌的选择行为是非常有用的。

实例链接

咖啡经销商发现那些爱喝咖啡的人通常比较善于交际。因此，为了吸引顾客，星巴克咖啡就为顾客营造了一个轻松交际的氛围，让顾客们可以一边喝着热气腾腾的咖啡，一边与朋友轻松交谈。

4.4.4 心理因素

影响消费者购买行为的心理因素（Psychological Factor）主要有动机、感知、学习和信念态度（如图4－12所示）。

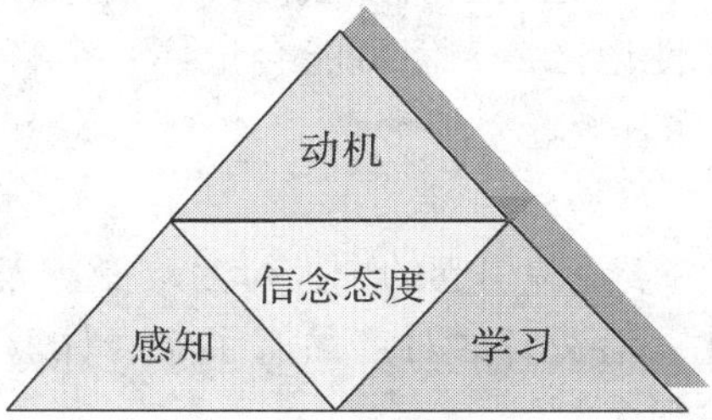

图4－12 影响消费行为的心理因素

4.4.4.1 动机

人的行为受动机的支配，购买行为也不例外。当一个人的某种需要上升到一定强度时，就产生动机（Motivation），进而迫使人去寻求满足。例如，男孩子想要博得女朋友的欢喜，他会穿她喜欢的衣服、带她去浪漫的西餐厅、给她购买贵重而精致的礼物，等等。

关于动机对消费需求的影响，运用得最多的是马斯洛的需要层次理论。一般来说，只有较低一级的需要得到相对满足，较高一级的需要才会起引导作用，成为支配人们行为的动机。不同的消费动机与商品之间具有一定的对应关系，营销者应尽量判断哪种商品能更好地满足不同层次需要的顾客要求。

4.4.4.2 感知

感知（Perception）是人们通过各种感官对外界刺激进行选择、组织和理解的心理反应。现代社会中，人们每天都面对大量的刺激，但不同的人对相同的刺激可能会有不同的反应，这是因为感知有三种心理过程：选择性注意、选择性扭曲和选择性记忆（如图4－13所示）。

（1）选择性注意：并不是所有的外界刺激都能引起同样的注意，人们倾向于注意那些与自己当前需要相关的刺激。比如，小张想要买汽车，他会更加关注汽车广告而不是家电广告。

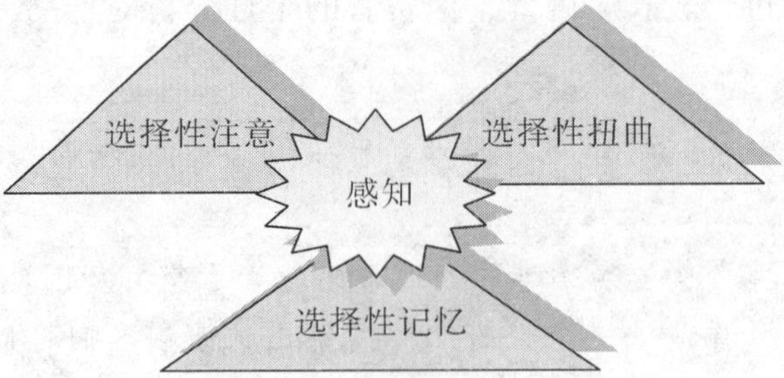

图 4-13　感知的构成

（2）选择性扭曲：即使被注意到的信息也不一定能产生预想的效果。人们会选择性地将信息加以扭曲，使之更合乎自己的想法。比如，同样一件 T 恤衫，当你被告知它的价钱是 50 元时，你会觉得"难怪质地这么差"；但如果在另外一个场合你得知它的真正价钱是 500 元时，你会说："名牌就是名牌！穿着感觉就是不一样！"

（3）选择性记忆：人们会忘记我们所接触的许多信息，而选择性地保留某些他们更关注的信息。因为有选择性记忆，人们可能会记住一个喜欢的品牌的优点，而忘记竞争品牌的优点。

4.4.4.3　学习

学习（Learning）是指由于经验引起的个人行为改变。人类的大部分行为都是学习得来的，购买行为更是如此。消费者如对产品有了亲身体验，就会形成某种观念或态度，下次购买就会变得简单很多。

实例链接

林先生要买一台电脑，他通过广泛的网络调查和咨询朋友，得出的结论是：戴尔电脑的配置更加个性化，性价比和服务都不错。于是他购买了戴尔电脑。使用以后，他对自己的选择相当满意。两个月后，当他准备购买一台打印机时，他想，既然戴尔生产的计算机很好，那么它生产的打印机应该也很不错。于是，他很快就购买了戴尔的打印机。像林先生这样的反应，就是把学习后的反应推广到类似的刺激物上的表现。

4.4.4.4　信念与态度

通过学习和实践，人们慢慢形成自己的信念与态度。信念与态度反过来又会影响人们的行为。信念（Belief）是个人对某些事物的比较固定的观点和看法，如相信诺基亚手机的信号更强、尼康相机能拍出颜色更鲜艳的相片等。这些信念可能基于实践经验，也可能包含感情因素，但在适当的时候很可能会影响消费者的购买决定。

态度（Attitude）是人们长期保持对某事物或观念的评价、感受和倾向，它使人喜欢或讨厌、亲近或疏远某一事物。例如，生活中很多人可能会持有这样的态度："日本人生产世界上最优质的电子产品"、"德国产的汽车安全性能最高"、"新西兰的牛奶最纯净"，等等。

信念与态度一旦形成就很难改变，它们能帮助消费者简化购买决策过程，引导消费者习惯性地购买某些产品。

实例链接

长久以来，部分国人保持着对欧美生活方式的憧憬。于是，许多房地产开发商利用人们的这种信念与态度，使用欧美式的建筑风格或者标榜营造欧美生活方式来吸引购房者。近年来，人们发现大量“西洋化”的楼盘名字如“巴厘岛”、“芭堤蓝湾”、“爱丁堡”、“优山美地”、“十七英里”（美国旅游景点名）等，还有直接叫“曼哈顿”、“纽约”的大厦。建筑园林的设计也一如楼盘名字的西化，让人进入其中如同置身欧美，满足了一些人的“崇洋”心理。

营销讨论3

广告公司接了一个新任务：为新产品——瓶装水“佳宝”设计一款广告。广告公司接到活后，着手研究消费者对瓶装水的消费主要受哪些因素影响。请你帮忙分析，在文化、社会、个人和心理四大类因素中，哪些因素是最重要的？如果请你来参与设计这款广告，你将会突出哪些信息？如何在广告中使用这些重要信息？

精要回顾

消费者购买决策内容主要包括“5W2H”：谁来买、买什么、为何买、如何买、买多少、何时买和在哪里买等。营销者了解消费者对这些问题的想法对设计营销策略很有帮助。消费者在购买活动中可能扮演一种或同时扮演几种角色，包括发起者、影响者、决策者、购买者或者使用者。一般来说，他们的购买决策过程可分为问题认知、信息收集、方案评价、购买决策、购后行为五个阶段。

消费者介入是指消费者对某产品的重要性或与自我的相关性的认识，它是一种激发的状态，为消费者购买决策过程中的认知和行为提供动力和指导。消费者在购买不同产品时，其介入度是不一样的。根据消费者介入度的高低和所购买产品的品牌差异大小，可以把消费者购买行为分为复杂型、协调型、多变型和习惯型四大类。

营销专家在“刺激—反应模型”的基础上建立了一个“刺激—黑箱—反应”的消费者购买行为模型，用来解释消费者为何有不同的购买行为。这个模型说明，外界的营销刺激及其他环境刺激因素进入“消费者黑箱”，与消费者特征和个性化的决策过程相结合，产生了不同的消费者反应，表现为不同的产品选择、品牌选择、零售商选择、购买时间和购买数量。

研究“消费者黑箱”主要是要了解最终影响消费者行为特征的主要因素，包括文化因素、社会因素、个人因素和心理因素四大方面。其中文化因素主要包括文化、亚文化和社会阶层；社会因素主要有参考群体、家庭和角色地位等；个人因素主要有年龄与生命周期、职业、生活方式和个性四个方面；心理因素主要包括动机、感知、学习、信念态度等。

关键概念

1. 消费者购买决策过程
2. 消费者介入
3. 复杂型购买行为
4. 协调型购买行为
5. 多变型购买行为
6. 习惯型购买行为
7. 消费者购买行为模型
8. 文化因素
9. 社会因素
10. 个人因素
11. 心理因素
12. 参考群体
13. 选择性注意
14. 选择性扭曲
15. 选择性记忆

思考题

1. 消费者购买决策的内容包括哪些方面？
2. 消费者购买决策的过程包括哪几个阶段？
3. 产生复杂型购买行为、协调型购买行为、多变型购买行为和习惯型购买行为的条件分别是什么？商家应该分别制定怎样的应对策略？
4. 最终影响消费者行为特征的主要因素有哪些？
5. 请举例说明消费者的购买行为是如何受参考群体的影响的。

营销工作坊-4

在前面的“营销工作坊”里，我们已经对本模拟营销项目进行了全面的市场环境分析，也对竞争者经营情况进行了充分的调查，了解了主要竞争对手的经营状况以及竞争产品的主要优缺点，同时，我们也发现了市场对产品方面的具体需求。

接下来，我们将进一步研究本项目产品的消费者。具体来说，在本章“营销工作坊”里，我们的任务是回答以下几个问题：

1. 我们的项目所涉及的产品的消费者主要有哪些人？他们在参与购买决策方面具有哪些特征？

2. 他们在购买此类产品时，主要受到哪些因素的影响？

3. 他们的购买行为主要表现为哪种/哪些类别？相应地，我们可以采用怎样的应对策略？

请小组成员分工合作，分赴本项目所涉产品的主要卖场（即主要竞争者的卖场），对目标消费者进行观察；有必要的话可以通过其他渠道收集相关信息，回答以上问题，并整理消费者购买行为观察报告。

学习档案

为了体现你在完成这一章的学习之后，已经掌握了相关的理论知识和技能技巧，达到了本章提出的学习目标，你需要提供以下资料：

1. 对本章“引导案例”的分析理解；

2. 对本章“营销讨论”的分析理解；

3. 对本章“思考题”的理解回答；

4. 根据“营销工作坊-4”的要求完成的目标消费者购买行为观察报告；

5. 在本章学习过程中的其他相关营销活动参与情况、课外学习情况（包括资料、方式与反馈等）。

5 目标市场

学习目标

▶ 知识目标

1. 了解市场细分的概念、意义和原则；
2. 掌握市场细分的依据和方法；
3. 了解细分市场的评估方法以及目标市场选择的模式；
4. 了解市场定位的概念和步骤；
5. 掌握市场定位的策略。

▶ 技能目标

1. 能根据相关依据恰当地细分市场；
2. 能根据具体情况选择进入目标市场的模式；
3. 能恰当地运用市场定位策略对产品进行市场定位。

内容结构图

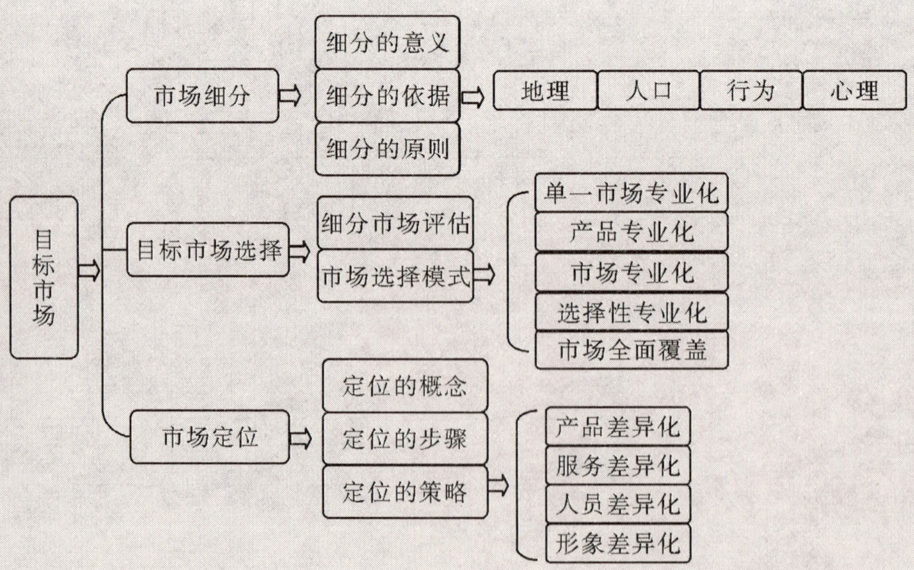

引导案例

奇瑞QQ——年轻人的第一辆车

外资品牌占据市场90%的中国轿车行业被认为是一个“废掉的行业”。但2003年奇瑞的崛起，让人们对本土品牌重新寄予了希望。当年奇瑞刮起的“QQ旋风”，在若干年后的今天仍然让人念念不忘。

市场细分与选择

中国的微型客车曾在20世纪90年代初持续高速增长，但90年代中期以来，由于安全与环保等方面的要求不断提高，各大城市纷纷限制微客，加上成本的提升使得多数微客厂家把主要精力转向轿车生产，微客产量的增幅迅速下降。

在这种情况下，奇瑞汽车公司经过认真的市场调查，精心选择微型轿车打入市场。同时，奇瑞把主要目标定为收入不高但有知识有品位的年轻人。一般大学毕业两三年的白领都是奇瑞QQ的潜在客户，人均月收入2000元即可轻松拥有这款轿车。

奇瑞QQ的目标客户群体对新生事物感兴趣，富于想象力，崇尚个性，思维活跃，追求时尚。他们讲求实际，对汽车的性价比、外观和配置十分关注，是容易互相影响的消费群体。从整体的需求来看，他们对微型轿车的使用范围要求较多。

市场定位

针对目标市场的特点，奇瑞把QQ定位为“年轻人的第一辆车”，称QQ是“世界上最酷的小车”。作为为年轻人专门设计的轿车，QQ以“快乐”为主题，设计极有创意，从使用性能和价格比上满足他们通过驾驶QQ实现工作、娱乐、休闲、社交的需求。

奇瑞QQ令人惊喜的外观、内饰、配置和价格是奇瑞公司成功占领微型轿车这个细分市场的关键。QQ的外观设计让不少人第一次看到它，就莫名其妙地喜欢上它了。它跟一般的微型客车不同，它是微型客车的尺寸，轿车的配置。为了吸引年轻人，奇瑞QQ除了轿车应有的配置以外，还装载了独有的“I-say”数码听系统，成为了“会说话的QQ”，堪称当时小型车时尚配置之最。“I-say”数码听是奇瑞公司为用户专门开发的一款车载数码装备，集文本朗读、MP3播放、U盘存储多种时尚数码功能于一身，让QQ与电脑和互联网紧密相连，完全迎合了离开网络就像鱼儿离开水的年轻一代的需求。许多时尚男女都因为QQ的靓丽、高配置和高性价比就把这个可爱的小精灵领回家了，从此与QQ成了快乐的伙伴。

奇瑞QQ在2003年5月推出，6月就获得良好的市场反应，到12月就已经售出28000多台，同时获得多个奖项。 （根据 http://guanli.100xuexi.com/ 整理改编）

分析与讨论

在我国汽车行业，QQ 是个少有的“另类”，它是国内第一款推广成功的个性车，而此前中国市场上众多品牌的轿车，没有一款像它一样个性张扬。正是这个精准的市场细分、“另类”的定位，使得 QQ 微型轿车取得了令人刮目的成功。请分析讨论：

1. 奇瑞 QQ 选择的目标市场有何特点？QQ 的产品设计如何迎合目标顾客的需求？

2. 奇瑞 QQ 的市场定位是什么？它是如何实现这个定位的？

5.1 市场细分

5.1.1 什么是市场细分

从上一章“消费行为”我们已经看到，消费者的需求和购买行为是多种多样的。一个公司的能力有限，不可能吸引或满足所有的消费者，至少是不能用一种方法来吸引全部的消费者。所以，与其在整个市场展开竞争（有时候是自己太弱，有时候是对手太强），还不如找到最适合自己、利润最高的细分市场。

市场细分（Market Segmentation）是指在市场调研的基础上，根据消费者的需求和购买行为的差异性，把整个市场划分为若干个子市场（即细分市场）。例如服装市场，根据不同群体的不同需求，可以分为男装市场、女装市场、老年市场、中年市场、童装市场、职业装市场，等等。这些细分市场之间，消费者的需求有较明显的差异，但每个细分市场之内，消费者的需求特点相类似。

其实企业并非自古就实行市场细分的。以前大多数的公司都采用大众营销方式，也就是大规模生产、大规模分销，用同一种促销方案来吸引全部消费者。例如，福特公司曾经只生产一种黑色的福特 T 型车；可口可乐公司也一度只提供一种饮料，希望全部消费者都会喜欢。大众营销的优势是可以发掘最大的潜在市场，能够最大限度地降低成本，从而获得较高的利润。

然而，越来越多的因素使得大众营销变得困难，比如消费者的选择越来越多、他们的需求越来越挑剔。因此，大多数公司都放弃了大众营销，转而通过市场细分，确定自己的目标，开发相应的产品，展开相应的营销计划。

事实上，有些公司把市场细分运用到了极致：他们把每个顾客当做一个独特的市场，根据每个顾客的需要和偏好来定制产品和营销方案。这被称为“一对一营销”或“定制营销”。

实例链接

实践中越来越多的公司实行定制营销。例如，服装公司为客户量身定做服装；手袋公司让顾客DIY独一无二版的提包；越来越多的网上商城为顾客提供选择板(Choiceboard)，允许顾客通过一系列的属性、配件、价格和送货方式菜单作出选择来设计自己想要的产品和服务。

耐克网站（www.nikeID.com）可以让顾客在网上设计自己的运动鞋。通过网上一个关于顾客偏好的问卷来引导消费者选择鞋子的款式、颜色、构造以及最多可由16个字母组成的被印在鞋子上的个性化ID。当顾客提交了最后的设计方案后，耐克公司就把订单转到中、韩等国家具有特殊装备的工厂进行生产，顾客只需为此多付10美元。

5.1.2 市场细分的意义

市场细分使得企业的营销力量不再像散霰弹枪那样分散到不同需求的客户群体，而像步枪那样瞄准最具价值的目标。概括起来，市场细分的意义主要有以下几个方面：

5.1.2.1 有利于企业寻找市场机会

市场是动态发展的，企业通过市场细化研究，可以把市场结构一层层地剥离分析，有利于发现其中的特点，掌握规律，挖掘新的机会。

5.1.2.2 有利于制定有针对性的市场营销组合策略

市场营销组合策略由产品策略、价格策略、分销策略、促销策略等组成。对于每一个特定的市场而言，只有一种最佳的组合形式，而这种最佳组合只能是企业通过市场细分后才有可能实现。

5.1.2.3 有利于合理配置和使用资源

当企业通过细分市场，确定目标后，就可以找到自己的资源条件和客观需求的最佳结合点，将有限的人力、物力、财力等资源用于一个或几个较小的细分市场上，用较少的资源取得更大的经济效益；另外，细分市场也会使得企业更专业，从而提高企业的竞争力。

5.1.3 市场细分的依据

市场细分有很多依据，概括起来主要有地理、人口、心理、行为四大方面的因素(如图5-1所示)。

一些研究者试图通过一些描述性的特征（如地理、人口、心理等）来细分市场，然后观察这些细分市场的消费者是否表现出不同的需求。另一些研究人员则试图通过寻找消费者的行为因素（如对产品的反应和使用方法等）来对市场进行划分。公司可以根据不同的市场特点，尝试单独或者组合使用多种变量进行市场细分，以寻找揭示市场结构的最佳办法。表5-1总结了常用的地理、人口、心理、行为变量。

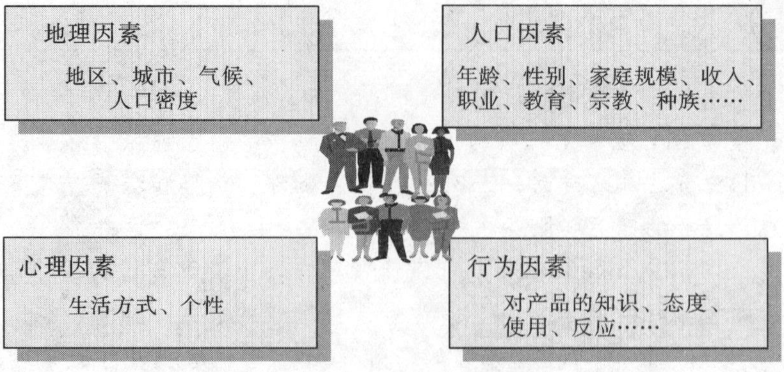

图 5－1　市场细分的依据

表 5－1　　消费者市场的主要细分变量

	细分变量	细分方法举例
地理因素	地区	东部、西部、南方、北方、沿海地区、西北地区
	城市	一线城市、二线城市、三线城市、四线城市、农村
	气候	寒冷、温暖、潮湿、干燥
	人口密度	市区、郊区、乡村
人口因素	年龄	<6 岁、6～11 岁、12～19 岁、20～34 岁、35～49 岁、50～65 岁、>65 岁
	性别	男性、女性
	家庭规模	单身、2 人、3 人、4 人、5 人、>6 人
	收入	<2 千元、2～3 千元、3～5 千元、5～8 千元、8 千～1 万元、>1 万元
	职业	行政人员、企业管理人员、专业技术人员、工人
	教育程度	初中以下、初中、高中、专科、本科、硕士、博士
	宗教	佛教、道教、伊斯兰教、天主教
	种族	汉族、满族、回族、藏族
心理因素	生活方式	文化导向型、运动导向型、户外导向型
	个性	温婉型、冲动型、理智型、节俭型、时髦型
行为因素	时机	常规时机、特殊时机（情人节、母亲节、圣诞节……）
	利益追求	质量、服务、经济、方便、速度
	使用率	少量使用、适度使用、大量使用
	忠诚度	无忠诚、中度忠诚、强烈忠诚、绝对忠诚

5.1.3.1　地理因素

如表 5－1 所示，地理因素（Geographic Factor）包括国家、地区、城市、气候、自然环境、城市规模、人口密度等。消费者居住的地区和地理条件不同，其需求和欲望也有所不同，比如居住在我国南方沿海经济较发达地区和居住在北方农村的消费者，他们对衣、食、住、行等方面的要求会不一样。因此，营销者可以根据地理因素来细分市场。

实例链接

美国跨国酒店集团希尔顿酒店（Hilton Hotels）根据地域特点装饰酒店房间和大堂：在东北部发达的城市，酒店设计更时尚，都市风格鲜明；而西南部的酒店则更具乡村韵味。

金宝汤公司（Campbell Soup Company）是当今美国首屈一指的罐汤生产商。它针对亚洲人的口味，在新加坡、韩国与中国香港及台湾等地区推出玉米汤，还针对日本人的口味特点，推出了七种浓缩汤料。

地理因素是静态的，比较容易辨认，对于分析不同地区的消费者需求特点及其发展变化趋势有一定意义，往往被企业用于开拓区域市场。不过，即使是在同一地区，消费者的需求与行为特点也会有很大差异。因此，市场按地理因素细分之后往往还要根据其他因素作进一步细分。

5.1.3.2 人口因素

人口因素（Demographic Factor）是指人口统计变量，如性别、年龄、家庭规模、职业、收入、受教育程度、宗教、种族等因素。不同人口统计特征的人群其消费需求、偏好和使用频率等特征往往很不一样。因此，企业常常根据不同的人口因素把市场分为不同的群体，这种市场细分方法也叫人口细分。人口细分是最普遍的市场细分方法，其原因是人口统计变量比较容易获得和衡量，同时，这些变量与消费者对商品的需求偏好和消费行为有密切关系。

实例链接

年龄细分：高露洁（Colgate）将牙膏市场分成老年、成年和儿童三个细分市场，相应地提供三条主要的产品线。帮宝适（Pampers）将纸尿片市场分得更细，分成新生儿（0~1个月）、婴儿（2~5个月）、坐婴儿车的宝宝（6~12个月）、学步宝宝（13~18个月）、探索期宝宝（19~23个月）和学龄前宝宝（24个月以上），并据此提供更加细致的产品服务。

性别细分：欧莱雅等化妆品牌针对男性和女性市场分别推出适合男性和女性的化妆和护肤产品。面对越来越独立的女性群体，银行界纷纷推出女性专属信用卡：广发银行的真情卡，倡导“独立、从容、聪明、率性”的女性生活理念；中信银行的魔力白金信用卡，填补了女性信用卡高端市场的空白；光大银行的爱婴信用卡则瞄准“妈妈一族”。

收入细分：商业银行为那些拥有巨额资产的客户准备“大户理财室”；很多汽车公司分别为不同的收入群体开发高、中、低端汽车产品；中国移动通信公司针对收入较低的人群推出“神州行”品牌。

5.1.3.3　心理因素

心理因素（Graphic Factor）指消费者的生活方式、个性、兴趣等特征。性别、年龄和收入相同的消费者，由于其个性和生活方式不同，往往表现出差异很大的消费需求和行为特征。例如穿衣，有些人崇尚品质，宁愿“月月光”也要购买名牌服饰；有些人追求个性，穿着不求贵但求“与众不同”；有些人则喜欢朴实，穿着得体就好。企业往往通过细分消费者的心理因素，发现新的市场机会。

实例链接

现代社会很多家庭由于夫妻双方都需要上班，家里孩子没人照看，许多人因此不得不雇佣保姆。尽管如此，很多人还是会由于种种原因对家里很不放心。针对这种情况，香港的新世界移动通信公司（New World Mobility）推出一项“家庭安全移动查看服务”。该服务通过让用户在家里安装一个摄像头和宽带互联网接入，就可以通过手机实时查看家里的情况。这项服务使得那些雇佣佣人在上班时间照顾小孩的职业女性可以安心工作。

5.1.3.4　行为因素

行为因素（Behavioral Factor）是指消费者的知识、态度、产品使用率或者对产品的反应等因素。这些因素往往表现在消费者使用商品的时机、对商品利益的追求、使用商品的频率、对产品的忠诚度等方面。

（1）时机：根据消费者购买或者实际使用商品的时机，可以把他们区分为不同的群体。比如推销糖果、鲜花、贺卡等商品的商家，就很善于抓住像母亲节、情人节、圣诞节这样的消费时机进行营销。

（2）利益追求：不同的消费者对同样的商品，会看重产品带来的不一样的利益。根据不同的利益追求来细分市场，是一种很有效的市场细分方法。例如，牙膏市场把消费者分为几个群体，每个群体都追求一种独特的利益组合：防蛀固齿、美白健齿、清新口气或者抗敏防酸。

（3）使用率：市场按照用户使用产品的频率，可以分为轻度使用者、中度使用者和大量使用者几个群体。大量使用者的人数相对来讲比较少，但占商品消费量的比重却很大。与几个轻度使用者相比，营销者更愿意为一名大量使用者提供商品或服务。例如，很多航空公司都给予它们的频繁乘机的旅客很多优先权，包括飞行里程特别奖、更大的行李重量上限、优先登机、贵宾休息室等。

（4）忠诚度：根据购买者对品牌的忠诚程度，可以将其分为三个群体：坚定的忠诚者（始终不渝地忠于一个品牌）；中度忠诚者（同时忠于几个品牌，或者喜欢一个品牌但偶尔也会选择别的品牌）；多变者（对任何品牌都不忠诚）。公司分析研究消费者的忠诚度有许多好处。研究坚定的忠诚者，公司可以确定其产品优势；研究中度忠诚者，公司可以发现自己强有力的竞争对手，查找自己的优势与劣势；对于没有忠诚度的消费者，公司可以考虑用促销手段来吸引他们。

从以上所述可以看出，市场细分的方法有很多种。企业在市场细分实践中，往往需要同时使用两个或两个以上的变量来对一个市场进行细分。如图5－2所示，滋补品市场若按照“收入”细分（图a），可以分为高收入者、中等收入者和低收入者三个群体；若按照“年龄”细分（图b），可以分为老年人、中年人和青年人三个群体。但这两种细分得到的市场分区在需要和行为方面的特征都比较模糊，不够突出。如果同时使用“收入”和“年龄”两个变量来细分，则会得出图c所示的9个细分市场，如1号市场代表“高收入的青年人”，2号市场代表“高收入的中年人”，等等。显然，在这个例子里，多变量细分法比单变量细分更科学，更有实效。

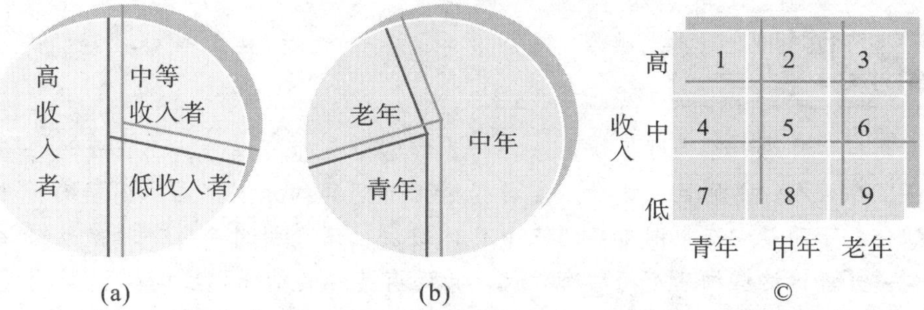

图5－2 单变量与多变量细分

5.1.4 市场细分的原则

很显然，并不是所有细分出来的市场都是有利可图的。例如，购买食盐的消费者可以按照性别分为男性消费者和女性消费者，但是食盐的消费其实与性别无关。所以按照性别来细分食盐市场对公司来说没有意义。

因此，公司要判断市场细分是否有效，必须看所细分出来的市场分区是否符合以下原则（如图5－3所示）：

（1）可衡量性：细分市场的规模、购买力及其特征是能够被衡量的。比如，“左撇子”是个细分市场，可是对于左撇子的统计数据在政府以及调查公司的人口统计中都无法得到。

（2）足够大：市场规模的大小直接影响到盈利。一个细分市场必须大到足以盈利才值得为之设计一套营销方案。例如，汽车公司要专门为身高不到140厘米的成年人生产一款汽车是不划算的。

（3）可进入性：即能有效地接触并为之服务。假如该市场已经被竞争对手垄断，那么企业就没有办法或者很难打入该市场。

（4）差异性：细分市场对不同的营销组合因素和方案要有不一样的反应。例如手机营销商发现已婚人士与未婚人士对手机的销售反应差别不大，那么手机市场按“婚否”来细分就是无效的。

（5）可操作性：能为该细分市场制订系统的有效的营销计划。例如，尽管一家小航空公司通过市场细分找到一个很有发展前景的细分市场“梦想遨游太空的人”，但是凭着该公司目前的实力与技术水平，是没办法为这个细分市场提供营销方案的。

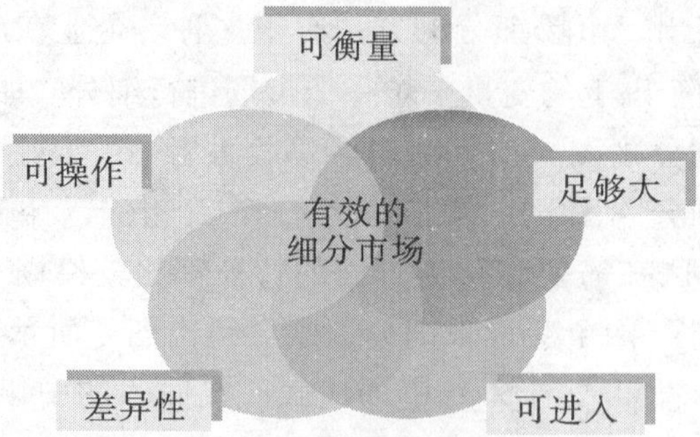

图 5－3　有效细分的原则

营销讨论 1

麦当劳作为一家国际餐饮巨头，一直非常重视市场细分，而正是这一点让它取得了令世人惊羡的巨大成功。麦当劳根据不同的细分依据在不同层面把市场进行细分，下面是它在中国市场的三个具体做法，请分析讨论每一种做法的依据是什么，并评价这些细分市场的有效性。你还有其他的细分方法吗？

1. 麦当劳刚进入中国市场时大力传播美国文化和生活理念，并想以美国式产品——牛肉汉堡包来征服中国人。但中国人爱吃鸡，与其他洋快餐相比，鸡肉产品也更符合中国人的口味，更加容易被中国人所接受。针对这一情况，麦当劳改变了原来的策略，推出了鸡肉产品。于是原来在全世界从来只卖牛肉产品的麦当劳也开始卖鸡肉了。

2. 麦当劳以孩子为中心，把孩子作为主要消费者，十分注重培养他们的消费忠诚度。在餐厅用餐的小朋友经常会意外获得印有麦当劳标志的气球、折纸等小礼物。另外还有专门为 3～12 岁的小朋友开设的麦当劳叔叔俱乐部，定期开展活动，让小朋友更加喜爱麦当劳。

3. 麦当劳分别针对休闲人群和赶时间的人群推出不同的服务。针对休闲型人群，麦当劳尽量把餐厅店堂布置得舒适自由，让顾客觉得它是一个具有独特文化的休闲好去处。针对赶时间的人群，麦当劳提出“59 秒快速服务”，即从顾客开始点餐到拿着食品离开柜台的标准时间为 59 秒，不得超过 1 分钟。

5.2　目标市场选择

5.2.1　细分市场评估

公司在对市场进行细分之后，必须对每个不同的细分市场进行评估之后才能进行选择。评估细分市场需要考虑以下几个方面的因素：

（1）细分市场的规模：细分市场规模不宜过小，否则无法给公司带来所期望的销售和利润，不值得去开发。

（2）细分市场的吸引力：主要指市场的盈利能力——从长远来看是否有发展前景；也包括市场的竞争状况是否适合——如果市场的发展前景很好，但是竞争十分激烈、竞争对手实力十分雄厚，公司一旦进入就有可能付出昂贵的代价。

（3）公司本身的目标和资源：如果某细分市场具有合适的规模、很强的吸引力，能够作为目标市场，公司仍需要结合自身的目标和资源进行考虑。如果细分市场不符合企业的长远发展目标，或者公司目前没有开发该市场的资源，则不该进入该细分市场。只有当该细分市场符合企业的目标，公司又有足够的资源和能力为之提供产品和服务时，选择这个目标市场才是明智的。

5.2.2 目标市场选择的模式

经过评估之后，公司就要对选择多少个或者选择哪些细分市场做出决策。目标市场（Target Market）指的就是企业决定为之服务、具有相同需求或特征的购买者群体。公司在选择目标市场时，可根据具体条件在下面五种模式中进行选择：

5.2.2.1 单一市场集中化

单一市场集中化（Single-market Concentration）指只选择一个细分市场，只生产一种产品来满足一个固定顾客群的需求，进行集中营销。如图 5－4 所示，制鞋公司 A 面对的顾客包括儿童、青年、老年等各年龄层次，但只为儿童市场销售皮鞋，这使得 A 公司对儿童市场的皮鞋需求很了解。

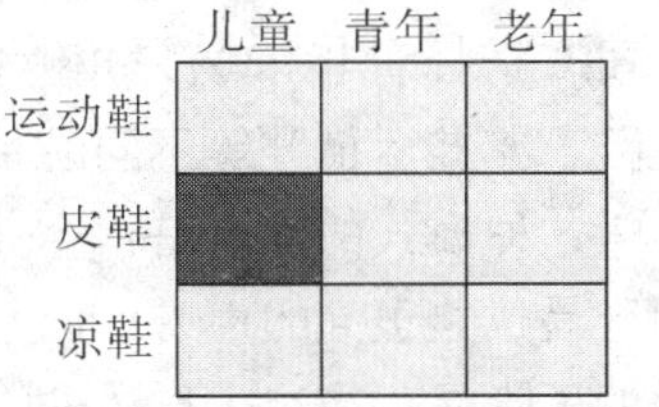

图 5－4 单一市场集中化模式

选择单一市场集中化模式一般基于以下考虑：企业具备在该细分市场从事专业化经营并能取得制胜的优势条件；企业资金有限，只能经营一个细分市场；该细分市场没有竞争对手；企业准备以此市场为出发点，取得成功后再向更多的细分市场扩展。

选择这种模式的优点是：企业可以透彻了解该市场的需求，建立牢固的市场地位；并能集中企业的有限资源，通过生产、销售和促销等专业化分工，提高经济效益。但是也存在较大的风险：如果消费者偏好突然发生改变，或者有强大的竞争对手进入，则企业很容易受到损害。正因为这些风险，许多企业更愿意选择多个细分市场进行经营。

实例链接

小汽车市场按照车型和功能通常可分为商务车、皮卡车、面包车、越野车、跑车、小轿车等，保时捷汽车公司（Porsche）则集中在跑车市场。这家公司于 1931 年由汽车历史上“最具天才的设计师”费迪南·保时捷建立，并一直专注于研究和生产跑车，是当今世界上最负盛名的跑车生产厂家。“保时捷 911”是一款诞生于 1963 年的车型，时至今日仍受到车迷的青睐，该车型可以说是汽车历史上最经典的汽车作品之一。

5.2.2.2 产品专业化

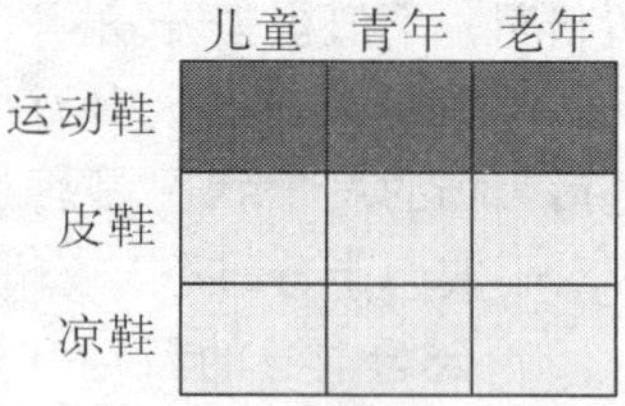

图 5-5 产品专业化模式

产品专业化（Product Specialization）是指企业选择几个细分市场作为目标市场，但只生产一种产品供应这些市场需求。如图 5-5 所示，制鞋公司 B 选择向儿童、青年和老年消费者销售运动鞋，而不生产其他类型的鞋子，这使得 B 公司在运动鞋这个领域享有很高的声誉。

这种模式的优点是：企业由于专注于某一种或一类产品的生产与销售，有利于形成和发展生产及技术上的优势，在该领域树立领先形象和获得好的声誉。其局限性是：当该领域被全新的技术或产品替代时，企业的产品销售会大幅下降，甚至危及企业生存。

5.2.2.3 市场专业化

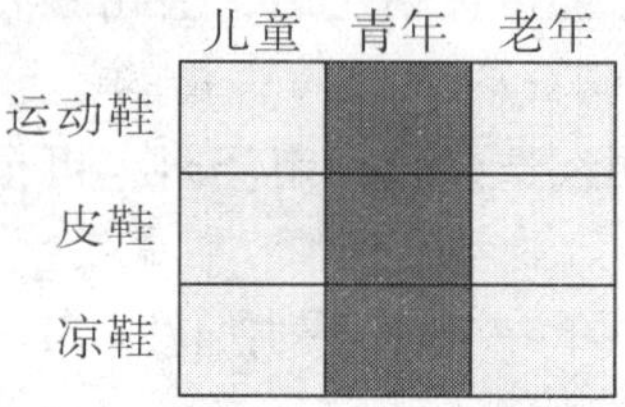

图 5-6 市场专业化模式

市场专业化（Market Specialization）指企业选择一个细分市场作为目标市场，并生产一系列产品来专门满足这一消费群体的需求。如图 5-6 所示，制鞋公司 C 选择青年市场，并销售年轻人喜欢的运动鞋、皮鞋、凉鞋、拖鞋等不同品种的鞋子。

这种模式的优点是：企业在所服务的这一群体方面容易建立很高的声誉，而且可以成为该顾客群体获得其他所需产品的渠道。但这样做的风险是：当这个群体的需求下降时，企业会遭受收益下降的风险。

5.2.2.4 选择性专业化

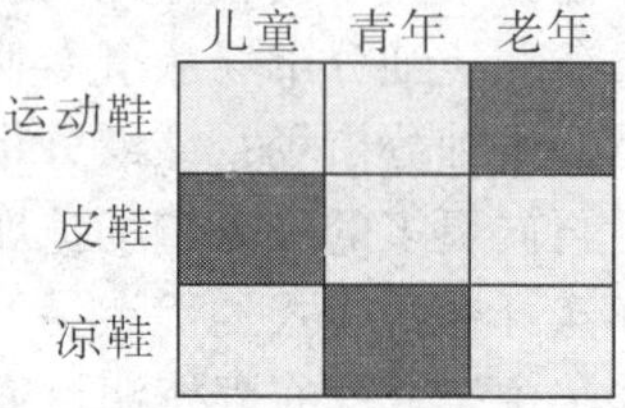

图 5-7 选择性专业化模式

选择性专业化（Selective Specialization）指的是企业选择几个有足够吸引力且符合公司目标和资源的细分市场作为目标市场，并根据每个细分市场的消费需求，向其提供相应的产品。如图 5-7 所示，制鞋公司 D 向儿童销售皮鞋，向青年销售时尚凉鞋，向老年人销售运动布鞋。这几个细分市场之间很少有协同优势，但每个细分市场都有望获利。

这种模式的优势是可以有效地分散经营风险，即使某个细分市场盈利情况不佳，仍可望在其他细分市场获取盈利。但这样做要求企业具备较强的营销实力和较多的资源。

实例链接

春兰电器集团原来只是生产空调，现在正在走选择性专业化经营模式，开始进入电器领域的各个方面，如彩电、洗衣机、电冰箱等，甚至还生产摩托车。这是一种多角化经营的模式，可以较好地分散企业的经营风险；但是，采用这种模式应当十分谨慎，必须以几个细分市场均有相当的吸引力为前提。

5.2.2.5 市场全面覆盖

市场全面覆盖（Full-market Coverage）模式是指企业为所有细分市场生产各种不同的产品，分别满足各类顾客的不同需求，以期覆盖整个市场。如图5-8所示，制鞋公司E为儿童、青年、老年各个细分市场分别提供各种能满足他们需要的产品。

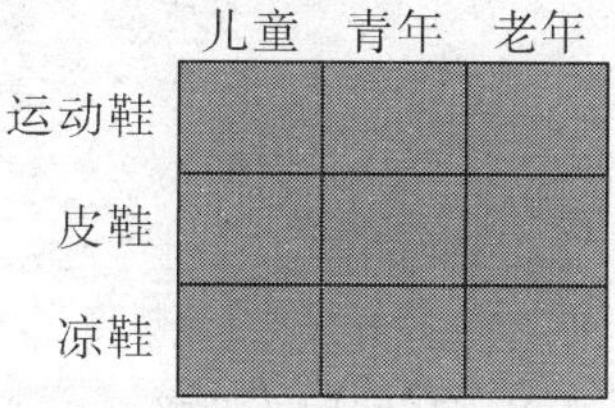

图5-8 市场全面覆盖模式

一般来说，只有实力雄厚的大型企业会选择这种模式，以求收到良好的营销效果。例如丰田汽车公司在全球汽车市场针对各种消费群体，推出不同档次、功能、型号的汽车。IBM公司也全面出击，在计算机领域内取得了领先的市场地位。

企业在选择应用以上五种选择策略时，一般总是先进入最有吸引力、最能发挥自身资源优势的细分市场，待条件和时机成熟之后，再逐步扩大目标市场的范围，进入其他的细分市场。图5-9演示的是电脑公司C的目标市场选择与扩张计划。

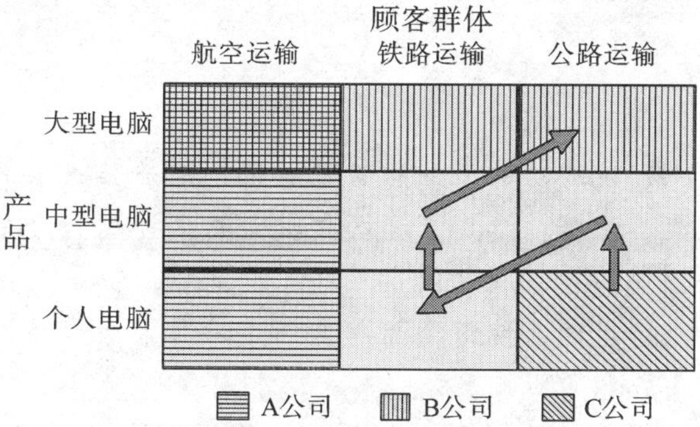

图5-9 C公司的目标市场扩张计划图

营销讨论2

宝洁公司（P&G）是世界最大的日用消费品公司之一，所经营的300多个品牌的产品畅销160多个国家和地区，其产品覆盖洗发护发、美容护肤、个人清洁、妇女保健、婴儿护理、家居护理等诸多领域。目前，宝洁有九大类、十六个品牌进入中国大陆市场，包括洗发水品牌潘婷、海飞丝、飘柔、沙宣；洗衣粉品牌汰渍、碧浪、欧喜朵、波特；牙膏品牌佳洁仕；香皂品牌舒肤佳；卫生巾品牌护舒宝；化妆品品牌SK-II、玉兰油、威娜、伊卡璐、妮维娅等。其中的许多品牌已经家喻户晓。宝洁公司不是简单地为一类产品贴上不同的品牌标签，而是深刻洞察不同的消费人群不同的消费需求，可能被不同的产品特性吸引，从而提供不同特色的产品。

请分析宝洁公司所选择的目标市场，你认为宝洁公司选择细分市场这种做法属于哪种模式？请评价这样做的优势与效果。

5.3 市场定位

5.3.1 什么是市场定位

在人们的认知习惯里，平淡无奇的事物很容易被人遗忘，或者根本引不起人们的注意；相反，如果与众不同则会令人记忆深刻。

企业在目标市场确定以后，为了能与竞争产品有所区别，取得产品在目标市场上的竞争优势，就需要在目标市场上对产品做出具体的市场定位决策。

市场定位（Market Positioning）是指根据竞争者现有的产品在细分市场上所处的地位和顾客对产品某些属性的重视程度，塑造出本企业产品与众不同的鲜明个性或形象，并传递给顾客，从而使该产品在细分市场上占有明确位置。也就是说，赋予该产品鲜明的个性，使之成为某种消费感觉的代表，在消费者心目中占据某个相对固定的位置。

实例链接

宝洁公司（P&G）是成功的多品牌营销典范，单是其旗下的洗发水品牌就有六个：海飞丝、飘柔、潘婷、沙宣、润妍和伊卡璐。有人认为一个公司推出多个竞争品牌会造成企业内部各品牌之间自相残杀的局面，但是宝洁公司通过为每一个品牌找到自己的市场定位，使每个品牌能满足一种消费需要，从而既使每个品牌个性鲜明，又使品牌之间巧妙互补。

海飞丝能使“头屑去无踪，秀发更出众”；飘柔可令“头发更柔更顺”；潘婷让头发“拥有健康，当然亮泽”；沙宣“专业定型，动感时尚”；润妍“倍黑润发，专为东方人设计”；伊卡璐“天然植物，草本精华”，适合小资。宝洁的每一个品牌都给目标顾客明确的信息，并不惜重金大量宣传，产生了巨大的市场效应，逐渐被目标顾客所接纳。所以，当人们想要“去屑”时，就想起海飞丝；想要头发“柔顺”时，就想起飘柔；想要改善发质，便会购买潘婷。宝洁的这套战略使它大获成功，稳稳占据本土洗发水市场60%以上的份额。

5.3.2 市场定位的步骤

企业在对产品进行市场定位时，一般要经过以下几个步骤：

5.3.2.1 识别潜在竞争优势

首先，企业需要做充分的市场调查，了解目标市场的需求特点以及这些需求被满足的程度；其次，要研究竞争对手的经营情况、优势劣势等。在此基础上，识别出本企业潜在的竞争优势。

企业可以通过描绘目标市场结构图的方式，来更清晰地了解目标市场的竞争状况，以帮助确定市场定位策略。任何一种产品都有许多属性或特征，如价格的高低、质量的优劣、规格的大小、功能的多少等。其中使用两个以上的属性变量就可以描绘一个市场结构图。如图 5－10 所示，我们可以根据“档次”和“功能”来描绘手表市场的结构图，把主要竞争对手（A、B、C、D、E）的位置标出来，其中圆圈的大小表示销售额的大小。这样，市场的竞争情况就一目了然。

5.3.2.2　确定企业的核心竞争优势

企业可以在产品、服务、价格、分销渠道等方面与竞争对手进行比对，分析自己在哪方面的优势最大，最具开发价值。然后再根据市场结构图，确定符合自己竞争优势又符合市场竞争状态的位置。如图 5－10 所示，我们有三种定位方案：

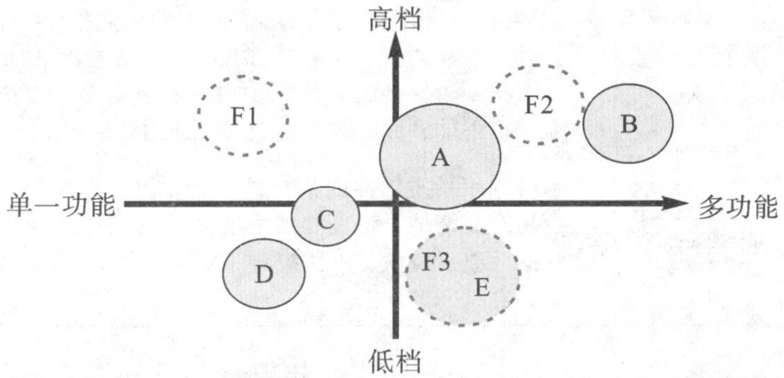

图 5－10　手表的市场结构

（1）补缺定位（F1），也叫避让定位或错位定位，即把产品的位置定在目标市场的空白地带（F1 位置）。以本例说明，只有高档但功能单一的手表市场尚未有企业涉足，把产品定位在这一位置能够以避开竞争，获得市场优势。

（2）插入定位（F2），即将自己的产品位置确定在竞争者产品的附近，与竞争对手争夺同一个目标市场。如图 5－10 中 F2 位置说明，价格中等但功能较多的手表是目前销量最好的产品，该位置的需求还没有满足，企业把产品定位在此可以通过模仿或跟风节约大量研发成本和推广费用。

（3）取代定位（F3），就是将竞争者赶出原来的位置并取而代之。如图 5－10 中 F3 位置表示价格低廉的多功能手表，如果企业能在这一位置生产出比竞争产品更有优势的产品，则可以通过强有力的营销手段取代竞争者 E 的地位。

5.3.2.3　传播独特的竞争优势

被企业识别出来并且确定的核心竞争优势不会自然地显示和发展，必须通过一系列的宣传活动来告知消费者，使消费者了解、认同、喜欢和偏爱本产品的定位，进而巩固企业在消费者心目中的定位。

5.3.3　市场定位的策略

如前所述，市场定位实质是在塑造品牌/产品的鲜明的、与众不同的个性，因此，如何实现品牌/产品的差异化是焦点所在。那么，如何实现差异化呢？企业可以根据自身资源的优势与市场的特点采取以下策略：

5.3.3.1 产品差异化策略

产品差异化策略是从产品质量、款式、特色等方面实现差异化。表5-2列举了常用的实现产品差异化的途径以及例子。

表5-2 产品差异化的途径及举例

差异化途径	差异化的内容	举例
产品质量	使用效果、性能、耐用性、可靠程度	在高端小轿车市场，宝马汽车突出“纯粹的驾驶乐趣”；沃尔沃强调“驾驶的安全性能”；奔驰汽车彰显乘坐的“舒适性”
产品款式	产品特有的设计、样式、风格	吉列（Gillette）在手动剃须刀市场占据绝对优势，市场挑战者“剃须之王”（King of Shaves）就推出Azor系列混合动力系统剃刀，外观设计要比吉列简单得多，成功吸引了年轻的顾客群体，取得与市场老大吉列的对话权
产品特色	功能、属性、技术	洗涤用品质量性能都相差不远，但可以突出其特色。碧浪突出产品清洁、清新、清香的个性特征；汰渍强调强力去除顽固污渍、汗渍，不留痕迹；舒肤佳则暗示杀菌、确保皮肤健康舒适

5.3.3.2 服务差异化策略

当实体产品不易与竞争产品区别开来时，服务就成为竞争制胜的关键。各行业的服务有不同的内容，侧重点也会有所不同。图5-11总结了常见的服务事项，企业应该针对本行业的特点，对服务事项进行排列，确定重点项目，根据公开的需求、企业自身特点及竞争对手的策略，来确定服务差异化定位策略（例如“订货更轻松”、“送货最快捷”、“安装培训一条龙”，等等）。

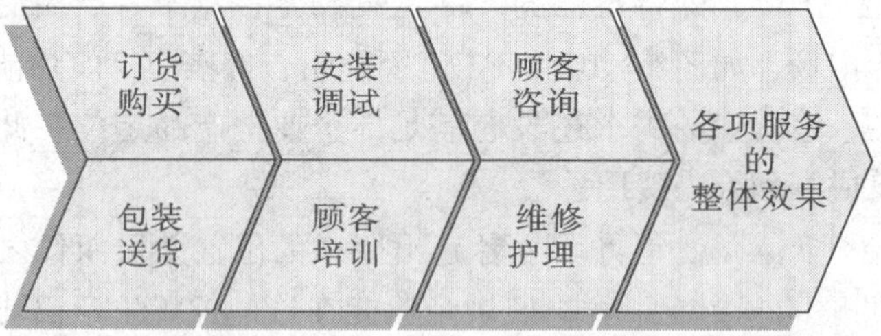

图5-11 服务差异化的项目

5.3.3.3 人员差异化策略

人员差异化是通过聘用或培训比竞争对手更优秀的人员以获取差异化优势。人员差异可以从以下几个方面入手：更强的专业能力、更友善的礼貌态度、更让人信赖的坦诚、更可靠的责任心、更敏锐的反应、更流畅的沟通交流（如图5-12所示）。

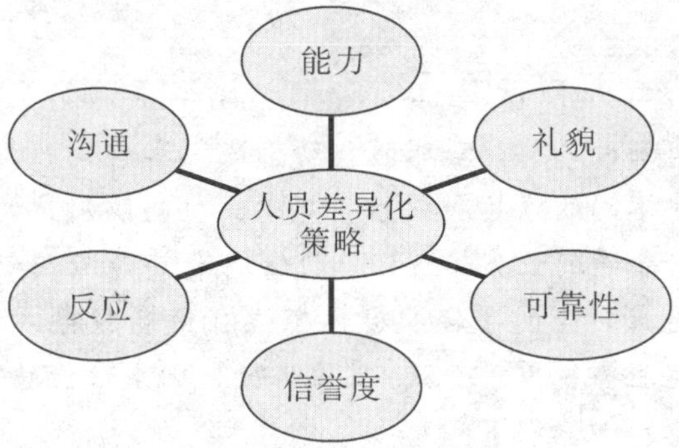

图 5－12　人员差异化的项目

实例链接

日本航空公司多年来一直在“北京—东京—夏威夷”这条航线上与美国最大的航空公司“联航”和韩国的“韩航”展开激烈的竞争。联合航空的规模与实力最强，而“韩航”的价格比“联航”低 30%，两者都颇有竞争力。日航在这个“夹缝”之间，依靠整合的优良服务，贯穿航程的全过程，赢得了各国旅客的赞美。凡乘过日航的旅客，很难再选择其他航空公司。

5.3.3.4　形象差异化策略

形象差异化是在产品的核心部分与竞争者类同的情况下通过塑造不同的产品或品牌形象以获取差异化优势的策略。有效的形象能够以显著的方式传达产品的特点和价值主张，能够传递情感力量。要树立有效的形象，企业必须通过所有有效的沟通工具传达一致的信息，包括产品的标志、使用的媒体和特殊事件等（如图 5－13 所示）。

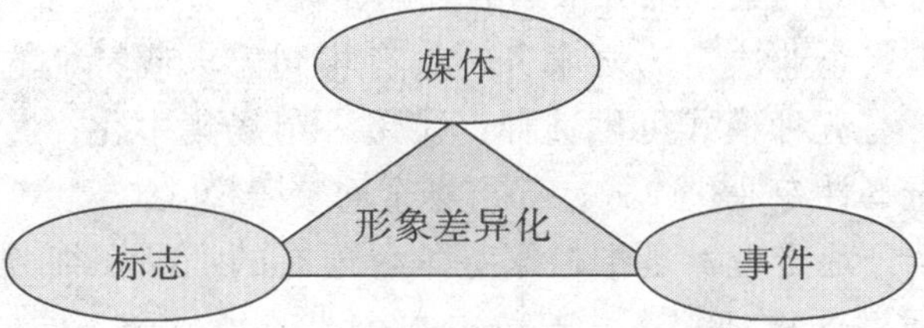

图 5－13　形象差异化的沟通工具

实例链接

麦当劳的金色“M”标志，与其独特文化气氛相融合，使人无论在世界的哪个角落，只要一见到这个标志，就会马上联想到麦当劳舒适的店堂、优质的服务和美味的汉堡包和薯条。这样的形象深入人心，是许多快餐品牌望尘莫及的。

营销讨论3

中国移动公司有三大品牌：全球通、动感地带和神州行。这三大品牌分别针对不同的客户群提供不同的产品和服务。其中面对高端用户的“全球通”是移动公司最悠久也最具含金量的业务品牌；“动感地带”是专门针对年轻人的特殊需求而推出的，这些追求时尚的年轻人群体不仅在语音服务方面有较强的消费力，而且对各种新的数据业务也勇于尝试；“神州行”则主攻低端市场。

请收集有关信息，回答以下问题：

1. 全球通、动感地带和神州行这三大品牌是依据什么标准来细分市场的？
2. 这三大品牌有什么区别？移动公司是如何实现品牌与品牌之间的差异化的？

精要回顾

为了更好地满足市场的需要，企业需要将市场进行细分。市场细分是指在市场调研的基础上，根据消费者的需求和购买行为的差异性，把整个市场划分为若干个子市场。市场细分的意义包括：①有利于企业寻找市场机会；②有利于企业确定经营方向，制定有针对性的市场营销组合策略；③有利于企业合理配置和使用资源，提高企业竞争力。

市场可以依据地理、人口、心理、行为等因素进行细分。要判断市场细分是否有效，必须看所细分出来的市场分区是否符合可衡量性、足够大、可进入性、差异性和可操作性的原则。

企业在进行目标市场选择之前，必须对每个不同的细分市场进行评估。评估细分市场需要考虑三个方面的因素：细分市场的规模、吸引力以及企业本身的目标和资源

目标市场指的就是企业决定为之服务、具有相同需求或特征的购买者群体。公司在选择目标市场时，有五种模式可供选择：①单一市场集中化；②产品专业化；③市场专业化模式；④选择性专业化模式；⑤市场全面覆盖模式。

市场定位又称为产品定位，是指根据竞争者现有的产品在细分市场上所处的地位和顾客对产品某些属性的重视程度，塑造出本企业产品与众不同的鲜明个性或形象，并传递给顾客，从而使该产品在细分市场上占有明确位置。市场定位的一般步骤包括：①识别潜在竞争优势；②确定企业的核心竞争优势；③传播独特的竞争优势。

企业在进行市场定位时的重点是要实现差异化。企业可以根据自身资源的优势与市场的特点采取以下差异化策略：①产品差异化策略；②服务差异化策略；③人员差异化策略；④形象差异化策略。

关键概念

1．市场细分
2．可衡量性
3．可进入性
4．差异性
5．可操作性
6．目标市场
7．单一市场集中化
8．产品专业化
9．市场专业化
10．选择性专业化
11．市场全面覆盖
12．市场定位
13．产品差异化策略
14．服务差异化策略
15．人员差异化策略
16．形象差异化策略

思考题

1．企业为什么要进行市场细分？
2．消费者市场细分的依据有哪些？
3．如何判断细分市场是否有效？
4．企业进行目标市场选择时有哪些模式？这些模式的优缺点是什么？
5．进行市场定位的一般步骤是怎样的？有哪些不同的定位方案？
6．企业在进行市场定位时，如何实现差异化？

营销工作坊-5

在前面的"营销工作坊"里，我们已经对本营销模拟项目进行了全面的市场环境分析，对竞争者经营情况进行了充分的调查，也深入研究了相关消费者群体的消费行为。接下来，我们需要对市场进行更细致的"扫描"，发掘和选择适合本公司的细分市场，提供更加针对性的产品和服务。

具体来说，在本章"营销工作坊"里，我们要对所在的市场进行细分和评估选择，然后对提供的产品进行定位：

1．选择恰当的细分依据，对项目所在的市场进行细分；

2．分析评估细分出来的子市场，哪个/些子市场更加有利可图、更有发展空间、更加适合我们公司的发展？选择之。

3．针对所选目标市场的消费需求与竞争产品的特点，确定市场定位方案，设计产品差异化策略。

针对以上三个方面的问题进行分析研究，必要时辅以适当的调查，把结论写成报告。

学习档案

为了体现你在完成这一章的学习之后，已经掌握了相关的理论知识和技能技巧，达到了本章提出的学习目标，你需要提供以下资料：

1．对本章“引导案例”的分析理解；

2．对本章“营销讨论”的分析理解；

3．对本章“思考题”的理解回答；

4．根据“营销工作坊-5”的要求完成的“市场细分—目标市场选择—市场定位”的报告；

5．在本章学习过程中的其他相关营销活动参与情况、课外学习情况（包括资料、方式与反馈等）。

6 产品策略

学习目标

▶ 知识目标

1. 掌握产品整体概念；
2. 了解产品组合决策的内容；
3. 掌握产品生命周期不同阶段的市场特点和营销策略；
4. 了解新产品开发的一般程序与方法，明确新产品开发的意义。

▶ 技能目标

1. 能依据产品生命周期各阶段的特点制定相应的市场营销策略；
2. 能根据产品整体概念提出一些产品创新的点子。

内容结构图

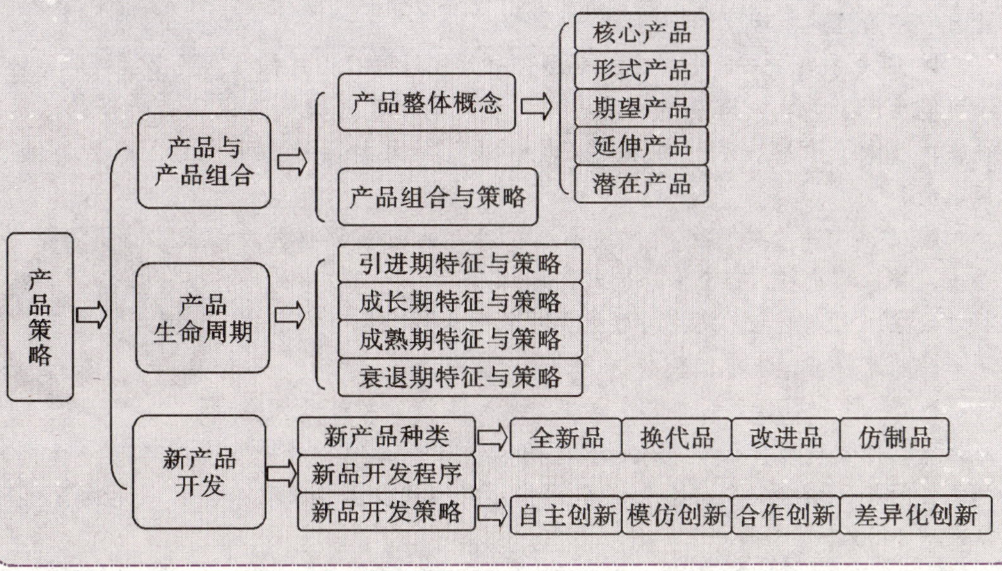

引导案例

只有想不到，没有做不到——产品创新走俏市场

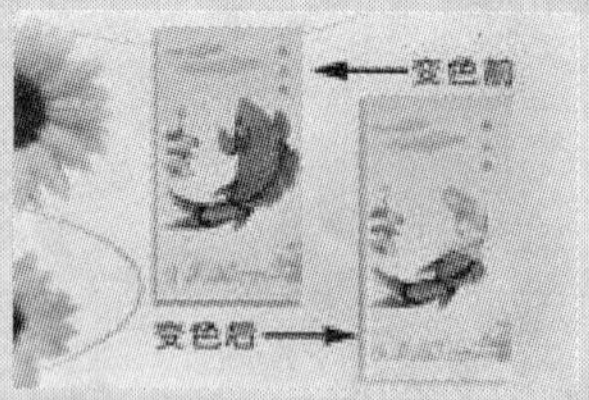

▶ 变色毛巾——上海萃众毛巾厂生产的“变色毛巾”成了市场上的抢手货。这种毛巾的表面图案上是猪八戒背媳妇，毛巾一浸到水里媳妇变成了孙悟空，可毛巾一离开水又成了丑媳妇。“变色毛巾”由于迎合了人们求新好奇的消费心理，从而在竞争激烈的毛巾市场上一枝独秀，其销量比普通毛巾高出5倍。

▶ 在我国，有家橘子罐头厂的技术人员在逛市场时，发现鱼头比鱼身贵，鸡爪比鸡肉贵。他由此想到厂里每年都要遗弃大量的橘子皮，是不是可以废物利用，创造新的价值呢？于是，他广泛收集资料，了解到橘皮中含有丰富的维生素，且橘络中含有大量食物纤维，有理气消滞、增进食欲等功效。他经过几个月的技术攻关，研制开发出了珍珠陈皮罐头，每瓶卖到了30多元，是橘子罐头价格的十余倍。

▶ 彩色旅游鞋——台湾有位老板在准备到祖国大陆投资办厂的前夕，对祖国大陆市场进行考察，发现市场上的旅游鞋几乎是白色一统天下，毫无特色，于是这位老板果断决定投资办一家鞋厂，专门生产“彩色旅游鞋”。这种鞋投产后几乎销到哪里就热到哪里，这位老板也很快赚了大钱。

▶ 红萝卜馒头——内地有家个体饭店目睹几十年来清一色的馒头始终销路平平，店老板灵机一动，买来本地特产红萝卜切碎，将红萝卜汁渗入面中，推出了“红萝卜”馒头。由于这种馒头很有特色，而且品尝起来还有一种特殊的香味，使昔日冷冷清清的小店顾客盈门。

▶ 石壳手表——瑞士有家制表商别出心裁地用石头做表壳，根据石料的特性，不可能生产出两块完全一样的手表来，由此满足了西方人追求稀奇古怪的心理，很快博得大众青睐，尽管每块“石壳手表”的售价高达195美元，产品仍供不应求。

▶ 日本有一个家庭妇女，只不过在废弃的旧罐头瓶里放些土，并撒下花籽，拌上复合肥料，使那些爱花但又较懒的外行每天在上面浇点水，便可得到摆弄花草的乐趣。她开发的这项产品销路很好，当年就获利2000万日元。

▶ 英国一位70岁的老人在电视上看到主持人摊开地图介绍地球，他觉得这样很不方便，又不直观。于是，他便着手发明地球仪。到了有些眉目时就开始打广告。不久订单便雪片似的从世界各地飞来，其一年的营业额就高达1400万英镑。

（根据 http://www.themanage.cn/200910/yingxiaogushi_3.html 修改整理）

分析与讨论

"只有想不到，没有做不到"可能是当今企业服务市场的一种写照。为了吸引人眼球、满足消费者的需求，企业绞尽脑汁、标新立异，使得各式产品在市场上争奇斗艳。

1. 你觉得上述企业的产品创新做法如何？产品创新需要注意哪些因素？

2. 请每个小组选择自己熟悉的产品，充分发挥想象，利用创造性思维，从不同的角度为产品提出创新建议，然后交流分享。

6.1 产品与产品组合

6.1.1 产品的整体概念

市场营销学认为，产品（Product）是指人们通过购买而获得的能够满足某种需求和欲望的物品的总和，它既包括具有物质形态的产品实体，又包括非物质形态的利益，这就是"产品的整体概念"。产品的整体概念包括核心产品、形式产品、期望产品、延伸产品和潜在产品等几个层次（如图6-1所示），这些层次被赋予不同的内涵。

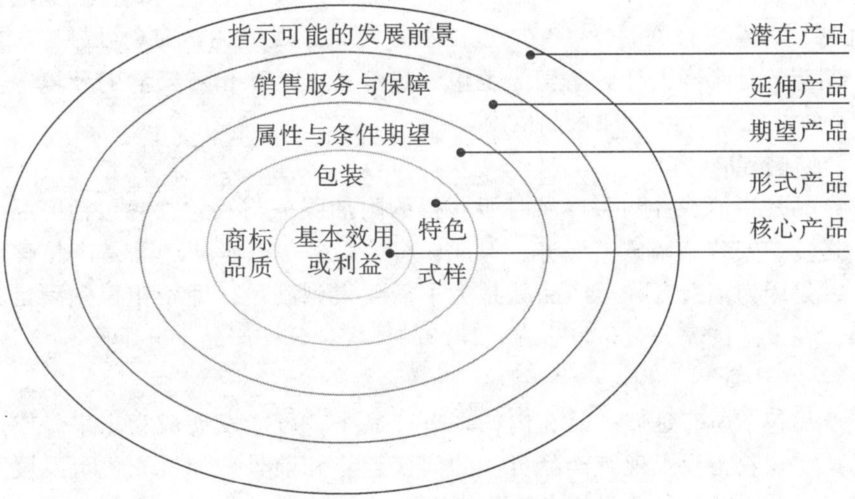

图6-1　产品的整体概念图

6.1.1.1　核心产品

核心产品是指企业向消费者提供的产品的基本效用或利益，即产品的使用价值或有用性，它是产品的核心内容。消费者购买产品，并不是为了占有或获得产品本身，而是为了获得满足自身某种需要的服务或利益。因此，企业的营销人员在营销活动中要善于发现购买者购买某一产品时追求的基本效用或利益，将这些信息告诉企业的设计人员，确保自己的产品能够使顾客获得核心利益。

实例链接

每种商品都有它的核心利益，例如：

- ▶ 买自行车是为了代步；
- ▶ 买汉堡包是为了充饥；
- ▶ 买化妆品是希望美丽、体现气质、增加魅力；
- ▶ 买牙膏是为了防止蛀牙、使口气清新或洁白牙齿；
- ▶ 买洗衣机是为了把脏衣服洗干净；
- ▶ 买电冰箱的目的是因为电冰箱具有保鲜和冷藏的功效；
- ▶ 买汽车是汽车可以满足用户交通和运输的需要以及精神需要。

6.1.1.2　形式产品

形式产品也称有形产品，是核心产品借以实现的形式和载体，是产品外在的实体形象，包括品质、款式、特征、商标和包装五个基本构成要素。它是消费者选择产品的直观依据，核心产品的基本效用必须通过形式产品才能实现。如冰箱，形式产品不仅仅指冰箱的制冷功能，还包括它的质量、造型、颜色、容量等。市场营销人员要重视如何以独特的形式产品将某种利益传递给消费者。

6.1.1.3　期望产品

期望产品是指消费者在购买产品时期望产品应该具有的一些属性。如消费者在购买洗衣机时，期望洗衣机的噪音小、进排水方便、外观美观、安全可靠等。如住旅店的客人，期望的是干净的床、香皂、毛巾、热水、电话和相对安静的环境等。在发展中国家，竞争主要发生在期望产品层次。

6.1.1.4　延伸产品

延伸产品是指消费者购买产品时所获得的附加服务与利益，它包括产品介绍、提供信贷、送货、安装、调试、保养、保证、售后服务等。延伸产品是产品整体概念中的一部分，是因为消费者购买产品就是为了需要得到满足，即希望得到满足其需求的一切东西。在发达国家，竞争发生在延伸产品层次，延伸产品十分重要。

6.1.1.5　潜在产品

潜在产品包括所有延伸产品在内的现有产品中，可能发展成为未来最终产品的潜在状态的产品。它指出了现有产品可能的演变趋势和前景。如洗衣机可发展为不用洗衣粉、节电、节水的技术含量很高的洗衣机。

营销讨论 1

请结合以上实例链接中所提到的 7 种产品，从核心产品、形式产品、期望产品、延伸产品和潜在产品不同层面分析其含义，并讨论对该 7 种产品如何进行产品创新。

6.1.2 产品组合与策略

6.1.2.1 产品组合

产品组合（Product Mix）是指企业提供给市场的全部产品线和产品项目的组合或结构，即企业的业务经营范围。产品组合包括四个可以衡量的变量，即宽度、深度、长度和关联度。以下是与产品组合相关的几个概念：

▶ 产品线（Product Line）是指产品组合中的某一产品大类，是一组密切相关的产品。它们以类似的方式起作用，或通过相同的销售网点销售，或者满足消费者相同的需要。

▶ 产品项目（Product Item）是指产品线中不同品牌和细类的特定产品。例如某自选采购中心经营家电、百货、鞋帽、文教用品等，这就是产品组合；而其中的“家电”或鞋帽等大类就是产品线；而每一大类中包括的具体品种、品牌为产品项目。

▶ 产品组合的宽度（Width）也称广度，是指一个企业拥有产品线的数量。万宝路公司除了生产香烟外，还生产油漆、食品等众多产品，每种产品的品种规格也很多，其产品组合的宽度就大。

▶ 产品组合的深度（Depth）是指企业每条产品线中所拥有的产品项目的数量，也就是每个产品所包含花色、式样、规格的多少。比如方便面就有数十种的品种。

▶ 产品组合的长度（Length）是指企业产品组合中产品项目的总数。比如所有方便面与饮料加在一起的项目总和。

▶ 产品组合的关联性是指企业各条产品线在最终用途、生产条件、分销渠道等方面的相关程度。

产品组合宽度

产品组合深度

护理用品	食　品	家用电器
护肤用品	饮 料	空调
洗发产品	糕 点	电视
护齿产品	干 果	冰箱
	方便面	微波炉
		洗衣机

图 6-2　某企业产品组合示意图

从图 6-2 中可以看到，某企业产品组合的宽度为 3，护理用品的产品组合深度为 3，食品产品组合深度为 4，家用电器产品组合深度为 5，产品组合的长度为 3+4+5=12，护理用品、食品、家用电器这三条产品线关联性不强，只有分销渠道比较相似，在百货公司都有销售。

产品组合的宽度、深度、长度和关联度在市场营销战略上具有重要意义。

一是增加产品组合的宽度，可以增加企业产品线的数量，扩大企业经营范围，甚至跨行业经营，实行多角化经营战略，有利于发挥企业特长，充分利用企业资源，降低风险，提高经济效益；

二是增加产品组合的深度和长度，可以增加产品项目，增加产品花色、款式、规格等，实行专业化经营，可以满足目标市场消费者的不同需求和爱好，扩大产品销售量，增强企业竞争力，树立良好企业形象；

三是加强产品组合的关联性，可以提高企业在某一地区或某一行业的市场竞争位次，充分发挥企业在生产、分销渠道和技术等方面的优势。

6.1.2.2　产品组合策略

为了优化产品组合，企业可以结合自身的营销战略采取以下四种策略之一（如图6－3所示）：

图6－3　产品组合策略

（1）拓展产品组合。企业可以充分利用资源，发展优势，分散企业的市场风险，增强竞争力。其渠道主要是扩大产品组合的宽度和加深产品组合的深度，即增加一条或多条生产线，拓宽产品经营领域和在原生产线的基础上增加新的产品项目。当企业现有的产品线销售和利润下降时，应及时扩大产品组合宽度，增加生产线；当企业需要进军更多的细分市场，满足更多不同需求的消费者时，可以选择加深产品组合的深度，增加新的产品项目。实行这一策略其主要特点是可降低企业的市场风险或平衡风险，但企业的投入将增加，成本提高，利润可能减少。

（2）缩减产品组合。与拓展产品组合策略相反，企业为了减少不必要的投资，降低成本，增加利润，必须发展获利较多的产品线和产品项目。该策略的主要特点是集中企业优势发展利好产品，缩减利润低的产品组合，降低成本，但增加了企业的市场风险。

（3）产品延伸策略。每一企业的产品都有自己的市场定位。如“奥迪”轿车属于高档定位，“帕萨特”轿车属于中档定位，而“夏利”轿车则属于低档定位。产品延伸策略就是企业根据市场的需求，全部或部分改变产品的市场定位。

► 向上延伸策略，即在原有产品线内增加高档产品项目。之所以这样做是由于高档产品市场有着较大的市场增长率和较高的利润以及企业具备了相应的技术设备和营销能力。但这一策略也存在一定的风险。如果消费者不认可，经销商就不愿意经营。

► 向下延伸策略，即在原有产品线内增加低档产品项目。这样做的原因在于：高档市场竞争激烈和销售增长缓慢；企业想成为一个全面型企业。其风险是经销商不配合；损害企业在消费者心目中的形象。

▶ 双向延伸策略，即定位于中档产品市场的企业向产品的上下两个方向延伸。

（4）产品线现代化。产品现代化策略是强调把科学技术应用于生产经营过程，并不断改进产品线使之符合现代顾客发展的潮流。如果产品组合宽度、广度和长度适宜，但生产方式已落后，或者产品跟不上现代顾客发展的潮流，就会影响企业的生产和市场营销效率，就必须实施产品线现代化策略。

营销讨论 2

镇江恒顺酱醋厂原先生产酱、醋，以醋远近闻名。随着市场的发展，恒顺集团开始发展超市、房产、汽车、保健品等来保证企业长期生存和发展。

请运用产品组合决策的知识分析该集团的发展行为，并评价该集团进行该产品组合决策是否恰当。

6.2 产品生命周期

产品生命周期理论是美国教授雷（Ray）1966 年在其《产品周期中的国际投资与国际贸易》一文中首次提出的。产品生命周期（Product Life Cycle），简称 PLC，是产品的市场寿命，即一种新产品从开始进入市场到被市场淘汰的整个过程，分为引进期（Introduction Stage）、成长期（Growth Stage）、成熟期（Mature Stage）、衰退期（Decline Stage）四个阶段。如图 6－4 所示：

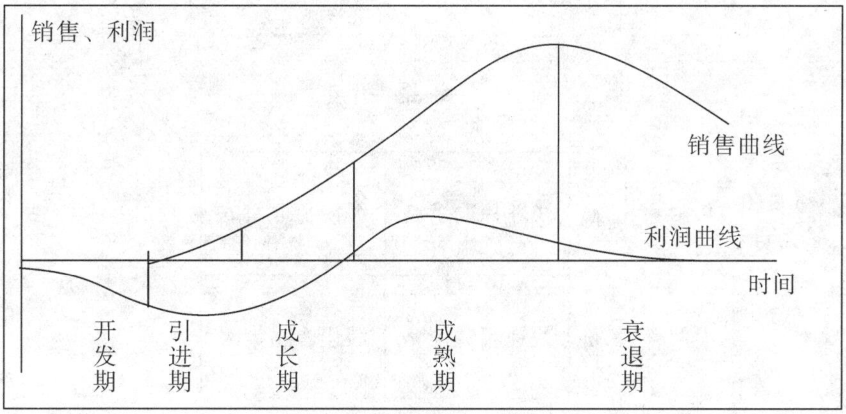

图 6－4 产品生命周期图

6.2.1 引进期的市场特点及其营销策略

引进期（Introduction Stage），又称介绍期、试销期，一般指产品从发明投产到投入市场试销的阶段。

6.2.1.1 引进期市场特点

▶ 生产批量小，制造成本高，技术不完善，功能不健全；

▶ 知晓新产品的消费者人数少，产品销量低，广告促销费较高，促销重点是介绍产品，吸引消费者试用；

▶ 产品售价常常偏高，这是由于生产量小、成本高、广告促销费较高所致；

▶ 销售量增长缓慢，利润少，甚至发生亏损，企业风险大；

▶ 尚未建立完善的分销渠道；

▶ 竞争者少。

实例链接

VCD 是万燕公司自主开发的新产品，投入 2000 多万元人民币打广告，使消费者了解了 VCD 这种新产品的功能，开拓了 VCD 市场。但由于民营企业贷款困难，资金链短缺，最后只能把市场拱手让给爱多 VCD、新科 VCD 等竞争对手，自己落得在 1996 年被美菱集团重组的下场。因此在引进期取得市场成功的企业很少，大多由“开路先锋”变成了牺牲品。

6.2.1.2 引进期市场营销策略

对进入引进期的产品，企业总的策略思想应该是迅速扩大销售量，提高盈利，缩短介绍期，尽量更快地进入成长期。重点是：通过促销活动向消费者宣传介绍产品的性能、用途、质量，使消费者尝试使用新产品；在价格上可采取低价渗透以及高价掠取来占领市场。

从价格和促销两个因素考虑，引进期市场营销策略有以下四种类型（如图 6－5 所示）。

价格水平 \ 促销力度	大	小
高	快速掠取策略	缓慢掠取策略
低	快速渗透策略	缓慢渗透策略

图 6－5 引进期的策略组合

（1）快速掠取策略（Rapid－Skimming Strategy），也称双高策略，指以高价格和高促销力度推出新产品，在短期内获取最大经济效益的营销策略。

市场条件：市场上有较大的需求潜力；目标顾客具有求新心理，急于购买新产品，并愿意为此付出高价；产品容易模仿，企业面临潜在竞争者威胁，需要快速提升品牌知名度。

（2）缓慢掠取策略（Slow - Skimming Strategy），指通过高价格和低促销费用推出新产品的策略。

市场条件：市场规模相对较小，竞争威胁不大；大多数消费者了解该产品并对高价格不敏感。

（3）快速渗透策略（Rapid - Penetration Strategy），是以低价格高促销费用推出新产品的策略，其目的是在最短的时间内获取最大的市场占有率。

市场条件：市场容量大，消费者对产品不了解，但对价格非常敏感；产品弹性大；潜在竞争激烈；单位产品成本会随着生产规模扩大、销量增加而迅速下降。快速渗透策略适合实行成本领先战略的企业使用。

（4）缓慢渗透策略（Slow - Penetration Strategy），也称双低策略，是指企业以低价格低促销费用推出新产品的策略。

市场条件：市场容量大；消费者了解该产品但对价格敏感；市场需求弹性大，促销弹性小；存在潜在竞争者。

6.2.2 成长期的市场特点及其营销策略

成长期（Growth Stage），又称畅销期。指产品通过试销阶段以后，转入成批生产和扩大市场销售的阶段。

6.2.2.1 成长期市场特点

- ▶ 消费者对新产品已经熟悉，老顾客重复购买并带来新顾客，产品销售额迅速增长；
- ▶ 生产成本大幅度下降，产品设计和工艺定型，可以大批量生产；
- ▶ 促销费用稳中有升，但占销售额的比率下降，利润迅速增长；
- ▶ 由于同类产品、仿制品和代用品开始出现，使市场竞争日趋激烈；
- ▶ 产品市场开始细分，分销渠道日趋完善；
- ▶ 产品价格开始走低。

产品进入该时期，其销售额和利润都呈现出迅速增长的势头，故企业的策略思想是尽可能地延长成长期时间，并保持旺销的活力。

6.2.2.2 成长期市场营销策略

成长期市场营销策略的核心是尽可能地延长产品的成长期，以获取最佳的经济效益。为此可采取以下营销策略：

- ▶ 寻找新的细分市场，扩大目标市场；
- ▶ 改善生产工艺，提高产品品质，增加花色品种，扩大产品批量；
- ▶ 改变广告宣传目标，塑造企业和产品形象，为产品争创名牌；
- ▶ 适时降价，扩大市场占有率；
- ▶ 建立高绩效的分销渠道体系。

实例链接

2001年名人电脑挑战商务通时，在其新产品导入市场时提出一个概念："呼机换了，手机换了，掌上电脑也要换了！"将消费者引导到自己身上，完成了消费者对名人重新认知的使命。为了达到消费者认可的目的，名人打出"技术更高，价格跳水"的技术牌，以更低价格推出运算速度更快、电池待机时间更长的掌上电脑"智能王"，同时向全球个人数字助理（PDA）制造商下战书，与它们比性能比价格。名人在成长期很好地将自己的产品特性传达给消费者，将品牌优势呈现给消费者，得到消费者的认可，使"智能王"销量迅速上升，创造了单款机型销量的奇迹。

6.2.3 成熟期的市场特点及其营销策略

成熟期（Maturity Stage），又称饱和期，产品在市场上销售已经达到饱和状态的阶段。成熟期又分为三个时期：

（1）成长成熟期。此时期各销售渠道基本呈饱和状态，增长率缓慢上升，还有少数后续的购买者继续进入市场。

（2）稳定成熟期。由于市场饱和，消费平稳，产品销售稳定，销售增长率一般只与购买者人数成比例，如无新购买者则增长率停滞或下降。

（3）衰退成熟期。销售水平显著下降，原有用户的兴趣已经开始转向其他产品或替代品。全行业产品出现过剩，竞争加剧，一些缺乏竞争能力的企业将渐渐被取代，新加入的竞争者较少。竞争者之间各有自己特定的目标顾客，市场份额变动不大，突破比较困难。

6.2.3.1 成熟期市场特点

▶ 市场需求趋向饱和，销售量和利润达到最高点，后期两者增长缓慢，甚至趋于零或负增长；

▶ 市场竞争白热化，强势竞争者拥有自己品牌优势，拥有自己的忠诚顾客群；

▶ 产品差异化程度加深；

▶ 竞争最为激烈。

产品进入成熟期时，销售额和利润出现最高点。由于生产能力过剩，市场竞争加剧，销售增长速度缓慢甚至出现下降趋势，这时企业的营销思路是应尽量延长生命周期，使已处于停滞状态的销售增长率和利润率重新得以回升。

6.2.3.2 成熟期市场营销策略

对成熟期的产品，应采取主动出击策略，延长成熟期，使产品生命周期出现再循环。为此可采取以下营销策略：

▶ 市场调整：这种策略不是要调整产品本身，而是发现产品的新用途、寻求新的用户或改变推销方式等，以使产品销售量得以扩大。

▶ 产品调整：这种策略是通过产品自身的调整来满足顾客的不同需要，吸引有不同需求的顾客。整体产品概念的任何一层次的调整都可视为产品的再推出。

▶ 市场营销组合调整：即通过对产品、定价、渠道、促销的综合调整，刺激销售量的回升。常用的方法包括降价、提高促销水平、扩展分销渠道和提高服务质量等。

实例链接

在眼下的国内车市中，由于购买力旺盛，新车上市当年即盈利的情况比比皆是，使国内市场新车型普遍出现“早熟”。而到了成熟期，产品在市场中所占的份额已达到顶峰，降价也就开始出现。许多车型一降再降，当利润空间荡然无存之时，就立刻为新产品所代替，因而，几乎没有成长期和衰退期。

6.2.4 衰退期的市场特点及其营销策略

衰退期（Decline Stage），又称滞销期，是指产品不能适应市场需求，逐步被市场淘汰或更新换代的阶段。

6.2.4.1 衰退期市场特点

▶ 产品需求量、销售量和利润迅速下降；

▶ 消费者需求偏好发生转变，多数企业无利可图，大量竞争者被迫退出市场；

▶ 新产品进入市场，竞争突出表现为价格竞争，且价格压到极低的水平；

▶ 留在市场上的企业逐渐减少产品附带服务，削减促销预算，以维持最低水平的经营。

6.2.4.2 衰退期市场营销策略

▶ 继续策略：继续沿用过去的策略，仍按照原来的细分市场，使用相同的分销渠道、定价及促销方式，直到这种产品完全退出市场为止。

▶ 集中策略：把企业能力和资源集中在最有利的细分市场和分销渠道上，从中获取利润。这样有利于缩短产品退出市场的时间，同时又能为企业创造更多的利润。

▶ 收缩策略：抛弃无希望的顾客群体，大幅度降低促销水平，尽量减少促销费用，以增加目前的利润。这样可能导致产品在市场上的衰退加速，但也能从忠实于这种产品的顾客中得到一些利润。

▶ 放弃策略：对于衰退比较迅速的产品，应该当机立断，放弃经营。可以采取完全放弃的形式，如把产品完全转移出去或立即停止生产；也可采取逐步放弃的方式，使其所占用的资源逐步转向其他的产品。

表6－1总结了产品生命周期各阶段的市场特征以及相应的营销策略。

表 6－1　　产品生命周期各阶段的特征与策略

阶段		引进期	成长期	成熟期	衰退期
特征	销售额	低	快速增长	缓慢增长	衰退
	利润	易变动	顶峰	下降	低或无
	现金流量	负数	适度	高	低
	顾客	创新使用者	大多数人	大多数人	落后者
	竞争者	稀少	渐多	最多	渐少
策略	策略重心	扩张市场	渗透市场	保持市场占有率	提高生产率
	营销支出	高	高(但百分比下降)	下降	低
	营销重点	产品知晓	品牌偏好	品牌忠诚度	选择性
	营销目的	提高产品知名度及产品试用	追求最大市场占有率	追求最大利润及保持市场占有率	减少支出及增加利润回收
	分销方式	选择性的分销	密集式	更加密集式	排除不合适、效率差的渠道
	价格	成本加成法策略	渗透性价格策略	竞争性价格策略	削价策略
	产品	基本型为主	改进品质，增加产品种类及服务保证	差异化，多样化的产品及品牌	剔除弱势产品项目
	广告	争取早期使用者，建立产品知名度	大量营销	建立品牌差异及利益	维持品牌忠诚度
	销售追踪	大量促销及产品试用	利用消费者需求增加	鼓励改变采用公司品牌	将支出降至最低

营销讨论 3

请分组讨论你所熟悉的某种产品，如小汽车、汽车电话、电视机、微波炉、电风扇、卡式录音机等，分析其处于产品生命周期的哪一个阶段，并尝试提出相应的营销策略。

6.3　新产品开发

新产品开发（New Product Development），是指从社会和技术发展需要出发，以基础研究和应用研究成果为基础，研制新产品、新系统、新工程的创造性活动。新产品开发是科研成果转化为生产力的重要环节。现代市场营销观念下的新产品概念是指凡是在产品整体概念中的任何一个部分有所创新、改革和改变的产品，能够给消费者带来新的利益和满足的产品，都是新产品。

6.3.1 新产品种类

新产品是指在结构、材质、工艺等某一个方面或几个方面对老产品有明显改变，或采用新技术原理、新设计构思，从而显著提高产品的性能或扩大了使用功能的产品。根据产品新颖程度，可以把新产品分为全新新产品、换代新产品、改进新产品和仿制新产品四种类型（如图6－6所示）。

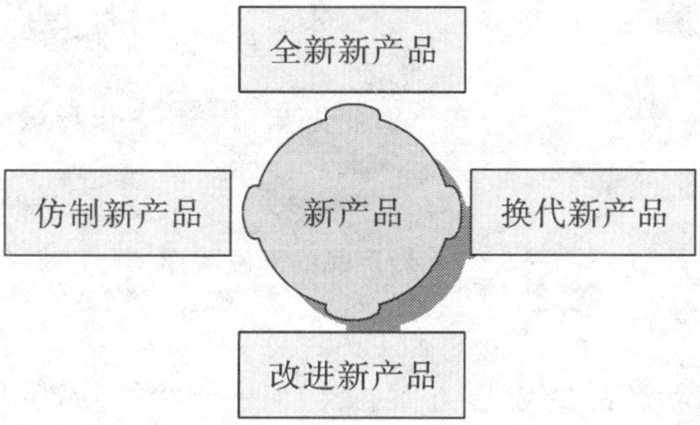

图6－6 新产品的种类

6.3.1.1 全新新产品

全新新产品是指采用新原理、新技术、新结构和新材料研制成功的前所未有的产品。它往往是伴随科学技术的重大突破而诞生的，如汽车、电话、飞机、电脑、彩电等产品的问世。全新新产品是原始性创新，能引发大量改进性、渐进性创新和大量外围产业及相关配套产业的创新，形成密集的产品创新集群和簇射现象，能增强企业核心竞争力，推动新兴产业的成长和新技术向各产业的扩散。

6.3.1.2 换代新产品

换代新产品指在原有产品基础上采用或部分采用新技术、新材料、新结构研制成功的新产品。如彩色电视机由球面彩电到超平彩电、纯平彩电、等离子彩电和高清彩电等。

6.3.1.3 改进新产品

改进新产品是指在现有产品基础上，对产品质量、款式、功能、结构、材料、花色品种等方面进行改进的产品，如牙膏有中草药牙膏、绿茶牙膏、含氟牙膏等。

6.3.1.4 仿制新产品

仿制新产品是指对国内外市场上已经出现的产品进行引进或模仿，研制生产出在性能、质量等方面类似的产品。仿制新产品开发速度快，投资少，效益高。落后国家对先进国家已经投入市场的产品的仿制，有利于填补国家生产空白，提高企业的技术水平。在生产仿制新产品时，一定要注意知识产权的保护问题。

6.3.2 新产品开发程序

一个新产品从独立构思到开发研制成功，其过程主要经历8个阶段：新产品构思、创意筛选、概念形成与测试、营销战略、商业分析、产品研制、市场试销和商品化（如图6－7所示）。

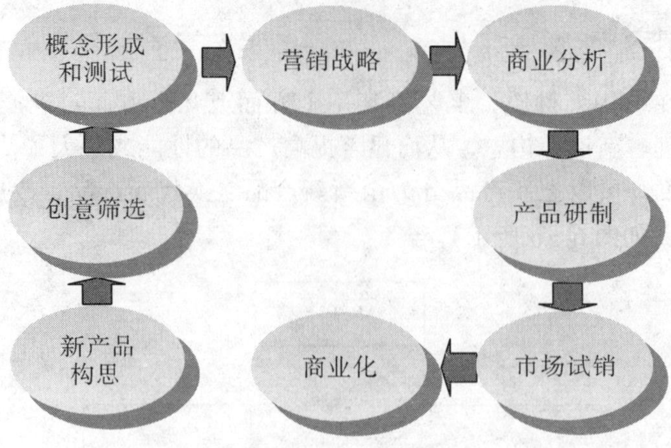

图6-7　新产品的开发程序

6.3.2.1　新产品构思

新产品构思即提出新产品的设想方案，产生一个好的新产品构思或创意是新产品成功的关键。企业寻求创意的主要方法有以下几种：

（1）产品属性排列法，指将现有产品的属性一一列出，寻求改良这种产品的方法。

（2）强行关联法，指列出多个不同的产品或物品，然后考虑它们彼此之间的关系，从中产生更多的创意。

（3）多角分析法。这种方法首先将产品的重要因素抽象出来，然后具体地分析每一种特性，再形成新的创意。例如洗衣粉最重要的属性是其溶解的水温、去污力、使用方法和包装，根据这些因素所提供的不同标准，便可以提出不同的新产品的创意。比如快速去污、几层渗透、强力去污。

（4）头脑风暴法，即选择专长各异的人员进行座谈，集思广益，以发现新的创意。

（5）征集意见法，指产品设计人员通过问卷调查、召开座谈会等方式了解消费者需求，征求科技人员的意见，询问技术发明人、专利代理人、大学或企业及广告代理商的意见。

6.3.2.2　创意筛选

创意筛选采用适当的评价系统及科学的评价方法对各种创意进行分析比较，选出最佳创意的过程。在此过程中，力求做到除去亏损最大和必定亏损的新产品构思，选出潜在盈利大的新产品创意。

6.3.2.3　概念形成与测试

新产品概念是企业从消费者的角度对产品创意进行的详尽描述，即创意具体化，描述出产品的性能、具体用途、形状、优点、价格、提供给消费者的利益等。同时将筛选出的创意发展成更具体，明确的产品概念，试制转变成真正的产品，而测试一般包括样品试制和小批量测试。

6.3.2.4　营销战略

营销战略是指制定该产品的营销规划，包括目标市场描述、短期销售与市场占有率、长期销售、市场占有率、价格策略、促销计划等。

6.3.2.5 商业分析

即对新产品的销售量、成本和利润等财务情况进行估计分析，判断该产品是否满足企业开发的目标。它包括两个具体步骤：预测销售额和推算成本及利润。

6.3.2.6 产品研制

新产品研制通过对新产品的设计、试制、测试和鉴定来完成。设计就是写出技术任务书，并画出图纸。试制即根据图纸生产出样品，并进行测试与鉴定。新产品试制后，须进行全面鉴定，对新产品从技术和经济上做出评价。新产品只有鉴定合格，才可进行定型，正式投入生产。

6.3.2.7 市场试销

通过试销可为新产品能否全面上市提供全面、系统的决策依据，也为新产品的改进和市场营销策略的完善提供启示。有许多产品是通过试销改进后才取得成功，但并非所有的新产品都要经过试销，可根据新产品的特点及试销对新产品的利弊分析来决定。如果试销市场呈现高试用率和高重购率，表明该产品可以继续发展下去；如果市场呈现高试用率和低重购率，表明消费者不满足，必须重新设计或放弃该产品；如果市场呈现低试用率和高重购率，表明该产品很有前途；如果试用率和再购率都很低，表明该产品应当放弃。

6.3.2.8 商品化

新产品试销成功后，就可以正式进行批量生产，全面推向市场。

实例链接

谁不想尝尝与众不同的月饼？

西北某食品厂的王厂长决定推出全新的冰皮月饼，以差异化对抗同质化。冰皮月饼采用特殊原料制作，不经烘制，故而毫不油腻，颜色也一反传统的金黄而呈清冷的白色，月饼冰清玉洁、晶莹剔透，微微显出里边绿豆沙的馅。

通过对冰皮月饼这一概念的测试和产品市场试销表明，人们愿意接受这一新产品，于是，王厂长决定进行批量生产和大规模的市场推广。推广活动主要针对“潮流领先者”这一细分市场，鼓励他们尝试购买。王厂长和他的营销团队认为这类人群正是新产品引入期的主要消费群体，他们乐于接受新产品、新概念，愿意成为某种潮流的首创者，继而充当这方面的舆论领袖。只要这部分人接受了冰皮月饼，他们的舆论领袖将会影响并带来更多的消费者购买品尝，礼品市场也会迅速跟进，从而实现打开市场的目的。同时企业在自己的专卖店中提供免费品尝，对先期购买的顾客，给以优惠折扣，优惠售价每盒不到100元。尝过冰皮月饼美味的人们无不心动，纷纷解囊购买。之后，王厂长又要求营销部门制定并实施了如下营销策略：产品，以与众不同的清爽口味为其定位；价格，采取了高出一般水平的定价，以与其高质量、高档次的形象相匹配；促销，配合高价策略，采取了高水平促销，以尽快实现市场渗透；渠道，冰皮月饼只在专卖店中销售，不经过任何中间商——这种专卖的形式一方面有助于严格控制其服务水平，对产品销售进行有效管理，另一方面也再次体现了冰皮月饼的“高贵矜持”，非同一般；广告，冰皮月饼的电视广告颇具新意，整体风格显得轻松有朝气，充满活力。清爽味淡的冰皮月饼在市场上非常受欢迎，业内戏称该冰皮月饼的成功为“新月传奇”。

6.3.4 新产品开发策略

新产品开发策略是企业在正确地分析自身的内部条件和外部设备环境的基础上所做出的企业产品创新总体目标部署，以及为实现创新目标而做出的谋划和根本对策。新产品开发策略包含以下四种策略（如图6-8所示）：

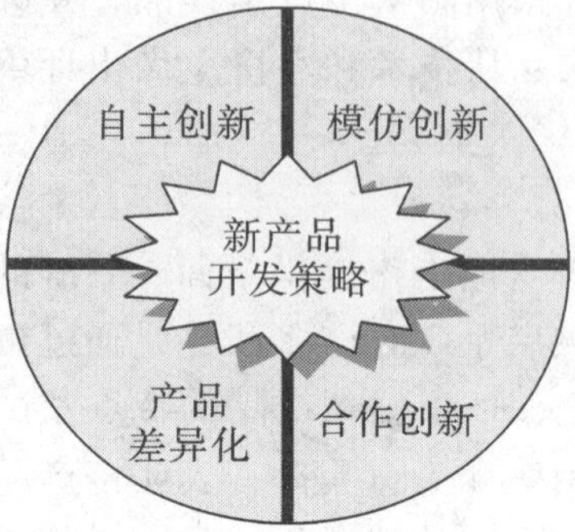

图6-8 新产品开发策略

6.3.4.1 自主创新策略

自主创新策略指企业通过自己的研究开发力量来完成产品的构思、设计和生产工作。

自主创新所需的核心技术来源于企业内部的技术突破，是企业依靠自身力量，通过独立的研究开发活动而获得的，这是自主创新的本质特点。核心技术是企业所拥有的专利、专有技术，具有独创性，很难去模仿，如3M公司的产品创新能力、丰田公司的精细化能力、奔驰公司的机械设计能力、海尔的市场创新能力、微软的产品开发能力等。

自主创新战略非常适用于行业领先者和介绍期产品。目前发达国家大部分实力雄厚的企业在新产品开发方面都采用自主创新的战略。据统计，在美国，基础研究的成功率为5%，技术开发成功率为50%左右，开发时间短则数月、数年，长则十几年。

6.3.4.2 模仿创新策略

模仿创新策略指企业对国际或国内市场上已经出现的产品进行引进或模仿、研制生产出在性能、质量、价格方面富有竞争力的产品。

模仿创新的重要特点在于最大限度地吸取率先成功者的经验与失败的教训，是有价值新技术的积极追随学习者，是一种投入少而见效快的产品创新模式，可以充分发挥后发优势。

模仿创新产品特别适用于成长期的产品，因为在成长期，新产品的技术已过关，废品率减少，消费市场已经形成，老顾客重新购买，并且带来新顾客，使销量激增，同时，企业生产规模扩大，生产成本逐步降低，利润迅速增长并达到最高，这给模仿创新者带来了市场机会，只要抓住产品质量、功能、款式等进行创新就会取得成功。

实例链接

美国国际商用机器公司（IBM）一般不首先开发新产品，而是等别的公司新产品露面后，立即派员工深入到用户那里调查取证，向用户探询新产品的优缺点和用户建议，迅速开发出完全符合顾客要求的“新产品”，结果IBM的新产品经常比其他公司设计得好。IBM数学计算机分公司在总结这方面的经验时说：“我们有意在技术上落后两三年，把产品试用和打开市场工作让别人来做，而后根据别人的试用反映和结果再来研究我们自己的新产品，这样可以有效地避免走弯路，减少人力、物力和时间的浪费，以走捷径的方式争得市场上的领先地位。”当苹果公司在个人电脑市场取得成功时，IBM立即设计出一种新机器，推出十六位的个人电脑，抢去了苹果公司的市场领导地位。

6.3.4.3 合作创新策略

合作创新策略是指企业间或企业、高等院校或科研机构利用各自在经济、技术、设备、人才等方面的优势相互协作进行新产品开发。

合作创新通常以合作伙伴的共同利益为基础，以资源共享或优势互补为前提，有明确的合作目标、合作期限和合作规则，合作各方在技术创新的全过程或某些环节共同投入，共同参与，共享成果，共担风险，能较快地研制开发出先进的优质产品，使科研成果很快地转化为商品，所以在实际中应用得十分广泛，尤其在新兴技术和高新技术产业中应用更为普遍。

6.3.4.4 产品差异化创新策略

产品差异化创新策略是指企业以某种方式改变那些基本相同的产品，以使消费者相信这些产品存在差异而产生不同的偏好。产品差异化创新方法具体包括产品品质创新、产品特性创新、产品式样创新和附加产品创新。

（1）产品品质创新。产品品质创新是指对产品质量进行改进，一方面提高产品的耐久性、可靠性、安全性、节能性等，如降低冰箱的耗电量；另一方面可以把产品从低档变为高档，或把低档产品变为中档、高档产品。这种创新决策既能延长成熟期，又能提高产品的竞争力。

（2）产品特性创新。产品特性创新就是扩大产品的使用功能，增加产品新的特性，如尺寸大小、重量、原材料、添加物、附件等，使产品具有更多的功能，提高其安全性、便利性。如在开罐头工具上增加动力装置，使人们打开铁包装罐头既迅速又便利安全。

（3）产品式样创新。产品式样创新是基于美学欣赏观念而进行款式、外观及形态改进，形成新规模新花色的产品，从而刺激消费者，引起新的需求。如海尔集团生产的把冰箱冷藏柜和保鲜柜分开的新型冰箱。

（4）附加产品创新。附加产品是顾客购买有形产品时所获得的全部附加服务和利益。附加产品创新包括向顾客提供良好的服务、优惠条件、技术咨询、质量保证、消费指导等。

产品差异化创新策略特别适用于成熟期的产品。成熟期产品是企业获取利润，支持介绍期、成长期产品的经济基础，因此必须延长成熟期，使产品生命周期出现再循环。延长成熟期的一种重要方法就是产品差异化创新，通过改变产品来满足顾客的不同需要，吸引不同需求的顾客。

实例链接

产品创意拓展市场空间

好创意也能生财，这话一点不假。江西信丰瓜农刘新女种植了4亩西瓜，当西瓜长到八成熟时，她将写有“吉祥如意”、“生日快乐”等词句的纸剪成空心字贴在西瓜上，通过阳光的照射作用，几天后，西瓜便长出清晰的文字来。结果，“长”字的西瓜吸引了一批瓜商前来抢购。刘新女将创意巧妙地运用到农副产品生产上，西瓜由此销路大开，而且还卖出了好价钱。

江苏启东盖天力制药股份有限公司针对市场上的感冒药组方陈旧、服后易打瞌睡以及颜色以白色居多等不足，研究出一套产品创意革新方案，在国内第一次采用了日夜分开的“白+黑”新药。白天服用的片剂能迅速解除一切感冒症状，解决了以前感冒药不能解决的嗜睡问题；夜晚服用的片剂抗过敏作用更强，服后晚上睡得更香。有一句广告词“消除感冒，黑白分明”便是对这一创意的高度概括，难怪该产品投放市场半年内销售额高达1.6亿元，在全国市场的占有率为15%。

营销讨论4

产品创新源于市场需求，请结合引导案例和以上案例中的产品创新做法，运用所学新产品开发策略，帮助本地的某家企业提出一些产品创意，并将有关产品创意提供给该企业。

精要回顾

产品是指人们通过购买而获得的能够满足某种需求和欲望的总和。核心产品是指企业向消费者提供的产品的基本效用或利益。形式产品也称有形产品，是核心产品借以实现的形式和载体，是产品外在的实体形象，包括品质、款式、特征、商标和包装五个基本构成要素。期望产品是指消费者在购买产品时期望产品应该具有的一些属性。延伸产品是指消费者购买产品时所获得的附加服务与利益，它包括产品介绍、提供信贷、送货、安装、调试、保养、保证、售后服务等。潜在产品包括所有延伸产品在内的现有产品中，可能发展成为未来最终产品的潜在状态的产品。

产品组合是指企业提供给市场的全部产品线和产品项目的组合或结构，即企业的业务经营范围。产品组合包括四个可以衡量的变量，即宽度、深度、长度和关联度。产品线指产品组合中的某一产品大类，是一组密切相关的产品。它们以类似的方式起作用，或通过相同的销售网点销售，或者满足消费者相同的需要。产品项目是指产品线中不同品牌和细类的特定产品。产品组合的宽度也称广度，是指一个企业拥有产品线的数量。产品组合的深度是指企业每条产品线中所拥有的产品项目的数量，也就是每个产品所包含花色、式样、规格的多少。产品组合的长度是指企业产品组合中产品项目的总数。产品组合的关联性是指企业各条产品线在最终用途、生产条件、分销渠道等方面的相关程度。产品生命周期是产品的市场寿命，即一种新产品从开始进入市场到被市场淘汰的整个过程，分为引进期、成长期、成熟期、衰退期四个阶段。

新产品开发是从社会和技术发展需要出发，以基础研究和应用研究成果为基础，研制新产品、新系统、新工程的创造性活动。一个新产品从独立构思到开发研制成功，其过程主要经历 8 个阶段：新产品构思、创意筛选、概念形成与测试、营销战略、商业分析、产品研制、市场试销和商品化。

关键概念

1. 核心产品　　2. 形式产品　　3. 延伸产品
4. 期望产品　　5. 潜在产品　　6. 产品组合
7. 产品线　　8. 产品生命周期　　9. 介绍期
10. 成长期　　11. 成熟期　　12. 新产品开发

思考题

1. 产品整体概念包括哪些层次？
2. 产品组合包括哪些变量？
3. 产品生命周期引入期的市场特点和营销策略有哪些？
4. 产品生命周期成长期的市场特点和营销策略有哪些？
5. 产品生命周期成熟期的市场特点和营销策略有哪些？
6. 产品生命周期衰退期的市场特点和营销策略有哪些？
7. 新产品开发有哪些程序？
8. 新产品开发策略有哪些？

营销工作坊-6

在前面5个“营销工作坊”里，我们已经分析了营销环境，研究了消费者行为，也对目标市场进行了细分，选定了适合我们公司的目标群体，在本章的“营销工作坊”里，我们要针对这个目标群体设计适合他们需求的产品，并采取相应的策略进行营销。

具体来说，在本章“营销工作坊”里，我们的任务是：

1. 分析我们项目所在行业的产品生命周期特征；

2. 结合环境各因素以及我们公司的具体情况，选择推出新产品的策略（比如是仿制还是全新开发……）；

3. 设计开发符合市场的需求的新产品，并结合PLC特征设计相应的市场营销策略；

4. 把结果写成分析报告。

学习档案

为了体现你在完成这一章的学习之后，已经掌握了相关的理论知识和技能技巧，达到了本章提出的学习目标，你需要提供以下资料：

1. 对本章“引导案例”的分析理解；

2. 对本章“营销讨论”的分析理解；

3. 根据“营销工作坊-6”要求所做的产品策略分析、产品生命周期分析以及新产品开发策略分析报告；

4. 在本章学习过程中的活动参与情况、课外学习情况（包括资料、方式与反馈等）。

7 品牌资产

学习目标

▶ 知识目标

1. 了解品牌及品牌资产的含义；
2. 掌握品牌定位的各种方法；
3. 掌握品牌化的策略。

▶ 技能目标

1. 能应用品牌资产五星模型和品牌资产十要素模型分析品牌资产；
2. 能应用品牌定位方法进行品牌定位；
3. 能对所选行业品牌进行合理的品牌策略分析。

内容结构图

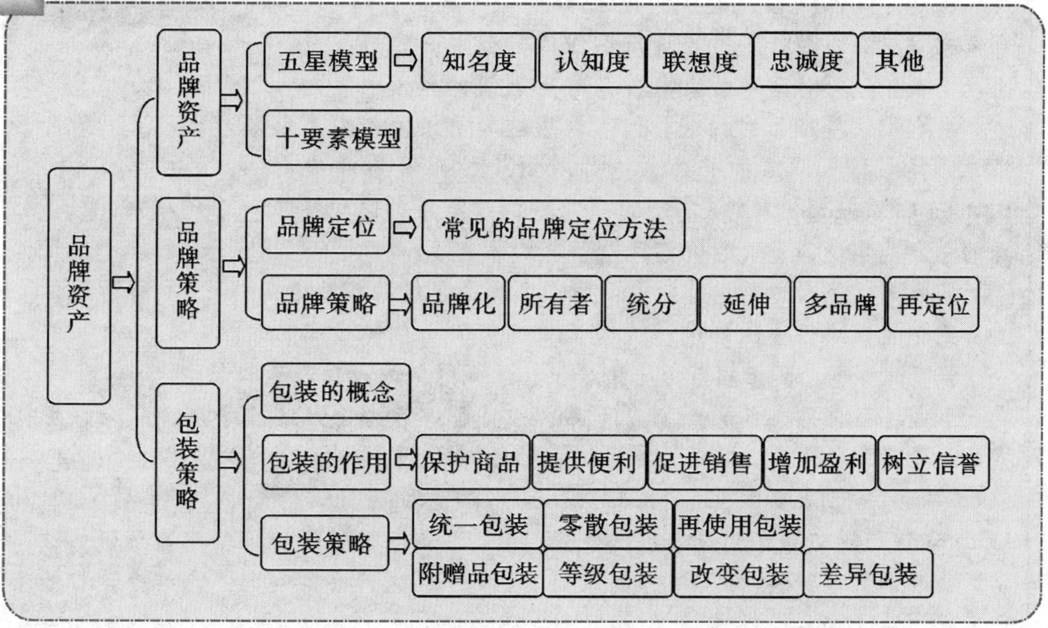

引导案例

劳力士：品牌战略五要素

ROLEX

世界上大约80%的钟表是在中国制造的，但是它们的价值却不到全球销售额的10%。瑞士只制造了世界上5%数量的钟表，其价值却超过了全球的50%。这些简单的数据已经充分说明了品牌不可置疑的价值。瑞士是著名手表品牌的集聚地，其中又以劳力士最为著名。

劳力士的品牌战略有以下五大要素：

一是清楚自己的目标客户。一切都从清晰的目标客户开始。来自零点调查的分析师认为："瑞士手表的成功在于它们对市场的把握。"一家公司需要明白它的品牌是怎样满足顾客的深层心理需求，满足顾客的渴望和梦想的。劳力士比大多数手表品牌做得好，就是与其顾客渴望的生活方式建立联系。在营销的每一个方面，劳力士总是将它的品牌与财富、社会上层联系在一起。对属于这个阶层的顾客来说，会需要种种显示成功的装饰——比如劳力士手表。

二是保持价值的一致性。品牌来自价值的一致性。通常要经过一定的时间，顾客才会将那些价值和品牌以及其拥有者联系起来。

一直以来，在全球背景中，劳力士从未间断地去强化它代表的"成功"和"成就"。其中的一个体现就是它对代言人的选择，其代言人包括体育界的世界冠军、受尊敬的艺术家和创纪录的探险家。劳力士表的佩戴者都散发着成功和成就的气质。

三是让产品保值。最强大的品牌使自身成为投资品，那意味着更高的溢价。为了让产品保值，劳力士公司限量生产手表。公司对奢侈品供求关系有着敏锐的理解——知道如果它们保持产品的稀缺性，可以影响其价值，刺激需求，并且有利于产品的升值。比如劳力士的限量版手表Daytona Cosmograph系列，就是备受珍视的收藏品。这种特殊的手表非常少，昂贵的价格反映了它的稀缺性。

四是对销售渠道要求苛刻。品牌，尤其是奢侈品品牌，会受到销售渠道很大的影响。成为正式的劳力士经销商是一个很高的荣誉。真正的劳力士手表仅在正规的劳力士钟表店有售。

五是不延伸到其他领域，以免品牌被稀释。劳力士只制造手表，从未许可将它的品牌挪作他用。

"做品牌就是要聚焦（Focus），"著名的营销专家马丁·林斯特龙（Martin Lindstrom）说，"聚焦意味着很多事情，但是最重要的就是你要集中在明确的顾客群、明确的价值和格调。"当你的品牌旗下有不同的产品类别时，再维持这样的集中就很困难了。

（根据 http://zs.chcgs.com/yxch－r.668.aspx 整理改编）

分析与讨论

世界上大约80%的钟表是在中国制造的。但是它们的价值却不到全球销售额的10%。瑞士只制造了世界上5%数量的钟表，其价值却超过了全球的50%。由此可见品牌的价值！

1. 是什么因素使得劳力士比其他多数手表更值钱？

2. 劳力士是如何打造它代表的“成功”和“成就”的品牌形象的？这种品牌策略对中国钟表企业有什么启示？

7.1 品牌资产

7.1.1 品牌的定义

品牌（Brand）来源于古挪威文字“brandr”，意思是“烙印”，是指一种名称、术语、标记、符号或设计，或是它们的组合运用。20世纪50年代，美国著名的广告大师大卫·奥格威给出比较科学的品牌概念，他对品牌的定义是：“品牌是一种错综复杂的象征，它是品牌属性、名称、包装、价格、历史、声誉、广告风格的无形组合。品牌同时也因消费者对使用的对象，以及自身的经验而有所不同。”

美国营销协会（American Marketing Association）的定义是：“品牌是一个名称、术语、符号、标志或设计，或所有这些内容之组合，是识别和区分一个企业或一组企业与其竞争者的商品或服务。”

7.1.2 品牌资产

品牌资产（Brand Equity）是20世纪80年代在营销研究和实践领域新出现的一个重要概念。品牌资产理论的权威学者之一，美国加州大学教授艾克（Aaker）被《品牌周刊》誉为“品牌资产的鼻祖”。他对品牌资产的定义是：能够增加或者减少一种产品或服务对于其公司或公司客户所产生的价值的一系列资产和负债。

品牌资产体现在相同质量的商品或服务之间的差价上，体现的是品牌相对独立的自身价值。表7-1是2010中国最有价值品牌的前15位的品牌。

表7-1　2010中国最有价值品牌表　单位：亿元

排序	公司名称	品牌	品牌价值
1	海尔集团公司	海尔	855.26
2	联想控股有限公司	联想	686.61
3	中国第一汽车集团公司	第一汽车	526.29
4	四川省宜宾五粮液集团有限公司	五粮液	526.16

表7－1(续)

排序	公司名称	品牌	品牌价值
5	国美电器有限公司	国美	526.12
6	美的集团有限公司	美的	497.86
7	TCL 集团股份有限公司	TCL	458.08
8	贵州茅台酒股份有限公司	茅台	312.60
9	青岛啤酒股份有限公司	青岛	270.07
10	重庆长安汽车股份有限公司	长安	270.06
11	玉溪红塔烟草（集团）有限责任公司	红塔山	222.26
12	波司登股份有限公司	波司登	180.16
13	创维数码控股有限公司	创维	180.08
14	北京燕京啤酒集团公司	燕京	168.33

（资料来源：http：//wenku.baidu.com/view/5fa308f34693daef5ef73d0f.html）

7.1.3 品牌资产五星模型

“品牌资产的鼻祖”大卫·艾克（Aaker）在1991提炼出品牌资产的“五星”概念模型（如图7－1所示），即认为品牌资产是由品牌知名度（Brand Awareness）、品牌认知度（Perceived Brand Quality）、品牌联想度（Brand Association）、品牌忠诚度（Brand Loyalty）和其他品牌专有资产（Other Proprietary Brand Assets）5部分所组成。

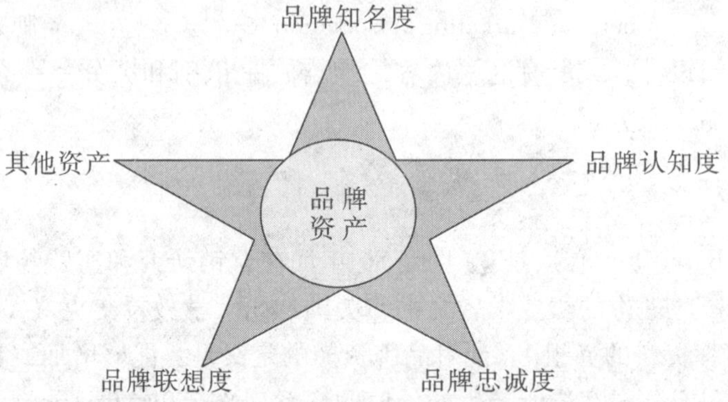

图7－1 品牌资产五星模型图

7.1.3.1 品牌知名度

品牌知名度是消费者对一个品牌的记忆程度。品牌知名度可分为无知名度、提示知名度、第一未提示知名度和第一提示知名度4个层次。

一个新产品在上市之初，在消费者心中处于没有知名度的状态；如果经过一段时间的广告等传播沟通，品牌在部分消费者心中有了模糊的印象，在提示之下能记忆起该品牌，即到了提示知名阶段；下一个阶段，在无提示的情况下，能主动记起该品牌；当品牌成长为强势品牌，在市场上处于“领头羊”位置时，消费者会第一个脱口而出或购买时第一个提及该品牌，这时已达到品牌知名度的最佳状态。

7.1.3.2 品牌认知度

品牌认知度是指消费者对某一品牌在品质上的整体印象。它的内涵包括功能、特点、可信赖度、耐用度、服务度、效用评价、商品品质的外观。它是品牌差异定位、高价位和品牌延伸的基础。研究表明，消费者对品牌的品质的肯定，会给产品带来相当高的市场占有率和良好的发展机会。

7.1.3.3 品牌联想度

品牌联想度是指透过品牌而产生的所有联想，是对产品特征、消费者利益、使用场合、产地、人物、个性等的人格化描述。这些联想往往能组合出一些特定含义，形成品牌形象。它是经过独特销售点传播和品牌定位沟通的结果。它提供了购买的理由和品牌延伸的依据。

7.1.3.4 品牌忠诚度

品牌忠诚度是在购买决策中多次表现出来的对某个品牌有偏向性的行为反应，是消费者对某种品牌的心理决策和评估过程的表现。它由五级构成：无品牌忠诚者、习惯购买者、满意购买者、情感购买者和承诺购买者。品牌忠诚度是品牌资产的核心，如果没有品牌消费者的忠诚，品牌不过是一个几乎没有价值的商标或用于区别的符号。

7.1.3.5 其他品牌专有资产

品牌其他资产是指品牌有商标、专利等知识产权，如何保护这些知识产权，如何防止假冒产品，品牌制造者拥有哪些能带来经济利益的资源比如客户资源、管理制度、企业文化、企业形象等。

7.1.4 品牌资产十要素模型

在品牌资产五星模型的基础上，大卫·艾克 1996 年提出了品牌资产十要素模型（Brand Equity Ten），借以全面评估品牌资产。该评估系统兼顾了两套评估标准：基于长期发展的品牌强度指标以及短期性的财务指标。10 个指标被分为 5 个组别，前 4 组代表消费者对品牌的认知，该认知是根据品牌资产的 4 个方面：忠诚度、品质认知、联想度、知名度。第 5 组则是两种市场状况，代表来自于市场而非消费者的信息。这个评估系统见表 7 -2。

表 7 -2 品牌资产十要素表

忠诚度评估	1. 价差效应 2. 满意度/忠诚度
品质认知/领导性评估	3. 认知 4. 领导性/受欢迎度
联想性/区隔性评估	5. 价值认知 6. 品牌个性 7. 企业联想
知名度评估	8. 品牌知名度
市场状况评估	9. 市场占有率 10. 市场价格、通路覆盖率

营销讨论 1

最开始的时候，海尔产品质量比较差。有一次，车间生产了72台不合格的冰箱。张瑞敏认为，海尔要是想在消费者心中树立质量好的形象，就必须严格控制出厂产品的质量，于是，他一声令下，72台冰箱被眼含热泪的工人们用大锤砸得稀烂。随着这个故事的传播，海尔品牌的知名度和品质的美誉度脱颖而出！海尔的砸冰箱事件，便向消费者传输了一种“不合格产品绝对不出厂”的观念，海尔一改原来质量差的形象，开始了自己的品牌塑造之路。

请结合品牌资产五星模型和品牌资产十要素，补充搜集有关海尔的资料，讨论分析海尔是如何成为中国最具品牌价值的品牌的。

7.2 品牌策略

7.2.1 品牌定位

品牌定位（Brand Positioning）是指建立或塑造一个与目标市场有关的品牌形象的过程与结果。它与这一品牌所对应的目标消费群应建立一种内在的联系。品牌定位方法有很多，常用的有20种（如表7-3所示）：

表7-3　　常见品牌定位方法

品牌定位方法	品牌定位方法	品牌定位方法	品牌定位方法	品牌定位方法
功效定位	品质定位	情感定位	企业理念定位	自我表现定位
高级群体定位	首席定位	质量/价格定位	生活情调定位	类别定位
档次定位	文化定位	对比定位	概念定位	历史定位
生活理念定位	比附定位	形态定位	情景定位	消费群体定位

7.2.1.1 功效定位

消费者购买产品主要是为了获得产品的使用价值，希望产品具有所期望的功能、效果和效益，因而以强调产品的功效为诉求是品牌定位的常见形式。很多产品具有多重功效，定位时向顾客传达单一的功效还是多重功效并没有绝对的定论，但由于消费者能记住的信息是有限的，往往只对某一强烈诉求容易产生较深的印象，因此，向消费者承诺一个功效点的单一诉求更能突出品牌的个性，从而获得成功的定位。

实例链接

▶ 飘柔的承诺是“柔顺”；海飞丝是“去头屑”；潘婷是“健康亮泽”；
▶ 舒肤佳强调“有效去除细菌”；夏士莲是“中药滋润”；
▶ 新奥妮皂角洗发浸膏强调“不燥不腻，爽洁自然”；
▶ 沃尔沃汽车定位于“安全”；新飞高能效A+冰箱诉求“节能”效果。

7.2.1.2 品质定位

品质定位就是以产品优良的或独特的品质作为诉求内容，如“好品质”、“天然出品”等，以面向那些主要注重产品品质的消费者。适合这种定位的产品往往实用性很强，经得起市场考验，能赢得消费者的信赖。如创佳彩电强调“专业制造，国际品质”。企业制造产品的高水准技术和工艺也是品质定位的重要内容，体现出“工欲善其事，必先利其器”的思想，如乐百氏纯净水的“27层净化”让消费者至今记忆深刻。

7.2.1.3 情感定位

该定位是将人类情感中的关怀、牵挂、思念、温暖、怀旧、爱等情感内涵融入品牌，使消费者在购买、使用产品的过程中获得这些情感体验，从而唤起消费者内心深处的认同和共鸣，最终获得对品牌的喜爱和忠诚。

实例链接

▶ 浙江纳爱斯的雕牌洗衣粉，创造的“下岗篇”，就是较成功的情感定位策略，“……妈妈，我能帮您干活啦”的真情流露引起了消费者内心深处的震颤以及强烈的情感共鸣；
▶ 丽珠得乐的“其实男人更需要关怀”是情感定位策略的绝妙运用；
▶ 哈尔滨啤酒“岁月流转，情怀依旧”的品牌内涵勾起人们无限的怀旧情绪。

7.2.1.4 企业理念定位

企业理念定位就是企业用自已的具有鲜明特点的经营理念和企业精神作为品牌的定位诉求，体现企业的内在本质。一个企业如果具有正确的企业宗旨，良好的精神面貌和经营哲学，那么，企业采用理念定位策略就容易树立起令公众产生好感的企业形象，借此提高品牌的价值，光大品牌形象。

实例链接

▶ 美国IBM公司的“IBM就是服务”。
▶ 飞利浦的“让我们做得更好”。
▶ 诺基亚的“科技以人为本”。
▶ TCL的“为顾客创造价值”。
▶ 招商银行的“因您而变”。

7.2.1.5 自我表现定位

该定位通过表现品牌的某种独特形象和内涵，让品牌成为消费者表达个人价值观、审美情趣、自我个性、生活品位、心里期待的一种载体和媒介，使消费者获得一种自我满足和自我陶醉的快乐感觉。

实例链接

▶ 果汁品牌“酷儿”的“代言人”大头娃娃，右手叉腰，左手拿着果汁饮料，陶醉地说着“QOO……”，这个有点儿笨手笨脚，却又不易气馁的蓝色酷儿形象正好符合儿童“快乐、喜好助人但又爱模仿大人”的心理，小朋友看到酷儿就像看到了自己，因而博得了小朋友的喜爱。

▶ 浪莎袜业锲而不舍地宣扬“动人、高雅、时尚”的品牌内涵，给消费者一种表现靓丽、妩媚、前卫的心理满足。

▶ 夏蒙西服定位于“007 的选择”，对渴望勇敢、智慧、酷美和英雄气质的消费者极具吸引力。

7.2.1.6 高级群体定位

企业可借助群体的声望、集体概念或模糊数学的手法，打出入会限制严格的俱乐部式的高级团体牌子，强调自己是这一高级群体的一员，从而提高自己的地位形象和声望，赢得消费者的信赖。

实例链接

▶ 美国克莱斯勒汽车公司宣布自己是美国“三大汽车公司之一”，使消费者感到克莱斯勒和第一、第二一样都是知名轿车了，从而收到了良好的效果。

▶ 利君沙、雕牌、冷酸灵都打出“中国驰名商标”的广告语给人留下了深刻的印象。

▶ 升达地板、双鹿空调强调“国家免检产品”，增强了消费者对公司产品的信赖感。

7.2.1.7 首席定位

首席定位即强调自己在同行业或同类产品中的领先地位，在某一方面具有独到的特色。企业在广告宣传中使用“正宗的”、“第一家”、“市场占有率第一”、“销售量第一”等口号，就是首席定位策略的运用。在现今信息爆炸的社会里，各种广告、品牌多如过江之鲫，消费者对大多数信息毫无记忆，但对“第一”印象最为深刻，因此，首席定位能使消费者在短时间内记住该品牌。

实例链接

▶ 容声冰箱一直诉求“连续八年全国销量第一”。

▶ 乐华家电以“国际品牌，回到中国”的口号塑造出高于一般国内品牌的地位。

▶ 波导手机宣称“连续三年全国销量第一”。

▶ 雅戈尔宣称是“衬衫专家”。

▶ 格兰仕推出柜式空调，宣称是“柜机专家”。

7.2.1.8 质量/价格定位

即将质量和价格结合起来构筑品牌识别。质量和价格通常是消费者最关注的要素，都希望买到质量好、价格适中或便宜的物品。因而实际中，这种定位往往表现在宣传产品的价廉物美和物有所值。

实例链接

▶ 戴尔电脑采用直销模式，降低了成本，因而戴尔电脑总是强调“物超所值，实惠之选”。

▶ 雕牌用“只选对的，不买贵的”暗示雕牌的价廉物美。

▶ 奥克斯空调告诉消费者“让你付出更少，得到更多”。

7.2.1.9 生活情调定位

生活情调定位就是使消费者在产品的使用过程中能体会出一种良好的令人惬意的生活气氛、生活情调、生活滋味和生活感受，而获得一种精神满足，该定位使产品融入消费者的生活中，成为消费者的生活内容，使品牌更加生活化。

实例链接

▶ 青岛纯生啤酒的“鲜活滋味，激活人生”给人以奔放、舒畅和激扬的心情体验。

▶ 美的空调的“原来生活可以更美的”给人以舒适、惬意的生活感受。

▶ 云南印象酒业公司推出印象干红的广告语为“有效沟通，印象干红”，赋予品牌在人际交往中获得轻松、惬意的交流氛围，从而达到有效沟通的效果。

7.2.1.10 类别定位

该定位就是与某些知名而又属司空见惯类型的产品做出明显的区别，给自己的产品定为与之不同的另类，这种定位也可称为与竞争者划清界限的定位。

实例链接

▶ 美国的七喜汽水，宣称自己是“非可乐”型饮料，是代替可口可乐和百事可乐的消凉解渴饮料，突出其与两“乐”的区别，因而吸引了相当部分的“两乐”转移者。

▶ 粟米油，以不含胆固醇而与花生油区别开来，在市场中拥有自己的消费群体。

▶ 娃哈哈出品的“有机绿茶”与一般的绿茶构成显著差异。

▶ 江苏雪豹日化公司推出的“雪豹FE生物牙膏”与其他的牙膏形成区别。

7.2.1.11　档次定位

按照品牌在消费者心中的价值高低可将品牌分出不同的档次，如高档、中档和低档，不同档次的品牌带给消费者不同的心理感受和情感体验。现实中，常见的是高档次定位策略，高档次的品牌传达了产品高品质的信息，往往通过高价位来体现其价值，并被赋予很强的表现意义和象征意义。

实例链接

▶ 劳力士、浪琴和上百万元一块的江诗丹顿能给消费者独特的精神体验和表达“高贵、成就、完美、优雅”的形象和地位。

▶ 奥迪A4上市时，宣称“撼动世界的豪华新定义”，显示出产品的尊贵和气派。

▶ TCL推出的蒙宝欧S320彩屏手机以“真钻品位，至尊豪迈”的高档次定位，尽显豪华气派。

▶ 派克钢笔突出其高雅、精美和耐用的特点，采用高档次定位策略，使它从一般大众化的实用品成为一种显示高贵社会地位的象征。

7.2.1.12　文化定位

将文化内涵融入品牌，形成文化上的品牌差异，这种文化定位不仅可以大大提高品牌的品位，而且可以使品牌形象更加独具特色。中国文化源远流长，国内企业对文化定位要予以更多的关注和运用。目前，运用文化定位的国内企业也有不少成功的案例。

实例链接

▶ 珠江云峰酒业推出的“小糊涂仙”酒，借“聪明”与“糊涂”反衬，将郑板桥的“难得糊涂”的名言融入酒中，将一个没什么历史渊源的品牌在市场上运作得风生水起。

▶ 金六福酒实现了“酒品牌”与“酒文化”的信息对称，把在中国具有亲和力与广泛群众基础的“福”文化作为品牌内涵，与老百姓的“福文化”心理恰巧平衡与对称，使金六福品牌迅速崛起。

7.2.1.13 对比定位

对比定位是指通过与竞争对手的客观比较来确定自己的定位，也可称为排挤竞争对手的定位。在该定位中，企业设法改变竞争者在消费者心目中现有形象，找出其缺点或弱点，并用自己的品牌进行对比，从而确立自己的地位。

实例链接

▶ 在止痛药市场，由于阿司匹林有潜在的引发肠胃微量出血的可能，泰诺就对此发起针对性的广告，宣传“为了千千万万不宜使用阿司匹林的人们，请大家选用泰诺”，最终，泰诺采用对比定位策略击败占“领导者”地位的阿司匹林。

▶ 农夫山泉通过天然水与纯净水的客观比较，确定天然水优于纯净水的事实，并宣布停产纯净水，只出品天然水，鲜明地亮出自己的定位，从而树立了专业的健康品牌形象。

7.2.1.14 概念定位

概念定位就是使产品、品牌在消费者心中占据一个新的位置，形成一个新的概念，甚至造成一种思维定式，以获得消费者的认同，使其产生购买欲望。该类产品可以是以前存在的，也可是新产品类。

实例链接

▶ 在PDA行业里，商务通运用概念定位“手机、商务通一个都不能少”，给当时迷茫的市场、迷茫的行业、迷茫的消费者一个清晰的定位，以至于消费者认为PDA即商务通，商务通即PDA，商务通也从此坐上了行业老大的宝座。

▶ 脑白金，其品牌本身就创下了一个概念，容易让消费者形成诱导式购买，并大力提倡“收礼只收脑白金”，人们自然就把脑白金和送礼佳品、年轻态健康品等同起来。

7.2.1.15 历史定位

即以产品悠久的历史建立品牌识别。消费者都有这样一种惯性思维，对于历史悠久的产品容易产生信任感，一个做产品做了这么多年的企业，其产品品质、服务质量应该是可靠的，而且给人神秘感，让人向往，因而历史定位具有“无言的说服力”。

实例链接

▶ 云南香格里拉酒业公司推出的香格里拉藏秘青稞干红传说是根据当年法国传教士的秘方酿制的，“来自天籁，始于1848年，跨越三个世纪，傲然独立”的品牌渲染给人以凝重、悠远的历史品位和悠然神往的心情。

▶ 泸州老窖公司拥有始建于明代万历年间（公元1573年）的老窖池群，所以总是用“您品味的历史，430年，国窖1573”的历史定位来突出品牌传承的历史与文明。

7.2.1.16 生活理念定位

该定位将品牌形象和生活理念联系在一起，将品牌形象人性化。这样的生活理念必须是简单而不深奥的，能引起消费者内心的共鸣和对生活的信心，产生一种振奋人心的感觉，催人上进，甚至成为消费者心中的座右铭，从而给消费者以深刻印象。

实例链接

▶ 纳爱斯雕牌的一则广告中，将“努力就有机会”这一简单而深奥的生活真理融入品牌，让人无限感慨，尤令下岗工人感动，品牌自然叫人喜欢。

▶ 劲霸男装的广告很短，但十分精练，只强调“奋斗，成就男人”，这让男人深感振奋，让男人有一种奋斗的动力，因为男人明白了只要努力奋斗，就会有所成就。

7.2.1.17 比附定位

比附定位就是攀附名牌，以借名牌之光而使自己的品牌生辉。该定位主要有两种形式：一是甘居第二，即明确承认同类中另有最负盛名的品牌，自己只不过是第二而已。二是攀龙附凤，承认同类中某一领导性品牌，本品牌虽自愧弗如，但在某地区或在某一方面还可与它并驾齐驱，平分秋色，并和该品牌一起宣传。

实例链接

▶ 美国阿维斯出租汽车公司强调“我们是老二，我们要进一步努力”，从而赢得了更多忠诚的客户。

▶ 蒙牛乳业启动市场时，宣称“做内蒙古第二品牌”、“千里草原腾起伊利集团、蒙牛乳业……我们为内蒙古喝彩”。

▶ 内蒙古的宁城老窖，宣称“宁城老窖——塞外茅台”。

7.2.1.18 形态定位

形态定位是根据产品独特的外部形态特点来作为品牌识别的。在产品的内在特性越来越相同的今天，产品的形态本身就可以造就一种市场优势。

实例链接

▶ 康佳推出独特的R6166“黑屏”手机，在手机中独树一帜。

▶ 夏新会“跳舞”的A8手机，让人耳目一新。

▶ 海尔的“奔风”手机，强调独具一格的“笔形”。

7.2.1.19 情景定位

情景定位是将品牌与一定环境、场合下产品的使用情况联系起来，以唤起消费者在特定的情景下对该品牌的联想，从而产生购买欲望和购买行动。

实例链接

▶ 雀巢咖啡的广告不断提示在工作场合喝咖啡，会让上班族在口渴、疲倦时想到雀巢咖啡。

▶ 喜之郎果冻在广告中推荐“工作休闲来一个，游山玩水来一个，朋友聚会来一个，健身娱乐来一个”，让人在这些快乐和喜悦的场合想起喜之郎。

7.2.1.20 消费群体定位

该定位直接以某类消费群体为诉求对象，突出产品专为该类消费群体服务，来获得目标消费群的认同。把品牌与消费者结合起来，有利于增进消费者的归属感，使其产生“我自己的品牌”的感觉。

实例链接

▶ 广东的“客家娘酒”，把其定位为“女人自己的酒”。

▶ 金利来定位为“男人的世界”。

▶ 哈药集团把护彤品牌定位为“儿童感冒药”。

▶ 百事可乐定位为“青年一代的可乐”。

▶ 北京统一石油化工公司的“统一经典”润滑油将目标锁定为“高级轿车专用润滑油”。

7.2.2 品牌策略

常见的品牌策略包括以下六种，如图7-2所示。

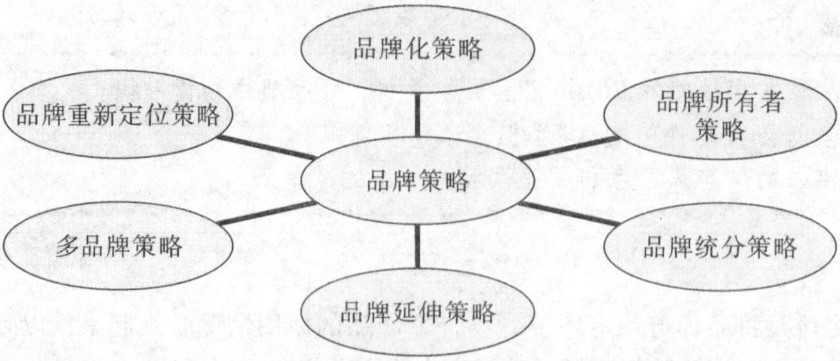

图7－2　常见的品牌策略

7.2.2.1　品牌化策略

品牌化策略也称有品牌策略，是指企业决定给其生产销售的产品规定品牌和商标。实行品牌化策略可以扩大品牌产品知名度，吸引更多的品牌忠诚者，提高品牌产品的竞争力，便于订货管理。但是使用品牌也增加了产品成本费用，如促销费用等。

实例链接

▶ 王老吉药业利用“王老吉”的品牌名称，推出了绿盒装王老吉，成功切入凉茶市场。

▶ 上海家化的清妃品牌定位于高品质的中高档化妆品品牌，承诺是清新健康。其门下的护肤、彩妆、香水系列共有60大类品种的产品均冠以清妃品牌。

▶ 雀巢为全部产品提供信任、质量保证、信誉和竞争力，产品品牌则提供口味、感觉等特殊的价值和个体经验。

▶ 雪佛莱、别克等40多个品牌同属于通用汽车公司的GM品牌名下。

▶ 在世界名表中，欧米茄、雷达、浪琴、斯沃琪、天梭等品牌系出自同一制表集团SMH的姊妹产品。

▶ 松下公司将它的音像制品的品牌定为Panasonic，家用电器的品牌定为National，立体音响的品牌定为Technics。

7.2.2.2　品牌所有者策略

品牌所有者策略是指品牌所有权归谁，由谁来管理和负责的策略。企业有三种可供选择的策略：一是企业使用属于自己的品牌，这种叫企业品牌或生产者品牌，如海尔、TCL、新飞；二是企业将其产品售给中间商，由中间商使用自己的品牌将产品转卖出去，这种品牌叫中间商品牌；三是企业对一部分产品使用自己的品牌，对另一部分产品使用中间商品牌，这种叫混合品牌。

对以上三种品牌如何选择，关键在于生产者和中间商在分销环节中谁居主导地位。如果企业实力强、信誉好、市场占有率高，可以使用企业品牌，反之则应使用中间商品牌或混合品牌；如果中间商在目标市场品牌知名度高，销售网络健全，可采用中间商品牌进入市场，使用中间商品牌往往是出口商为占领海外市场而常用的手段。如索尼（SONY）电视机初次进入美国市场时，在美国最大的零售商店出售，后来由于索尼公司的产品在美国受到消费者青睐才又改用自己的品牌出售。

7.2.2.3　品牌统分策略

品牌统分策略也称家族品牌，是指企业决定其大部分或全部产品是使用个别品牌、统一品牌、分类品牌，还是企业名称与个别品牌并用的策略。

（1）个别品牌。个别品牌是指企业为各种不同的产品分别使用不同的品牌。如海尔电冰箱有冰王子、大王子、双王子、帅王子等不同品牌。个别品牌的优点是能区分产品质量和档次，保持品牌声誉和独立性，一种品牌声誉不佳不会波及其他品牌；其缺点是成本高，每一种品牌产品都需要投入大量的广告等促销费用。

（2）统一品牌。统一品牌是指企业所有产品都统一使用一个品牌。如美国通用电器公司所有产品都统一使用“GE”这个品牌。统一品牌的优点是促销费用少，有助于实力强、口碑好的企业塑造企业形象，显示企业实力，借助著名品牌延伸效果推出新产品；其缺点是不易区分产品质量和档次，一种产品出现问题会殃及其他产品的信誉和企业声望。

（3）分类品牌。分类品牌是指企业按产品类别来命名产品品牌。分类品牌具有个别品牌和统一品牌的优势。如一个企业如果拥有家用电器、厨房用具、服装三条产品线，可以为其分别设计不同的品牌。

（4）企业名称与个别品牌并用。企业名称与个别品牌并用是指企业为不同的产品设计使用不同的品牌，并在每种品牌前面冠以企业名称。如汇源果汁、伊利纯牛奶。使用这种品牌的优点是能借助企业信誉与形象优势，突出各种品牌的独特魅力。

7.2.2.4　品牌延伸策略

品牌延伸策略也称品牌扩展策略，是指企业利用其成功品牌的声誉推出改良产品或新产品的策略。如本田利用其公司名称推出了摩托车、助动车、滑雪车、割草机等；TCL 集团在 1992 年成功推出 TCL 王牌大屏幕彩电之后，又利用 TCL 品牌成功推出冰箱、空调、电脑、手机、无绳电话、节能灯等。

7.2.2.5　多品牌策略

多品牌策略是指企业在相同产品类别中引进多个品牌的策略，为宝洁公司所首创。宝洁公司认为“如果有人想要吃你的午餐，与其让敌人吃，不如让自家人享用。假如在某个市场区隔内还有其他品牌的生存空间，最好用自己的品牌和自己竞争，而不要和其他对手的品牌竞争”。宝洁公司每年投资 1.3 亿美元研发新产品，使公司在全球范围内拥有 2500 多项专利、300 多个品牌、250 件技术受到法律保护。每一个品牌产品都能满足一种消费者需求。

7.2.2.6　品牌重新定位策略

品牌重新定位，就是对品牌进行再定位，旨在摆脱困境、使品牌获得新的增长与活力。它不是对原有定位的一概否定，而是企业经过对自身及市场的深入了解之后，对原有品牌资源进行更有力的整合，对品牌整体形象的进一步完善提升。比如，传统的锅本身同时具有做饭、炒菜、熬汤、热奶等价值点，将这些价值点分离出来以后，就可以形成新的品类。

营销讨论3

塑造名牌，不仅仅是企业自身的事，也是关系到民族兴旺、国家强盛的大事。除了需要政府的正确引导和积极推动外，还需要全民的积极支持和参与。在日本、韩国、美国等国家，人们对本土品牌的关爱度都很高，为打造民族品牌，上至政府下到国民，纷纷积极扶持国内品牌的发展，购买和使用本土产品。日本的索尼、松下、丰田，韩国的三星、LG、现代等品牌都走过了一段由本国政府和国人积极购买消费甚至热捧的阶段。特别是韩国，在韩国品牌发展的起步阶段，国民几乎不使用日本产品，而将日本产品零部件进行组装加工，再卖给其他国家。为了民族品牌的塑造，为了民族经济的发展，为了国力的强盛，韩国人宁可放弃更为优质的日本产品，支持本国同类产品。

试运用品牌定位方法和品牌策略，为本地区自己所熟悉的企业建言献策，将其打造成为国内乃至国际知名品牌。

7.3 包装

7.3.1 包装的概念与分类

产品包装（Packaging）有两方面的含义：一是指采用不同形式的容器或物品对产品进行包扎；二是泛指装盛产品的容器和包装物。现代营销学对包装的定义是指后者。包装是商品实体的主要组成部分，一般可分为三个层次：首要包装、次要包装和外包装（如图7-3所示）。

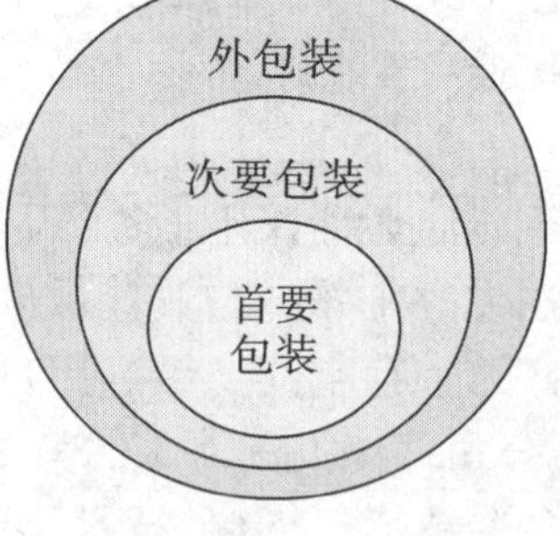

图7-3　包装的三个层次

首要包装：即内包装，指从产品出厂到使用终结，一直与产品紧密结合的包装，例如牙膏壳、酒瓶等。设计内包装时，要根据产品的物理化学性质和用途、卫生要求，选用适当的材料、方式、方法，并且包装的质量要与产品的质量档次相符。

次要包装：即中包装，指便于陈列、携带和使用的产品外部包扎物件。这种包装设计要美观大方，图案生动形象、不落俗套，使人耳目一新，而且特别要求突出厂牌商标、品名，标明配方、规格、容量等。

外包装：指为了适应储存搬运所需的包装，例如集装箱。这类包装要讲究标准化、回收利用，并且要注明各项标记，例如收发货人、收发地点、货物的质量等级、数量、体积、重量和保护性警告标志等。

按照不同的分类标准，产品包装可以分为不同的类型，表7-4总结了常见的分类方法与实例。

表7-4 常见的包装分类方法

分类标准	包装类型	包装方法	实例
按商品数量分	单个包装	对单个商品独立包装	电视机、电脑、中型设备
	集合包装	将若干个商品置于一个包装内	圆珠笔、胶水、套装茶具
按使用范围分	专用包装	采用与贵重商品身份相当的包装	红檀木箱、水晶玻璃箱等
	通用包装	一般材料普通包装	木箱、瓦楞纸箱等
按使用次数分	一次用包装	商品消费完毕，包装就废弃	快餐盒、一次性卫生用品
	多次用包装	商品被消费后包装可回收再利用	啤酒瓶等
	周转用包装	包装可反复利用	周转箱等

实例链接

传统文化元素凸显价值

茶叶作为世界三大饮品之一，历来就受到人们的喜爱。由于茶叶本身的独特性，对茶叶的包装主要是要求防潮、防高温、防异味和便于运输携带。然而随着经济的发展和人们生活水平的提高，茶叶的包装除了原有的实用功能以外，更大的作用在于提升茶叶自身的商品价值和文化品位。

我国茶叶目前的包装已经从过去的散装纸包、塑料袋包、罐装发展到了现在流行的高档精美礼品纸质盒（罐）装、铝箔精致小包装，琳琅满目、绚丽多彩、千姿百态，富有创意和文化品位的茶叶包装已成为我国茶文化不可缺少的组成部分。

设计茶叶包装首先要考虑包装的材料和结构，因为选用的包装材料是否合适，直接影响茶叶的保存。而在图案、文字等其他造型设计方面，除了要结合茶文化的元素和传统感觉以外，更要强调产品的形象性。盲目追求华丽、艺术性的包装会使包装失去原有的功能。包装的目的始终是为了传达商品信息，让消费者能够直观地看到商品的属性。

7.3.2 包装的作用

包装的作用有如下五种，如图7-4所示。

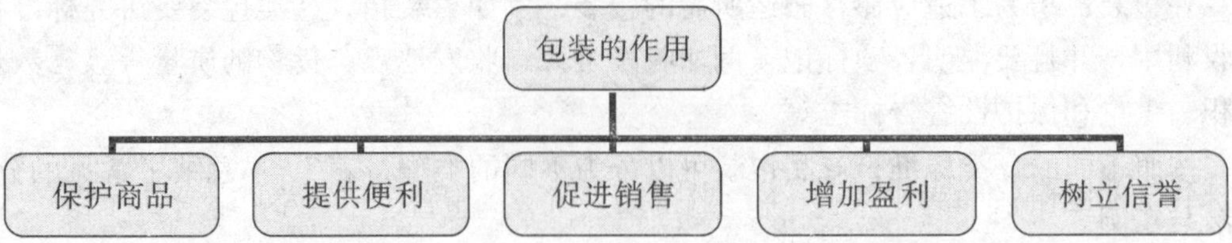

图 7－4　包装的作用

7.3.2.1　保护商品

保护商品是包装的最基本作用。这种保护作用体现在两个方面：一是对商品本身的安全保护，防止在储运过程中出现的潮湿、风吹、雨淋、日晒、虫蛀、震动、碰撞、挤压等对产品造成损害的现象发生。二是对环境安全保护。包装能有效防止易燃、易爆、放射、有毒或污染物品的泄漏对环境造成的危害。同时由于使用适当的包装，便于商品的携带和运输。

7.3.2.2　提供便利

现代的商品包装为人们提供了许多便利，对于提高工效和生活质量发挥着非常重要的作用。适宜的包装能适应生产企业机械化、专业化、自动化生产的要求，能够提高工作效率；储运包装有利于商品合理堆放、装卸、存储和集装箱运输；销售包装便于陈列、清点、售卖、携带、保管和消费。

7.3.2.3　促进销售

商品包装具有识别、传递信息和吸引购买等促销功能。包装是商品的外壳，是注册商品型号、数量、品牌、生产厂商和产品性能等的说明载体，能够帮助工作人员和消费者区别产品。包装具有“沉默推销员”的美称，是消费者看到商品的第一印象，起着“无声推销员”的作用。优秀的包装设计、精巧的造型、合理的结构、醒目的商标、明快的色彩和得体的文字都可刺激消费者的购买欲望，并且使消费者记忆深刻，增加重复购买的次数。在购物过程中有一半以上的顾客是根据商品包装来做出购买决策的。

7.3.2.4　增加盈利

完美的包装不但可以促进销售，而且可以增加产品的附加价值，抬高商品“身价”，使顾客愿意付出较高的价格来购买，甚至使同样质量、同样分量的产品在高出原价较多时，购买者也乐于接受。比如，茅台酒在改进包装后，在国际市场上的价格由 20 美元上升到 125 美元。除此之外，由于包装的保护作用，减少了商品的损坏，也能够使企业降低消耗，增加利润。

7.3.2.5　树立信誉

判断一个企业的优势，主要是根据产品而定，而包装则是构成产品外观的重要部分，因此良好的包装必然有利于树立企业信誉。我国长期以来对包装作用的认识一直不够，在国际贸易中其产品长期处于一流产品、二流价格、三流包装的局面，使国家和企业蒙受巨大的经济损失，因此企业必须重视产品包装策略的制定与实施。

营销讨论 4

营销专业人员约翰·夏佩尔组织人员为罗林洛克啤酒设计了一种绿色长颈瓶，并漆上显眼的艺术装饰，使包装在众多的啤酒中非常引人注目。夏佩尔说："有些人以为瓶子是手绘的，它跟别的瓶子都不一样，独特而有趣。人们愿意把它摆在桌子上。"事实上，许多消费者坚持认为装在这种瓶子里的啤酒更好喝。同时公司也重新设计了啤酒的包装箱。夏佩尔解释说："我们想突出它的绿色长颈瓶，以及罗林洛克啤酒是用山区泉水酿制的这个事实。""包装上印有放在山泉里的这些瓶子。照片的质量很高，色彩鲜艳、图像清晰。消费者在10米以外就能认出罗林洛克啤酒。"瓶子和包装造就了讨人喜欢的这种感觉。看上去它不像大众化的产品，而有一种高贵的品质感。夏佩尔通过这一神奇的包装策略使罗林洛克啤酒摆脱了市场困境，跨过了营销障碍。

1. 包装在产品销售中发挥了什么作用？

2. 夏佩尔采取的创新啤酒包装的策略给你什么样的启示？

精要回顾

品牌是一种错综复杂的象征，它是品牌属性、名称、包装、价格、历史、声誉、广告风格的无形组合。品牌同时也因消费者对使用的对象以及自身的经验有所界定。品牌由两部分组成：一是品牌名称，二是品牌标志。品牌资产是能够增加或者减少一种产品或服务对于其公司和/或公司客户所产生的价值的一系列资产和负债。品牌资产由品牌知名度、品牌认知度、品牌联想度、品牌忠诚度和其他品牌专有资产5部分所组成。

品牌定位是指建立或塑造一个与目标市场有关的品牌形象的过程与结果。品牌策略包括品牌化策略、品牌使用者策略、品牌统分策略、品牌延伸策略、多品牌策略、品牌重新定位策略。

关键概念

1. 品牌
2. 独特销售点
3. 品牌知名度
4. 品牌认知度
5. 品牌联想度
6. 品牌忠诚度
7. 其他品牌专有资产
8. 品牌资产
9. 品牌延伸
10. 品牌定位
11. 包装
12. 品牌资产十要素模型

思考题

1. 什么是品牌？
2. 简述品牌资产五星模型与品牌资产十要素模型有什么联系和区别？
3. 品牌定位的主要方法有哪些？
4. 企业采用多品牌决策的主要原因是什么？
5. 简述品牌化策略的六种模式。
6. 简述包装的主要作用和主要策略。

营销工作坊 -7

在前面的“营销工作坊”里，我们已经为项目的目标客户群“量身定制”了适合他们需求的产品。接下来，我们需要为所设计的产品建立和塑造一个与目标市场有关的品牌形象，并提升其品牌资产。为了达到这个目的，我们需要在本章“营销工作坊”里完成以下任务：

1. 分析我们所选定的行业中，有哪些主要的竞争品牌？其品牌资产价值如何？他们的品牌策略有何可借鉴之处？

2. 为了提升我们产品的品牌资产，应该选择怎样的品牌定位方法和策略？

3. 为了帮助提升品牌价值，我们的品牌应该使用哪些商品包装策略？

针对以上问题，进行必要的调查分析，把结果写成报告。

学习档案

为了体现你在完成这一章的学习之后，已经掌握了相关的理论知识和技能技巧，达到了本章提出的学习目标，你需要提供以下资料：

1. 对本章“引导案例”的分析理解；

2. 对本章“营销讨论”的分析理解；

3. 对本章“思考题”的理解回答；

4. 根据“营销工作坊 -7”的要求撰写所选行业的品牌资产、品牌策略和包装策略的市场分析报告等；

5. 在本章学习过程中的其他相关营销活动参与情况、课外学习情况（包括资料、方式与反馈等）。

8 定价策略

学习目标

▶ 知识目标

1. 了解市场营销中影响定价的各种因素；
2. 熟悉市场营销中运用的各种定价策略；
3. 掌握市场营销中运用的各种定价方法。

▶ 技能目标

1. 能灵活运用各种定价方法进行定价；
2. 能根据产品生命周期的不同阶段制定相应的定价策略。

内容结构图

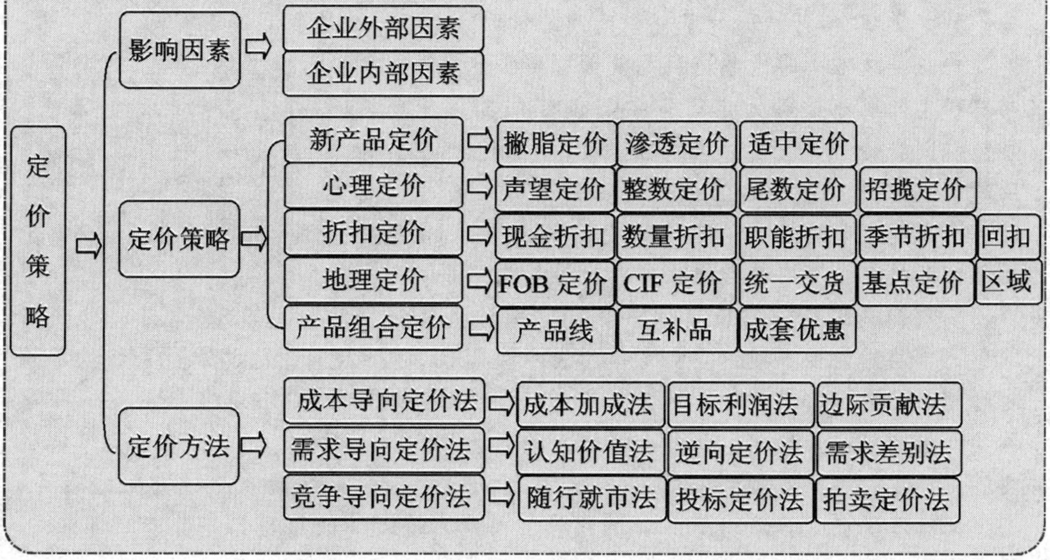

引导案例

科龙冰箱的价格策略

2001 年 3 月份，就在彩电市场大打价格战，空调降价的风声也越来越紧时，科龙却一反常态，宣布全面上调其冰箱的价格，在业界引起普遍的关注。科龙集团提价冰箱涉及 20 余款，尽管最高升幅达到 8%，平均升幅 4.5%，然而市场销售却并未因此降温，经销商打款提货的势头更旺。

对于提价，科龙方面称有三点原因：

(1) 品牌拉力。据权威评估机构最近公布的数据，科龙品牌价值达 96.18 亿元。科龙集团为加强传播攻势，在中央电视台黄金广告时段投标成功，并投入 5000 万元强化品牌传播，给其冰箱产品足够的拉力。

(2) 好卖的产品当然提价。科龙、容声冰箱去年发起技术战，投下巨额资金，开发新品，两大品牌冰箱一、二月销售业绩比 2000 年同期增长了 15%，部分市场出现脱销、供不应求的状况，因此，科龙集团冰箱营销本部“顺应经济规律”对 20 余款新品提价。

(3) 冰箱提价后，市场反应良好，提价自然要坚持。有关资料显示，目前全国有 30 余家国家定点冰箱生产企业，年生产能力达到 2000 万台以上，而市场对冰箱的年需求量为 1200 台，年需求增长 10% 左右。在如此供大于求的状态下，国产、合资品牌一直暗中较劲，抢夺市场。科龙旗下的容声冰箱在全国冰箱行业销量第一的位置已经连续保持了 9 年，内有海尔、新飞、美菱虎视眈眈，外有伊莱克斯、西门子两大合资品牌在一、二级零售市场上蚕食国产品牌的零售份额。对此，科龙 2000 年开始进行了一系列改革，为冰箱价格大战做足准备。

首先是技术上的储备。科龙集团投资 1 亿元与中国科学院和美国亚利桑那大学三方共同创建成立了中美科龙智能控制联合开发中心，在顺德成立了家电研究所和集团冰箱技术开发部，专门进行新品的开发。据悉，科龙已掌握了超级节能技术、电脑智能控制技术等 10 项重大冰箱创新技术，其中 5 项技术处于世界领先水平。

其次是巩固终端零售市场。容声冰箱过去重批发轻零售，零售做得很不理想。科龙集团表示在 2001 年投入 1.2 亿元进行系统的零售市场建设。随即，科龙集团冰箱本部推出“500 工程”和“5000 工程”——与全国 500 家冰箱销量最大、商誉最好的大型商场和 5000 家遍布全国的中小型零售商场签订协议，由科龙提供强有力的营销支持和配套服务给商家，让其主推容声、科龙冰箱。现在，容声冰箱 40% 的销量、科龙冰箱 95% 的销量都是由零售商完成。科龙方面认为，零售渠道的畅通，直接导致了 2001 年冰箱的热销。

（根据 http://www.mba.org.cn/mbahtml/01400318/28746_2.html/ 整理改编）

分析与讨论

虽然提价会引起消费者、经销商和企业推销人员的不满，但是一个成功的提价可以使企业的利润大大增加。

1. 企业应在什么情况下才考虑提价？
2. 科龙冰箱为什么提价后销量还继续上升？

8.1 影响定价的因素

如图 8－1 所示，产品的定价是个复杂的事情，受很多因素的影响，包括企业外部因素与企业内部因素两大类。

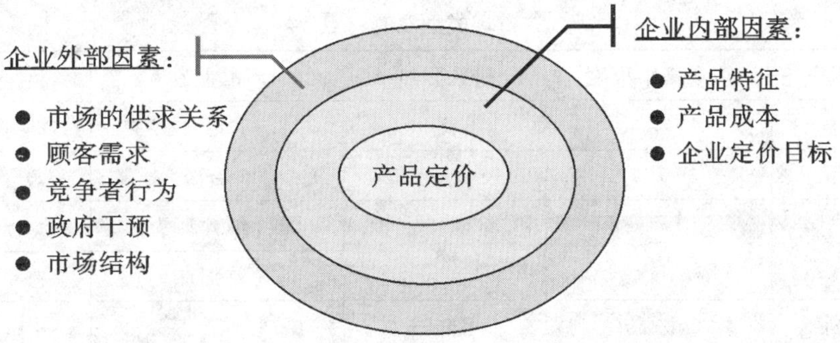

图 8－1　影响产品定价的企业内外因素图

8.1.1　企业外部因素对产品定价的影响

影响产品定价的企业外部环境因素主要有以下几个方面：

8.1.1.1　市场的供求关系

供求关系决定着价格背离或趋向价值的方向、程度和力度。

8.1.1.2　顾客需求

顾客需求对产品定价的影响，通过需求强度、需求层次反映出来。需求强度是指顾客想获取某种商品的程度。不同的需求层次对定价也有影响，对于能满足较高需求层次的商品，价格可定得高一些；反之，则应低一些，这样才能满足不同层次顾客的需求。

8.1.1.3　竞争者行为

价格是竞争者关注的焦点和竞争的主要手段，定价是一种挑战性行为，任何一次价格制定与调整都会引起竞争者的关注，并导致竞争者采取相应对策。

8.1.1.4　政府干预

为了维护国家与顾客利益，维护正常的市场秩序，每个国家都制定有关的经济法规，约束企业的定价行为。这种约束反映在定价的种类、价格水平和定价的产品品种等方面。

8.1.1.5 市场结构

根据市场的竞争程度，市场结构可分为以下四种不同的市场类型。

（1）完全竞争市场：指一种竞争不受任何阻碍和干扰的市场结构，在这个市场中有许多卖主并且相互之间的产品没有差别，是完全自由化的市场。

（2）垄断竞争：指既垄断又有竞争的市场，在这个市场中有许多卖主并且相互之间的同种产品存在质量、性能、款式和服务等方面差别。

（3）寡头市场：指只有几家大企业的市场。

（4）完全垄断市场：也称纯粹垄断或独占，指一个企业控制整个市场的供给，即独家经营。

不同类型的市场有不同的运行机制和特点，对企业行为具有不同的约束力，参见表8-1：

表8-1 市场类型及其特点

市场类型	市场集中程度	进入限制	产品差别	举例
完全竞争	零	无	无	农产品
垄断竞争	零	无	有	美容、美发
寡头市场	高	高	无（纯粹寡头）	石油
			有（差别寡头）	飞机
完全垄断	最高	不可能进入	特殊产品	电、自来水

8.1.2 企业内部因素对产品定价的影响

影响产品定价的企业内部因素主要有：

8.1.2.1 产品特征

产品特征鲜明，该产品就有可能成为名牌产品、时尚产品、高档产品，就会对顾客产生极大的吸引力，企业定价的自由度就较大。

8.1.2.2 产品成本

产品成本是企业进行生产经营的各种支出。它决定着产品价格底线，是产品定价的基础，也是企业进行经济核算的盈亏临界点。一般来讲，成本包括固定成本、变动成本、边际成本、机会成本等。

（1）固定成本（Fixed cost）：是指企业在短期内必须支付的不能调整的生产要素费用。它不随产品的变动而变动，是固定不变的。如固定资产折旧、管理人员工资、租金等。

（2）可变成本（Variable cost）：是指企业在短期内必须支付的可以调整的生产要素费用。它随产量的变动而变动，是可变的。如原材料、燃料、运输费用、生产工人的工资、销售租金等。

（3）边际成本（Marginal cost）：指的是每一单位新增生产的产品带来的总成本的增量。

（4）机会成本（Opportunity cost）：也称择机成本、社会成本，是在对物资、资金、劳务或生产能力的利用时，因选择一种方案而放弃另一种可行方案所可能获得的最大收益。也就是说机会成本是做出一项决策时所放弃的其它可供选择的最好用途。

8.1.2.3 企业定价目标

企业定价目标是影响产品定价的重要内部因素。企业定价目标有最大利润目标、投资收益率目标、销售增长率目标、提高市场占有率目标、保持现状定价目标等。最大利润目标适用于企业的产品在市场上处于绝对有利的地位时，可实行高价政策。如果以销售收入增长率为定价目标，产品定价通常较高；以销售量增长率为定价目标，产品定价通常偏低。如果企业以产品的市场占有率为定价目标，一般采取降低价格的策略。企业如果要保持现状，一般采取稳定价格策略。

营销讨论 1

过去十多年中，中国家电业一直在降价。根据影响定价的企业内外部因素，分析讨论中国家电企业降价的原因以及相应的市场反应。

8.2 定价策略

8.2.1 新产品定价策略

新产品定价策略有三种：撇脂定价、渗透定价、适中定价（如图 8－2 所示）。

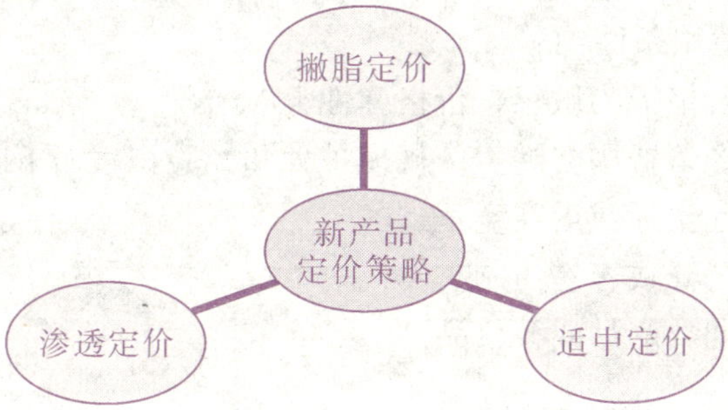

图 8－2 新产品定价策略

8.2.1.1 撇脂定价

撇脂定价（Skimming Pricing）指在新产品上市之初把价格定得很高，利用消费者求新求奇的心理获取最大利润。采用撇脂定价策略在短期内可以获取高额回报，有利于企业筹集资金，扩大生产规模，树立企业形象，为降价创造了条件。但是由于价高利大，不利于开拓市场，也会使市场竞争异常激烈和出现大量仿制品。

撇脂定价策略的适用条件：

（1）市场规模大：由高价所引起的需求量减少并不会抵消高价格所带来的利润。

（2）市场具有不同需求弹性的消费者：企业有足够的时间先让需求弹性小的消费者来购买新产品，然后再向弹性大的消费者推销新产品。

（3）拥有专利或技术垄断：由于企业拥有专利或技术垄断，即使高价也没有竞争者，仍然独家经营。

（4）树立高质高价的新产品形象。

实例链接

美国雷诺公司就是采用撇脂定价法取得成功的典范之一。1945 年雷诺公司从阿根廷引进圆珠笔技术，利用第二次世界大战结束后物资短缺的有利条件和广告宣传的作用，在圣诞节前夕把以“原子笔”命名的圆珠笔投放市场。当时每支圆珠笔制造成本 0.80 美元，售价 12.5 美元，短短 6 个月，雷诺公司以 2.6 万美元投资获取了 155.86 万美元的税后盈利。

8.2.1.2 渗透定价

渗透定价（Penetration Pricing）指在新产品上市之初把价格定得相对较低，以物美价廉吸引消费者，扩大市场占有率。采取渗透定价策略有利于扩大产品销售量，提高市场占有率，防止潜在竞争者进入市场。但是采取渗透定价法，其产品投资回收期长，风险大，一旦渗透失败，企业会一败涂地。

渗透定价策略的适用条件：

（1）市场需求对价格极为敏感，价格弹性大。

（2）生产成本和经营费用会随生产规模扩大和经验积累而下降。

（3）低价不会引起实际或潜在竞争。

（4）新技术已经公开或容易仿制。

（5）市场上已有同类产品或替代品。

8.2.1.3 适中定价

适中定价（Moderate Pricing）指在新产品上市之初采取对买卖双方都有利的中等价格销售产品。它是一种比较温和的定价策略，既可以避免撇脂定价因价高而带来的风险，又克服了渗透定价因价低而造成的投资困难，兼顾了企业、消费者两方面的利益。

当不存在适合于撇脂定价或渗透定价的环境时，公司一般采取适中定价。例如，一个管理者可能无法采用撇脂定价法，因为产品被市场看做是极其普通的产品，没有哪一个细分市场愿意为此支付高价。同样，它也无法采用渗透定价法，因为产品刚刚进入市场，顾客在购买之前无法确定产品的质量，会认为低价代表低质量；或者是因为，如果破坏已有的价格结构，竞争者会做出强烈反应。当消费者对价格极其敏感，不能采取撇脂定价，而同时竞争者对市场份额极其敏感，也不能采用渗透定价的时候，一般采用适中定价策略。

8.2.2 心理定价策略

心理定价策略（Psychological Pricing）指利用消费者心理因素，有意识地调高或调低产品价格的一种定价策略。它比较适用于零售业使用。心理定价策略包括以下四种（如图 8-3 所示）：

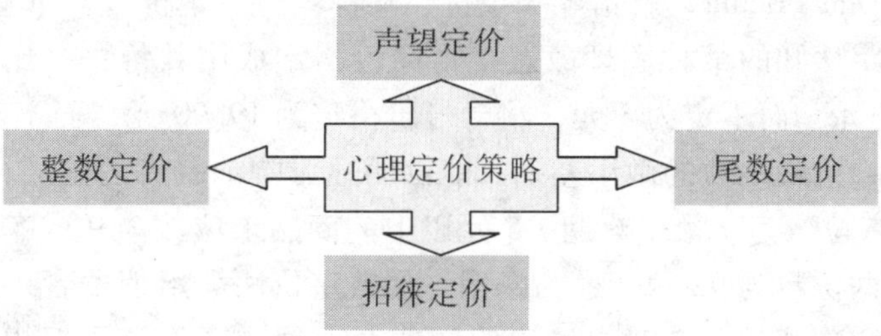

图 8-3 心理定价策略

8.2.2.1 声望定价

声望定价（Prestige Pricing）指利用消费者仰慕名品名店声望的心理特征故意把产品价格定得很高的一种定价策略。消费者对名品名店所提供的产品有一种高度信任感，有一种“一分钱，一分货”的心理，认为高价必然优质，因此愿意为名牌产品付出高价。同时高价位的产品往往是身份地位、财富权力的象征，因此人们也愿意花高价购买名品名店产品，以展示自己的实力。

声望定价往往适用于名品产品、时尚产品、艺术品和礼品等“炫耀性”产品销售。

实例链接

一个品名为路易·威登（Louis Vuitton）的手提包价格高达几千甚至上万元，我国的景泰蓝瓷器在国际市场价格为 2000 多欧元，都是成功地运用声望定价策略的典范。英国名车劳斯莱斯的价格在所有汽车中雄踞榜首，除了其优越的性能、精细的做工外，严格控制产量也是一个很重要的因素。在过去的 50 年中，该公司只生产了 15000 辆轿车。美国艾森豪威尔总统因未能拥有一辆金黄色的劳斯莱斯汽车而引为终生憾事。

8.2.2.2 整数定价

整数定价（Even Pricing）指运用整数价格来给消费者造成高价的印象。整数定价常常以偶数，特别是“0”作尾数。例如，精品店的服装可以定价为 1000 元，而不必定为998元。

这样定价的好处有：

（1）可以满足购买者炫耀富有、显示地位、崇尚名牌、购买精品的虚荣心；

（2）省却了找零钱的麻烦，方便企业和顾客的价格结算；

（3）花色品种繁多、价格总体水平较高的商品，利用产品的高价效应，在消费者心目中树立高档、高价、优质的产品形象。

整数定价策略适用于流行品、时尚品、奢侈品、礼品、星级宾馆、高级文化娱乐城等，由于其消费者都属于高收入阶层，也甘愿接受较高的价格，所以，整数定价得以大行其道。

8.2.2.3 尾数定价

尾数定价（Odd Pricing）就指零头定价，又称“奇数定价”、“非整数定价”，是指利用消费者对数字认知的某种心理故意把产品价格定成尾数价格。比如，把一种毛巾的价格定为2.97元，而不定为3元；将台灯价格定为19.90元，而不定为20元。心理学家的研究表明，价格尾数的微小差别，能够明显影响消费者的购买行为。一般认为，5元以下的商品末位数为9最受欢迎，5元以上的商品末位数为9或5效果最佳；百元以上的商品，末两位数为98、99最为畅销。尾数定价法会给消费者一种经过精心计算的、最低价格的心理感觉；有时也可以给消费者一种是原价打了折扣，商品便宜的感觉；同时，顾客在等待找零钱的期间，也可能会发现和选购其他商品。尾数定价比较适用于低价产品。

实例链接

美国、加拿大等国的消费者普遍认为单数比双数少、奇数比偶数显得便宜，所以，在北美地区，零售价为49美分的商品，其销量远远大于价格为50美分的商品，甚至比48美分的商品也要多一些。但是，日本企业却多以偶数特别是“0”作结尾，这是因为偶数在日本体现着对称、和谐、吉祥、平衡和圆满。中国人对数字“5”、“6”、“8”、“9”情有独钟，因此有的产品定价“168”、“598”等。

8.2.2.4 招揽定价

招揽定价（Loss Leader Pricing）是指将某几种商品的价格定得非常之高，或者非常之低，在引起消费者的好奇心理和观望行为之后，带动其他商品的销售。这一定价策略常为综合性百货商店、超市甚至高档商品的专卖店所采用。

招揽定价运用得较多的是将少数产品价格定得较低，吸引顾客在购买“便宜货”的同时，购买其他价格比较正常的商品。

实例链接

美国有家“99美分商店”，不仅一般商品以99美分标价，甚至每天还以99美分出售10台彩电，极大地刺激了消费者的购买欲望，商店每天门庭若市。一个月下来，每天按每台99美分出售10台彩电的损失不仅完全补回，企业还有不少的利润。

珠海九州城里有种3000港元一只的打火机，引起人们的兴趣，许多人都想看看这“高贵”的打火机是什么样子。其实，这种高价打火机样子极其平常，虽无人问津，但它边上3元一只的打火机却销路大开。

北京地铁里有家每日商场，每逢节假日都要举办“一元拍卖活动”，所有拍卖商品均以1元起价，报价每次增加5元，直至最后定夺。

8.2.3 折扣定价策略

折扣定价策略（Discount Pricing）是指商品按原定价格扣除百分之几出售的一种定价策略。其目的是为了鼓励消费者及早付清货款、大量购买、在淡季购买和提高顾客忠诚度。折扣定价策略主要有以下五种类型（如图8-4所示）。

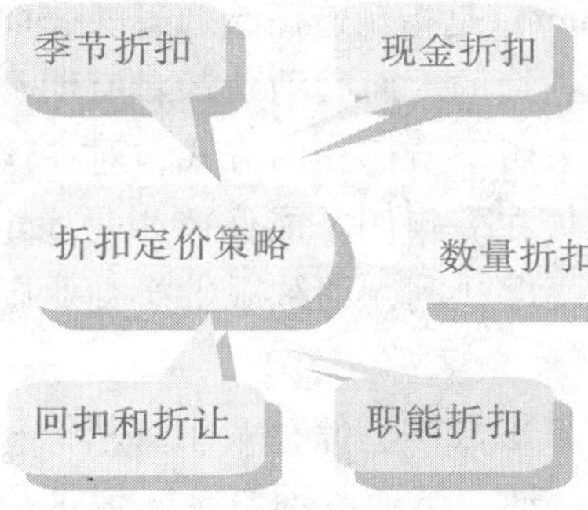

图8-4 折扣定价策略种类

8.2.3.1 现金折扣

现金折扣（Cash Discount）指对按约定日期付款或提前付款的顾客给予一定的折扣。在西方国家，典型的付款期限折扣表示为“3/20，Net 60”。其含义是在成交后20天内付款，买者可以得到3%的折扣，超过20天，在60天内付款不予折扣，超过60天付款要加付利息。

现金折扣的目的是尽快收回货款，加速资金周转，减少坏账损失。因此现金折扣一般都高于银行利率。

8.2.3.2 数量折扣

数量折扣（Quantity Discount）指根据一定时间内购买量大小给予不同的价格折扣。其目的是鼓励大量购买，或集中向本企业购买。数量折扣包括累计数量折扣和一次性数量折扣两种形式。累计数量折扣规定顾客在一定时间内，购买商品若达到一定数量或金额，则按其总量给予一定折扣，其目的是鼓励顾客经常向本企业购买，成为可信赖的长期客户。一次性数量折扣规定一次购买某种产品达到一定数量或购买多种产品达到一定金额，则给予折扣优惠，其目的是鼓励顾客大批量购买，促进产品多销、快销。

数量折扣的促销作用非常明显，企业因单位产品利润减少而产生的损失完全可以从销量的增加中得到补偿。此外，销售速度的加快，使企业资金周转次数增加，流通费用下降，产品成本降低，从而导致企业总盈利水平上升。

8.2.3.3　职能折扣

职能折扣（Functional Pricing）也称功能折扣、贸易折扣，是指制造方给执行某种市场营销职能的批发商和零售商的一种额外折扣。功能折扣的比例，主要考虑中间商在分销渠道中的地位、对生产企业产品销售的重要性、购买批量、完成的促销功能、承担的风险、服务水平、履行的商业责任以及产品在分销中所经历的层次和在市场上的最终售价，等等。功能折扣的结果是形成购销差价和批零差价。

鼓励中间商大批量订货，扩大销售，争取顾客，并与生产企业建立长期、稳定、良好的合作关系是实行功能折扣的一个主要目标。功能折扣的另一个目的是对中间商经营的有关产品的成本和费用进行补偿，并让中间商有一定的盈利。

8.2.3.4　季节折扣

季节折扣（Seasonal Discount）是指制造商给购买淡季商品或过季商品顾客的一种价格折扣。有些商品的生产是连续的，而其消费却具有明显的季节性。为了调节供需矛盾，这些商品的生产企业便采用季节折扣的方式，对在淡季购买商品的顾客给予一定的优惠，使企业的生产和销售在一年四季能保持相对稳定。例如，啤酒生产厂家对在冬季进货的商业单位给予大幅度让利，羽绒服生产企业则为夏季购买其产品的客户提供折扣。

季节折扣比例的确定，应考虑成本、储存费用、基价和资金利息等因素。季节折扣有利于减轻库存，加速商品流通，迅速收回资金，促进企业均衡生产，充分发挥生产和销售潜力，避免因季节需求变化所带来的市场风险。

8.2.3.5　回扣和折让

回扣（Discount）是指间接折扣的一种形式，它是指购买者在按价格目录将货款全部付给销售者以后，销售者再按一定比例将货款的一部分返还给购买者。折让（Allowance）是指企业为特殊目的，对特殊顾客以特定形式所给予的价格补贴或其他补贴。比如，对于进入成熟期的消费者，开展以旧换新业务，将旧货折算成一定的价格，在新产品的价格中扣除，顾客只支付余额，以刺激消费需求，促进产品的更新换代，扩大新一代产品的销售。这也是一种津贴的形式。

实例链接

沃尔玛能够迅速发展，除了正确的战略定位以外，也得益于其首创的“折价销售”策略。每家沃尔玛商店都贴有“天天低价”的大标语。同一种商品在沃尔玛比其他商店要便宜。沃尔玛提倡的是低成本、低费用、低价格的经营思想，主张把更多的利益让给消费者。公司每星期六早上举行经理人员会议，如果有分店报告某商品在其他商店比沃尔玛低，可立即决定降价。低廉的价格、可靠的质量是沃尔玛的一大竞争优势，吸引了一批又一批的顾客。

8.2.4 地理定价策略

地理定价策略（Geographical Pricing）指针对顾客的不同地区要求和营销条件而在价格上有不同处理方法的定价策略。地理定价策略有以下五种（如图8-5所示）：

8.2.4.1 FOB原产地定价

FOB原产地价格（FOB Origin Pricing）是买方按厂价购买某种产品，卖方负责将产品装运到产地某种运输工具上交货，交货验收后的一切风险和运杂费用都由买方承担。

FOB是Free on Board的缩写，即装运港船上交货，是国际贸易中常用的贸易术语。采用FOB原产地定价，卖方风险小，但利润也少，对远途顾客缺乏吸引力。

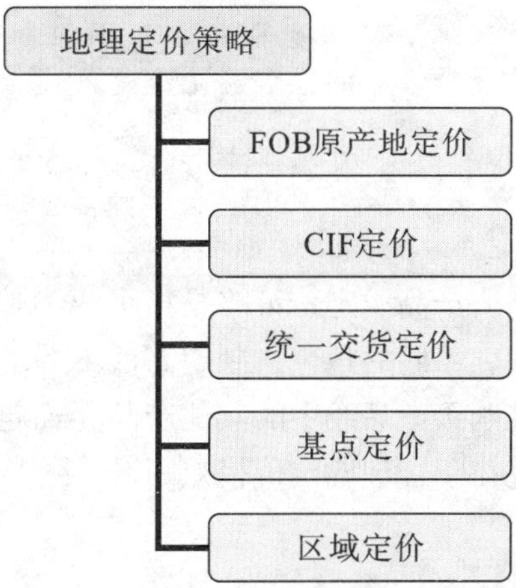

图8-5 地理定价策略种类

8.2.4.2 CIF定价

CIF（Cost Insurance and Freight）定价指由卖方在规定的时间内租用运输工具，办理货运保险，将货物运抵指定目的港，并负责货物从装运港到目的港的正常运费和保险费。当货物在装运港装上运输工具时，卖方即完成交货。

CIF是常用的国际贸易术语之一。在CIF条件下，卖方交货属典型的象征性交货方式，卖方凭单交货，买方凭单付款，因此在履行CIF合同时，卖方除按合同认真履行交货义务外，按规定向买方提交合格单据至关重要。

CIF定价简便实用，卖方利润较多，风险大，有利于吸引远途顾客，不利于吸引近处顾客。

8.2.4.3 统一交货定价

统一交货定价（Uniform Delivered Pricing），指企业对于卖给不同地区顾客的某种产品，都按照相同的厂家加相同的运费定价。这种定价又叫邮资定价。

8.2.4.4 基点定价

基点定价（Base-point Pricing）是指企业选择一些城市作为定价基点，按基点到客户所在地的距离收取运输费。

8.2.4.5 区域定价

区域定价（Zone Pricing）指把市场划分为几个大区域，在每一个区域内实行统一价格。

8.2.5 产品组合定价策略

产品组合定价（Product Mix Pricing）指企业为了实现整个产品组合利润最大化，在充分考虑不同产品之间的关系以及个别产品定价高低对企业总利润的影响等因素基础上，系统地调整产品组合中相关产品的价格。主要的策略有以下三种（如图8-6所示）：

图8-6 产品组合定价策略种类

8.2.5.1 产品线定价策略

产品线定价策略是指企业为追求整体收益的最大化，为同一产品线中不同的产品确立不同的角色，制定高低不等的价格。有的产品充当招揽品，定价很低，以吸引顾客购买产品线中的其他产品，而定价高的则为企业的获利产品。产品线定价策略的关键在于合理确定价格差距。

实例链接

某服装店对某型号女装制定三种价格：260元、340元、410元，在消费者心目中形成低、中、高三个档次，人们在购买时，就会根据自己的消费水平选择不同档次的服装。如果一味地定成一个价格，效果就不好了。一般情况下，如果相邻两种型号的商品价格相差大，买主多半会买便宜的；如果价格相差较小，买主倾向于买好的。

8.2.5.2 互补品定价策略

有些产品需要互相配合在一起使用，才能发挥出某种使用价值。如相机与胶卷、隐形眼镜与清洗液、饮水机与桶装水等。企业经常为主要产品（价值量高的产品）制定较低的价格，而为附属产品制定较高的价格，这样有利于整体销量的增加，增加企业利润。比如，美国柯达公司生产一种性能优越、价格低廉的相机，市场销路很好。但这种相机有一个特点，即只能使用柯达胶卷。“堤内损失堤外补”，销售相机损失的利润由高价的柯达胶卷全部予以补偿。

8.2.5.3 成套优惠定价策略

对于成套设备、服务性产品等，为鼓励顾客成套购买，以扩大企业销售，加快资金周转，可以使成套购买的价格低于单独购买其中单一产品的费用总和。

营销讨论 2

2002 年 8 月 31 日，作为江西第一家平价药房的“开心人”大药房在南昌首次亮相。“开心人”承诺：16 大类、5000 多种药品售价比国家核定零售价平均低 45%。“开心人”开张五天，每天客流量超过 1 万人，最高日销售额达 10 万元。“开心人”经媒体报道在南昌城内一夜成名。

1. 平价药店采取的是什么价格策略？
2. 回忆自己所选购过的商品，分析其所采取的是什么价格策略。

8.3 定价方法

定价方法是指企业为了在目标市场实现定价目标，给产品制定一个基本价格和浮动范围。在选择定价方法时，企业要考虑产品成本、市场需求和竞争格局。因此企业定价方法有三种类型（如图 8-7 所示）。

图 8-7 定价方法种类

8.3.1 成本导向定价法

成本导向定价法（Cost-based Pricing）指以成本费用为中心的定价方法。主要有成本加成定价法、目标定价法和边际贡献定价法等（如图 8-8 所示）。其特点是简便实用。

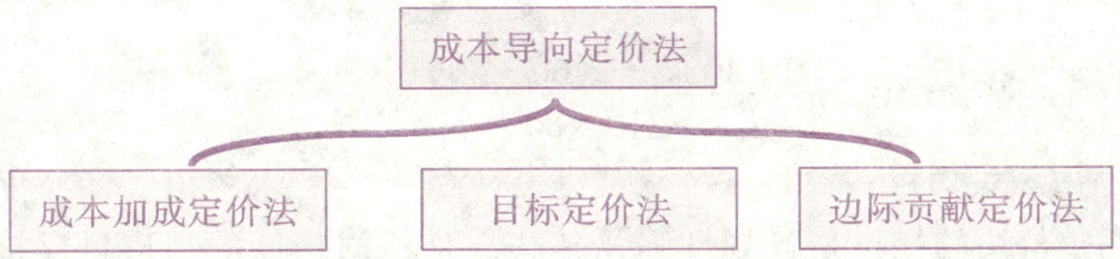

图 8-8 成本导向定价法分类

8.3.1.1 成本加成定价法

成本加成定价法（Cost-plus Pricing）是指单位产品成本再加上固定的加成率来制定产品的销售价格。成本加成定价法是最古老的定价方法。

成本加成定价法公式为：

$$P = C\ (1+R)$$

式中，P 为单位产品售价（Price）、C 为单位产品总成本（单位固定成本 + 单位变动成本）、R 为加成率（Rate）。

实例链接

某服装厂生产服装，每件服装平均变动（Variable Cost）成本为 100 元，固定成本为（Fixed Cost）20 元，利润加成率为 50%，则产品售价为多少？

解：售价 =（100 + 20）×（1 + 50%）= 180（元）

成本加成定价法的优点是计算简便实用，如果行业中所有企业都采取这种定价方法，可以使价格竞争降低到最低限度，保证生产者获得稳定的利润，对买卖双方都比较公平，消费者不会因为产品紧俏或短缺而付出较高的代价。

成本加成定价法的缺点是竞争能力差，缺乏灵活性，很难保证企业获取最大利润。

8.3.1.2 目标利润定价法

目标利润定价法（Target Return Pricing）又称目标收益定价法、目标回报定价法，是根据企业预期的总销售量与总成本，确定一个目标利润率的定价方法。目标利润定价法的特点是，首先确定一个总的目标利润或目标利润率，然后把总利润分摊到每个产品中去，与产品的成本相加，就可以确定价格。美国通用汽车把目标利润定为 15% ~20%。

目标利润定价法公式：

售价 =（总成本 + 目标利润）/预计销售量

实例链接

某企业年固定成本 60 万元，产量是 10 万件，预计能销售出 80%，变动成本为 40 万元，企业想获得 20% 的成本收益率，那么产品的销售价格应为多少元？

解：

$$\text{单位产品销售价格} = \frac{(60+40)\ +\ (60+40)\ \times 20\%}{10\times 80\%} = 15\ (\text{元})$$

目标利润定价法的优点是计划性强，其缺点是根据预计的销售量反推价格，容易造成产品定价或高或低。售价过高不易销售，售价过低则影响企业的利润收入。

8.3.1.3 边际贡献定价法

边际贡献定价法（Marginal Contribution Pricing）也称变动成本定价法、边际成本定价法（Marginal Cost Pricing），是多品种生产企业常用的一种定价方法。在20世纪30年代美国企业开始使用变动成本为产品定价。边际贡献定价法只计算变动成本，忽略固定成本，是以预期的边际贡献补偿固定成本并获得收益的定价方法。边际贡献是销售收入减去变动成本后的差额。采取边际贡献定价法的基本出发点是只要边际贡献大于零，即售价大于变动成本，企业就可以生产，否则不能生产，因为在边际贡献小于零的情况下，企业生产越多，亏损越大。

边际贡献定价法公式：

售价 = 单位变动成本 + 单位产品贡献

实例链接

某企业生产甲、乙、丙三种产品，甲、乙两种产品是盈利产品。丙产品分摊固定成本为20万元，单位变动成本80元。据预测，若单价为100元，能销售5000件；若单价超过110元，只能卖3000件。那么丙是否能生产？如果能生产，单价应定多少最合适？

解：当单价为100元时，

边际贡献 =（100 − 80）×5000 = 10万元

当单价为110元时，

边际贡献 =（110 − 80）×3000 = 9万元

丙产品可以生产，单价确定为100元。当单价为100元时，总利润可增加10万元。

边际贡献定价法的优点是：能避免固定成本分摊的主观随意性，提高成本分析的准确性和科学性；有利于企业进行科学经营决策，增强企业应变能力和竞争能力，提高经济效益；便于掌握成本真相，加强成本管理；有利于改善经营管理。运用边际贡献定价法的最大优势在于容易掌握降价幅度，尤其是在企业有赚有赔时，可减少亏损，增加盈利。

8.3.2 需求导向定价法

需求导向定价法（Buyer-based Pricing）是以消费者感受和市场需求强度为主要依据的定价方法。主要包括以下两种方法：

8.3.2.1 认知价值定价法

认知价值定价法（Perceived Value Pricing）也叫感受价值定价法、理解价值定价法，是指根据消费者对产品的认知价值来制定价格的定价方法。认知价值定价法的关键在于准确计算出产品所提供的全部市场认知价值。这种定价方法认为，某一产品的性能、质量、服务、品质、包装和价格等，在消费者心目中都有一定的认识和评价。

消费者往往根据他们对产品的认识、感受或理解的价值水平，综合购物经验，对市场行情和同类产品的了解而对价格作出评判。当商品价格水平与消费者对商品价值的理解水平大体一致时，消费者就会接受这种价格，反之，消费者就不会接受这个价格，商品就卖不出去。

如果每一个企业都按产品的认知价值定价，那么每个企业都可以获得相应的市场占有率。如果有一个企业定价低于认知价值，就会提高市场占有率，这是因为消费者同样的支出可获得更多的收获。

实例链接

某汽车制造公司对其生产的小汽车运用认知价值定价法为其定价，决定小汽车出售价为18万元。虽然竞争者同类产品售价为17万元，但本公司的小汽车销售量却大于竞争者。其提供的认知价值如下：

17万元，本公司小汽车与竞争者小汽车质量相同所值的金额；

8千元，有更长的使用寿命所值的金额；6千元，有更好的可靠性所值的金额；

4千元，有更优良的服务所值的金额；2千元，有更长的零配件保用期所值的金额；

19万元，该小汽车的认知价值。

8.3.2.2 逆向定价法

逆向定价法（Reversely Pricing）也称反向定价法，是指企业根据消费者能接受的最终售价，计算自己的经营成本和利润，逆向推出产品的批发价和零售价，力求价格为消费者所接受。分销渠道中的批发商和零售商多采取这种定价法。逆向定价法的特点是：价格能反映市场需求情况，有利于加强与中间商的良好关系，保证中间商的正常利润，使产品迅速向市场渗透，并可根据市场供求情况及时调整定价，定价比较灵活。

8.3.3 竞争导向定价法

竞争导向定价法（Competition - Based Pricing）是指根据市场竞争的需要，以竞争对手的价格水平作为定价基础的定价方法。主要有随行就市定价法、投标定价法和拍卖定价等（如图8-9所示）。

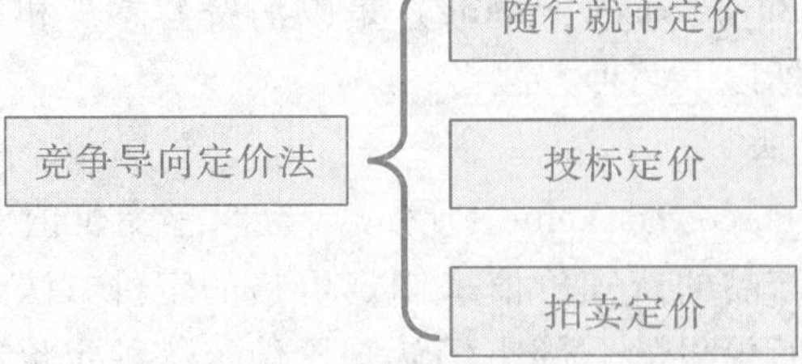

图8-9 竞争导向定价法分类

8.3.3.1 随行就市定价法

随行就市定价法（Going-rate Pricing）是指企业根据行业内现行的平均价格水平来制定价格。它是同质产品市场上常用的定价方法。

在完全竞争市场上，卖方只是价格的接受者，产品价格由市场供求状况决定，因此只能按照现行市场价格出售产品。如果哪家企业产品价格高于时价，各企业都会降价，彼此之间进入价格战，这对哪家企业都没有好处，所以在完全竞争市场上各个企业大多是根据时价定价。

在寡头市场上，经营同质产品的厂商也倾向于和竞争对手相同的价格。因为在这个市场上，消费者了解产品特征，会买低价企业的产品。因此几家企业保持和平共处，尽量维持现有价格。在经营异质产品的市场上，企业产品有差异，可以制定不同的价格，但是一些企业会根据自己的竞争位次制定价格。如市场领导者的产品价最高，挑战者第二，跟随者第三，等等，以保持各自的市场份额。

8.3.3.2 投标定价法

投标定价法（Sealed - Bid Pricing）是指在招投标过程中投标人为了赢得合同，在对竞争者报价进行预测的基础上，兼顾企业应有的利润而制定出比竞争对手低的报价。它一般用于建筑工程、大型设备制造、政府采购等方面。

企业确定的投标价格是以既能取得承包合同又能得到尽可能大的利润为目标，这两者是矛盾的，因此在现实中是很难做到的。虽然企业报价低于竞争对手，但价格的最低限度不能低于边际成本。因此在实际操作中企业常根据期望利润制定投标价格。期望利润是某一投标价格所能取得的利润与估计中标的可能性的乘积。期望利润是企业最大的投标价格，也是最佳的投标报价。

8.3.3.3 拍卖定价法

拍卖（Auction）也称竞买，是指卖方预先展示所出售的物品，在一定时间和地点，按照一定规则，由出卖者用叫价的方法把物品出售给出价最高者的一种定价法。

拍卖一般是由出卖者把现货或样品陈列在拍卖现场，拍卖时按编号依次叫价。叫价有上增和下降两种。上增是先由拍卖人喊一最低价格，然后让竞买人争相加价，直到无人再加价时，拍卖人便用铁锤或木板在桌上一拍表示成交。下降是先由拍卖人喊一最高价，如无人购买，便逐渐落价，直到有应声的买主，拍卖人就拍桌一下表示交易达成。拍卖有自愿拍卖和强制拍卖两种。自愿拍卖是物品所有者自愿委托拍卖行代为拍卖；强制拍卖是物品所有者因破产或其他原因如违法而被强制拍卖。经营拍卖业的拍卖行收入来源于买卖成交后向卖方或买卖双方所收取的佣金。拍卖定价法常用于艺术品、古董、房地产交易。

营销讨论 3

顾客对价值的感受，主要不是由产品成本决定的。例如，一小瓶法国香水，其成本不过十几法郎，而售价却高达数百法郎，就因为它是名牌货。其他牌子的香水即使质量已赶上并超过该名牌货，如果名气不够仍然卖不了那么高的价格。又如，在市场上，一罐可口可乐零售价格不过 3 元左右，而在高级饭店饮用要付 10 元甚至更多；同一种干白葡萄酒市场零售价格不到 20 元，而在三星级以上的高级饭店饮用，定价往往为 70 元甚至数百元。

1. 这三个小例子采用的是什么价格定价法？
2. 根据本节所介绍的定价方法，讨论你所熟悉的某商品所采用的是什么定价方法。

精要回顾

价格是市场营销组合中最活跃和最难控制的因素。影响企业定价的主要因素是产品成本、市场需求、竞争者产品价格，其次还有企业定价目标、国家政策、法律法规、自然条件等诸多因素。

定价策略有五种类型：一是新产品定价策略，主要有撇脂定价、渗透定价和适中定价；二是心理定价策略，主要有声望定价、整数定价、尾数定价、招徕定价；三是折扣定价策略，主要有现金折扣、数量折扣、职能折扣、季节折扣和回扣津贴等；四是地理定价策略，主要有 FOB 原产地定价、CIF 定价、区域定价和基点定价等；五是产品组合定价策略，主要有产品线定价策略、互补品定价策略和成套优惠定价策略。

企业定价方法有三种类型：成本导向定价法、需求导向定价法和竞争导向定价法。

关键概念

1. 固定成本　　2. 变动成本　　3. 边际成本
4. 机会成本　　5. 渗透定价　　6. 撇脂定价
7. 随行就市定价　　8. 声望定价　　9. 产品线定价
10. 竞争导向定价法　　11. 需求导向定价法　　12. 成本导向定价法

思考题

1. 请结合实际谈一谈影响企业定价的因素有哪些。
2. 差别定价法的适用条件有哪些？
3. 企业在什么情况下运用撇脂定价法定价？在什么情况下运用渗透定价法定价？
4. 什么是固定成本？试举例。
5. 什么是变动成本？试举例。

6. 什么是边际贡献定价法？
7. 什么是声望定价？试举例。

营销工作坊－8

在前面的“营销工作坊”里，我们通过充分的分析研究，针对目标市场设计了产品及品牌方案，为产品推出市场做了充分的准备。但是，在产品真正走上市场之前，我们必须确定产品的价格。因此，在本章的“营销工作坊”里，我们的任务是：

1. 分析我们项目所在的行业中，主要竞争品牌主要使用了哪些定价策略与方法，其市场效果如何。
2. 根据竞争环境、竞争产品以及自身产品的具体情况，确定合适的定价方法。
3. 采用合适的定价策略。

把分析结果写成价格策略分析报告。

学习档案

为了体现你在完成这一章的学习之后，已经掌握了相关的理论知识和技能技巧，达到了本章提出的学习目标，你需要提供以下资料：

1. 对本章“引导案例”的分析理解；
2. 对本章“营销讨论”的分析理解；
3. 对本章“思考题”的理解回答；
4. 根据“营销工作坊－8”要求所做的所选行业的价格策略分析报告；
5. 在本章学习过程中的活动参与情况、课外学习情况（包括资料、方式与反馈等）。

9 分销策略

学习目标

▶ 知识目标

1. 认识分销渠道，了解分销渠道的职能；
2. 了解分销渠道的类型，了解影响分销渠道决策的因素；
3. 掌握如何设计以及管理分销渠道。

▶ 技能目标

1. 能结合现实情况和具体案例分析如何进行分销渠道的设计；
2. 能结合产品生命周期和企业特点对不同阶段的产品设计不同的分销渠道。

内容结构图

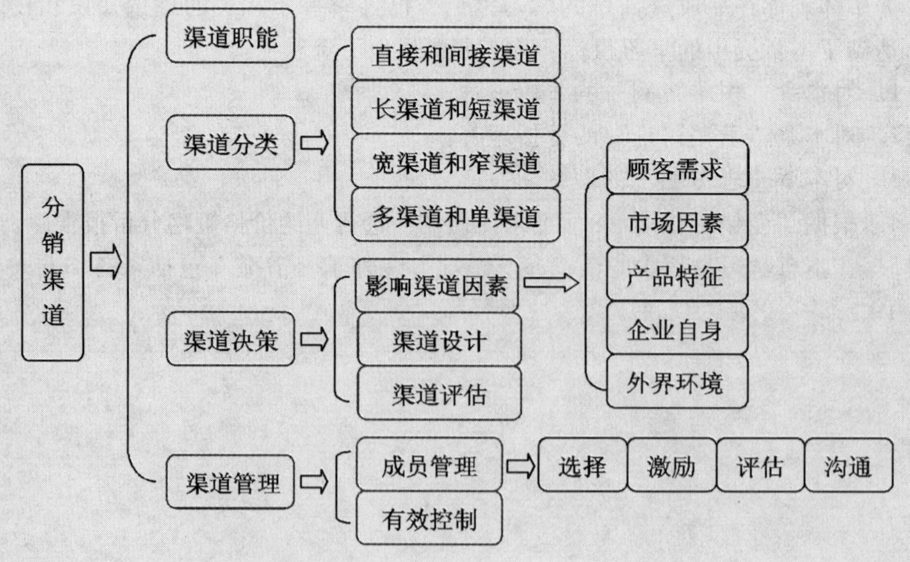

引导案例

昨天、今天、明天——宝洁和分销商的日子

借力经销商发展生意，是个经久不衰的话题。宝洁是世界上最成功运用分销管理方法的案例。分销商，在宝洁的词典里就是负责在指定区域内进行产品的分销覆盖的合作客户。自1988年宝洁公司进入中国以来，宝洁与分销商的合作走过了几个不同的历史阶段：

1988—1992年　推压阶段

此期间的宝洁公司是合资公司，主要的管理和业务人员大部分为原广州市轻工局和广州肥皂厂的员工，年龄偏大、业务素质普遍较低。而合作的分销商主流为各省市国营百货公司、百货批发站、百货商场等，私营批发商只占小部分。当时全国市场经济还处于萌芽期，这些分销商基本都是凭借着传统国有企业的行政优势，坐等县镇级的百货公司、批发站、供销社来登门要货。而宝洁公司的业务人员的要求也只是回款达标即可，对于产品再销售如何则不闻不问。此期间宝洁公司的产品线只有洗发水和洗衣粉，销售额却达几亿元。

1993—1998年　帮助阶段

宝洁公司在1990年开始在各大著名高校招聘管理实习生，这些嫡系部队开始陆续取代老业务人员并走向管理岗位。随着中国市场经济尤其是私有经济的蓬勃发展，宝洁公司的目光也逐步移向了那些有开拓进取意识的个体批发商们，并发展了大量的新分销商（最多时全国接近600个）。此时，产品的供不应求与分销商的综合管理水平低下形成了尖锐的矛盾。于是，宝洁公司在业界率先提出“共赢”概念，一方面自身的销售团队大力开展零售覆盖工作，帮助分销商进行产品的再销售；另一方面也不断加强对分销商的培训。此间，宝洁公司陆续推出化妆品、卫生巾、香皂、牙膏等诸多品类，销售额迅速攀升到几十亿元，成为日化行业中的“龙头老大”，并在1998年全数回购成立时各合资方的股份，成为纯正的独资公司。

1999—2004年　服务转型阶段

1999年，宝洁公司推出了一个极具创新和挑战性的“分销商2005计划”，对分销商的未来发展做了一个规划：分销商应该为上级和下级合作伙伴提供增值服务，以后的盈利来源不是产品买卖之间的差价，而是通过提供增值服务来赚取合理的佣金。分销商同时受到来自现代（Key Account，KA）渠道和传统批发渠道的双重压力。此间，宝洁公司一方面建立专职的零售客户直营队伍和相关系统，以取代分销商直接与KA合作；另一方面，将全国几百个分销商整合到一百个左右，以保证大分销商的经营热情，并推出了分销商一体化生意管理系统（Integrated Distributor System，IDS）。经过艰苦的整合和磨合，宝洁公司最终完成了组织架构和渠道结构的重组，2002年以后销售稳定发展，并以一百多亿元的销售额稳坐行业头把交椅。　（根据http://manage.org.cn/Article/200911/68628.html整理改编）

分析与讨论

宝洁公司一贯乐于并善于创新，品牌管理如此，渠道管理也如此。强强联合、优势互补才是优秀厂家和优秀经销商稳定合作的基础。像宝洁公司这种行业巨无霸式的厂家，仍然需要分销商帮助其舒张血脉。

1. 试分析宝洁公司是如何通过分销商开拓市场的。

2. 经过十多年的打造，宝洁公司已经成为中国第一大日化企业，旗下众多知名产品，牢牢占据市场，为何在如日中天的时候又突然对分销商进行调整？

9.1 分销渠道的含义与职能

在商品经济条件下，生产者与消费者之间的供求关系，在时间、地点、数量、品种、信息、产品估价和所有权等多方面存在着差异和矛盾。企业生产出来的产品要实现价值，要通过一定的方式、方法和路线，才能在适当的时间、地点，以适当的价格和方式提供给消费者，满足市场需要，实现企业的营销目标。分销（Distribution）就是产品由生产地点向销售地点运动的过程。

9.1.1 分销渠道的概念

菲利普·科特勒认为：分销渠道（Distribution Channel），又称销售渠道或营销渠道，是指某种货物或劳务从制造商向消费者移动时，取得这种货物或劳务的所有权或帮助转移其所有权的所有企业和个人。它主要包括商人中间商和代理中间商，此外，它还包括作为分销渠道的起点和终点的生产者和消费者。但是，它不包括供应商、辅助商等（如图 9-1 所示）。

图 9-1 分销渠道概念

在市场营销理论中，有两个与渠道相关的术语经常被提起：市场营销渠道和分销渠道。

与市场营销渠道不同的是，分销渠道中不包括供应商以及辅助商。作为帮助企业把产品及所有权从生产者转移到消费者或者用户的有关中介单位组成的一个系统，起点是企业，即生产者，终点是消费者或用户。产品在这个过程中，所有权至少要转移一次。

实例链接

从1999年占据北京50%的市场份额，到2010年92%的份额，燕京啤酒始终将牢牢占据北京市场作为最基本的市场战略。燕京啤酒与经销商大多有着十几年的长期合作关系，而且他们大都只卖燕京啤酒。燕京啤酒注重信誉，该给予经销商的利润、促销的费用，全部及时兑现，十几年来一次也没爽约。目前，燕京啤酒有一级经销商160多家，二级经销商960多家。尽管北京啤酒业竞争越来越激烈，但为维护经销商渠道，燕京啤酒也不想改变其原有的市场策略。

9.1.2 分销渠道的特征

分销渠道由生产者、消费者和中间商组成，包含以下特征：

（1）分销渠道的起点是生产者，终点是消费者或用户。它所组织的是从生产者到消费者之间完整的流通过程。在这个过程中，主要包含两种运动：一是商品价值形式的运动（商品所有权的转移，即商流），二是商品实体的运动（即物流）（如图9－2所示）。

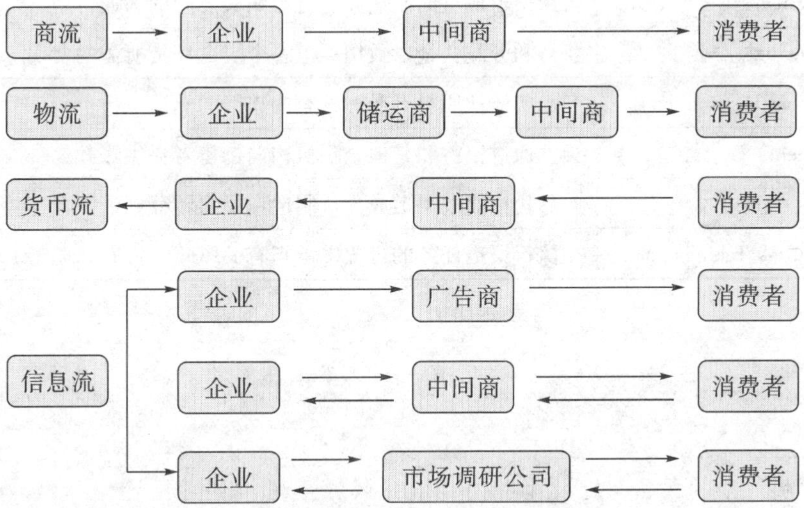

图9－2 分销渠道流程图

（2）分销渠道的主体是参与产品流通过程的商人中间商和代理中间商。

（3）在分销渠道，产品或服务从生产者流向消费者的过程中，商品所有权至少转移一次。所有权转移的次数越多，商品的分销渠道就越长。

（4）在分销渠道中，除了产品所有权转移方式外，在生产者与消费者之间还存在着其他一系列流通辅助形式，如物流、信息流、资金流等，它们发挥着相当重要的协调和辅助作用。

（5）企业的分销渠道相对稳定。特定的商品有特定的流通渠道，而特定的流通渠道涉及有关的企业和个人。企业培养出一条有效的分销渠道需要花费大量的时间和资金，如果频繁地变动分销渠道，会影响企业一定时期内的营销组合策略和营销战略的实施。

9.1.3 分销渠道的职能

分销渠道的职能见表9-1。分销渠道提供了许多物流或者实体分销功能，对产品从生产者转移到消费者这个过程中所必须完成的工作加以组织，目的在于消除产品或者服务与使用者之间分离的矛盾，提高了产品从生产商到消费者之间的流动效率。图9-3显示了中间商存在的意义。

表9-1　分销渠道的职能

渠道的职能	渠道的作业
信息（Information）	收集和传播营销环境中有关潜在和现行的顾客、竞争对手和其他参与者及力量的营销调研信息
促销（Promotion）	发展和传播有关供应物的富有说服力的吸引顾客的沟通材料
谈判（Negotiation）	尽力达成有关产品的价格和其他条件的最终协议，以实现所有权或者持有权的转移
订货（Ordering）	营销渠道成员向制造商进行有购买意图的沟通行为
融资（Financing）	获得和分配资金以负担渠道各个层次存货所需的费用
物流（Physical Distribution）	产品实体从原料到最终顾客的连续的储运工作
付款（Payment）	买方通过银行和其他金融机构向销售者提供账款
所有权转移（Title）	产品物权通过渠道成员从制造商最终转移到消费者
承担风险（Risk Taking）	在执行渠道任务的过程中承担有关风险（库存风险等）

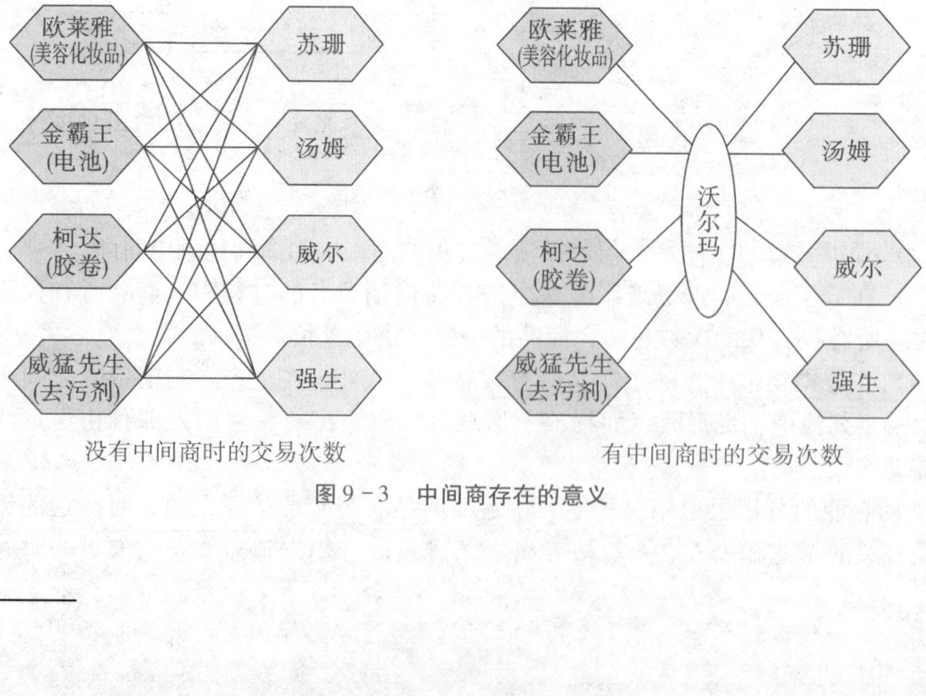

图9-3　中间商存在的意义

9.2 分销渠道的分类

9.2.1 分销的形式

分销渠道有不同的表现形式，其中最为常见的有以下几种：

9.2.1.1 批发商（Wholesaler）经销

批发是指供转售、进一步加工或变化商业用途而销售商品的各种交易活动。批发商处于商品流通起点和中间阶段，交易对象是生产企业和零售商，一方面它向生产企业收购商品，另一方面它又向零售商批销商品，并且是按批发价格经营大宗商品。批发商可分为四大类，如图9－4所示：

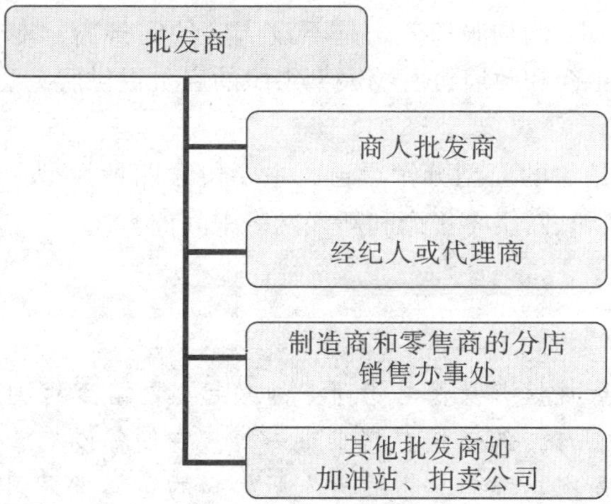

图9－4 批发商的分类

9.2.1.2 零售商（Retailer）经销

零售商是指将商品直接销售给最终消费者的中间商，处于商品流通的最终阶段。零售商的基本任务是直接为最终消费者服务，在地点、时间与服务方面，方便消费者购买，同时又是联系生产企业、批发商与消费者的桥梁。

零售商的类型千变万化，新组织形式层出不穷。我国在1998年7月将零售业商店分为八类：百货店、超级市场、大型综合超市、便利店、仓储式商场、专业店、专卖店、购物中心（如图9－5所示）。

9.2.1.3 无门市零售形式经销

虽然大多数物品和服务是由商店销售的，但是无门市零售却比商店零售发展得更快。

（1）直复市场营销：一种为了在任何地方产生可度量的反应和达成交易而使用一种或多种广告媒体的互相作用的市场营销系统。

（2）直接销售：主要有挨门挨户推销、逐个办公室推销和举办家庭销售会等形式。

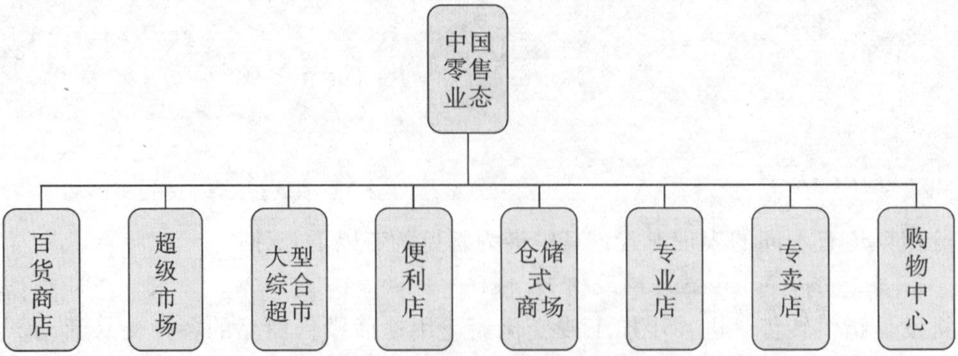

图9-5　中国零售业类型

（3）自动售货：使用硬币控制的机器自动售货是第二次世界大战后出现的一个主要的发展领域。

（4）购物服务公司：购物服务公司是不设店堂的零售商，专为某些特定顾客，通常是为学校、医院、工会和政府机关等大型组织的雇员提供服务。

9.2.1.4　网上销售平台经销

通过互联网进行销售的新型分销渠道，主要包含四种类型：制造商网络平台、传统零售商网络平台、新兴网络零售商和新兴网络中间商。

实例链接

随着互联网的大规模普及，电子商务的兴起，网络直销和电视直销也越来越多地出现在生活中。与传统直接分销渠道一样，它们都没有营销中间商，但也具备传统分销渠道的所有功能。其中最为人所熟知的当属橡果国际电视购物，以整合营销主导产品和分销渠道，借助拥有的中国数十个电视频道上百万分钟的广告时段，可以让产品在短时间内集中曝光，形成品牌。

9.2.2　分销渠道的类型

由于企业的产品类别、经营策略以及市场环境和条件的不同，不同企业根据不同产品的特性所选择的分销渠道也不同。

（1）按照商品在交易过程中有无中间商介入，分销渠道可划分为直接渠道与间接渠道；

（2）按照流通环节的多少，可划分为长渠道和短渠道；

（3）按照同一层次中间商的多少，可划分为宽渠道和窄渠道；

（4）按照企业采用分销渠道的多少，可划分为多渠道和单渠道。

9.2.2.1　直接渠道和间接渠道

直接渠道也称零级渠道，指产品不通过任何中间商，由生产商直接将产品销售给消费者和用户的渠道类型。如上门推销、电视直销、网上直销、邮购等。直接渠道可以使企业减少产品损耗，降低产品费用，缩短分销时间，加速产品流通；由于直接渠道不经过中间环节，可以降低流通费用，掌握价格的主动权，积极参与竞争。但直接渠道也存在不足，如生产商在销售上投入大、花费大，而且销售的范围和数量也受到限制。

间接渠道指生产商通过中间商环节，将产品销售给最终消费者或用户的渠道类型。间接渠道是消费品分销的主要方式，其原因是通过中间商分销企业可以获得更多利益。工业品中有许多产品，例如化妆品通常采用间接分销的方式。间接渠道的优点是：中间商的介入，使交易次数减少，节约了流通成本和时间，降低了产品价格。其不足是：中间商的介入，使制造商与消费者之间的沟通不便。间接渠道包括一级渠道、二级渠道、三级渠道等。

实例链接

AMAZON 的间接销售渠道

当你从 AMAZON 公司在线购买书籍时，这些书籍最早是源于某个出版商，然后由批发商将其买断。AMAZON 公司在这里的工作只是通过它的互联网网站收集消费者的订单，然后将订单发给批发商处理。批发商如能供货则将书发到 AMAZON 公司的仓库里，接着 AMAZON 再将书籍经过分装后送到各个消费者手里。

9.2.2.2 短渠道和长渠道

分销渠道根据中间流通环节（层次）的多少分为长渠道和短渠道。没有中间环节的直接渠道最短；经过环节、层次越多，销售渠道就越长。通常将零级和一级分销渠道称为短渠道，二级以上的分销渠道称为长渠道（如图 9－6 所示）。

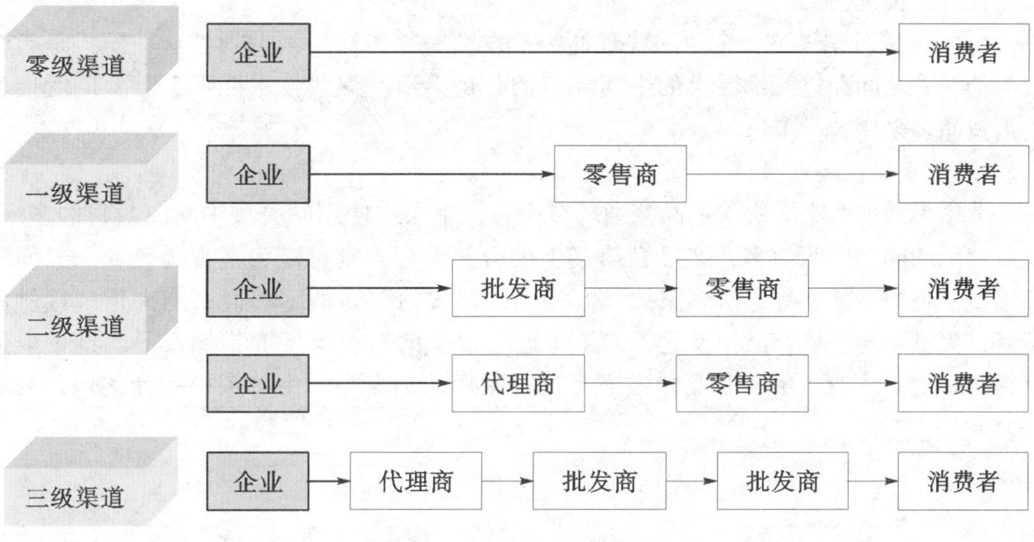

图 9－6 长渠道和短渠道图

短渠道分类：

（1）零级分销渠道：企业→消费者。也称 两站式渠道，即直销渠道。产品不经过任何中间环节，直接由企业供应给消费者，是一种最简便、最短小的渠道。

（2）一级分销渠道：企业→零售商→消费者。这种模式指企业和消费者之间只经过一个层次中间环节的分销渠道，也是最常见的一种销售渠道。特点是中间环节少，分销渠道短，企业能充分利用零售商的力量扩大产品销路。销售家具家电等产品的大型综合专业零售商宜家、沃尔玛就是最典型的例子。

实例链接

瑞典宜家（IKEA）独具风格的“卖场展示”渠道策略

宜家的渠道策略是独立在世界各地开设卖场，专卖宜家自行设计生产的产品，直接面向消费者，控制产品的终端销售渠道。宜家在全球共有180多家连锁零售商场，分布在40多个国家，雇佣了7万名员工。2003年度IKEA获得了110亿欧元的销售收入和超过11亿欧元的净利润，成为全球最大的家居用品零售商。

长渠道分类：

（1）二级经销渠道：企业→批发商→零售商→消费者。企业把产品售给批发商，由批发商转卖给零售商，最终由零售商销给消费者。企业与消费者之间经过两个层次的中间环节的分销渠道。这种分销渠道适用于一般日常选购品、消费量较大的杂货、药品等。

（2）二级代理分销渠道：企业→代理商→零售商→消费者。这种分销模式也是企业与消费者之间经过两个层次的中间环节的分销渠道。与二级经销渠道不同的是，代理商代替了批发商。

（3）三级分销渠道：企业→代理商→批发商→零售商→消费者。这种模式是指企业与消费者之间经过三个层次的中间环节的分销渠道。一些技术性强又需要广泛推广的消费品多采用这种渠道。

9.2.2.3 宽渠道和窄渠道

分销渠道的宽窄取决于产品流通环节中每一个层次使用同类型中间商数目的多少。企业使用的同类中间商多，产品在市场上的分销面广，则称之为宽渠道。如一般的日用消费品毛巾、牙刷等，由多家批发商经销，转卖给更多的零售商，能大量地接触消费者，大批量地销售产品。反之，如果只通过很少的专业批发商推销产品，这种渠道就是窄渠道。一般适用于专业性强或者贵重耐用的消费品，由一家中间商统包，几家经销。

实例链接

海尔模式——零售商为主导的营销渠道系统。在海尔模式的分销网络中，百货店和零售店是其中主要的分销力量，海尔工贸公司就相当于总代理商，所以批发商的地位很弱。海尔的销售政策也较偏向于零售商，不但提供更多的服务和支持，而且保证零售商可以获得较高的毛利率。而海尔留给批发商的利润空间十分有限，不过海尔产品的销售量大，且价格稳定，所以最终利润还是可以得到保证的。海尔削弱了分销商在销售链条中的地位，掌控了利益分配，分配给零售商较多的利润，提高了海尔在众多经销商心中的高利润品牌形象，有利于海尔发展经销商，进而占领市场。

营销讨论1

戴尔是传统的直销模式的始祖，它通过互联网或者电话向消费者和商业用户直销产品，也是其成功的最大秘诀。“直销是一种革命，但不是信仰”。当这些话成为复出的迈克·戴尔的新的宣言时，一场变革在戴尔内部也随之展开。种种迹象表明，戴尔正在突破以往擅长的直销模式，开始尝试利用中间商。这是个耐人寻味的现象，在外界努力复制戴尔直销模式的时候，他为何舍长取短，开始尝试分销？2009年6月10日，3500家沃尔玛卖场迎来了一位新“客人”，过去这个“客人”是不可能进驻卖场的，它就是以直销著称的戴尔公司。在中国，戴尔也快速采取了类似的做法。9月，戴尔正式宣布与国美电器合作，根据双方协议，国美电器是戴尔目前在中国唯一经过授权的零售渠道。在未来的规划中，戴尔开始尝试利用其他分销渠道场所。比如利用主要机场的自助服务柜台来展示和销售产品。在拓展其他渠道的同时，戴尔也不想对主要的直销渠道产生负面影响。

收集相关信息，你认为戴尔公司为什么要一改其独一无二的直销模式，开始直销分销相结合的新模式？戴尔能够成功地使其传统的直销分销模式与零售的店铺分销模式共存吗？

9.3 分销渠道的决策

菲利浦·科特勒指出：市场营销渠道决策是管理部门所面临的最重要的决策之一。一个企业的渠道决策直接影响到其他每一个营销决策。企业营销管理的成败，很大程度上取决于分销渠道的选择，企业必须认真分析各种渠道的特点及影响因素，以便做出正确的渠道决策。

9.3.1 影响分销渠道选择的因素

分销渠道的选择，应以确认企业所要达到的目标市场为起点。在实践中，有利的市场加上有利的渠道，才能获得理想的利润。分销渠道决策的核心问题，是确定到达目标市场的最佳途径。所以，在选择渠道时必须充分考虑以下因素的影响（如图9－7所示）：

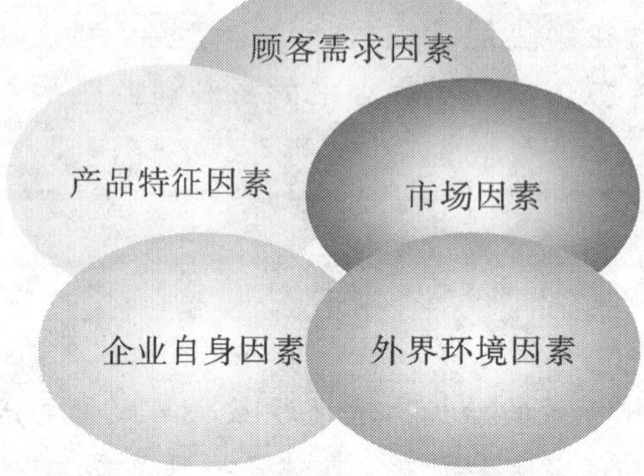

图9－7 影响分销渠道决策的因素

9.3.1.1 顾客需求因素

同大多数的营销决策一样，中间商的选择也要始于顾客。主要了解企业所选择的目标顾客群要购买什么商品，习惯在什么时间、什么地点购买，如何买以及他们希望中间商提供的购买服务水平、时间、空间、便利条件等。

9.3.1.2 产品特征因素

不同产品适合采用不同的分销渠道，企业在选择分销渠道时必须首先考虑到这一点。

（1）产品的价格：价格昂贵的产品，多用较短、较窄的渠道分销；较便宜的一些产品，销售渠道则较长、较宽。如日用百货的生产企业经常将产品经由批发商转售给零售商，再出售给消费者；而高级成衣的生产企业，则通常将产品直接交由大型百货公司或者专卖店出售。

（2）产品的时尚性：款式容易发生更新，流行性、时尚性强的产品如时装和电子产品等，为避免过时，应尽可能缩短分配路线。

（3）产品的重量和体积：较轻、较小的产品，一般用较长、较宽的渠道；笨重及体积大的产品如大型机械设备、建筑用材料，多采用较短的渠道。

（4）产品的物理化学性质：有效期短以及易腐、易毁的产品应尽量避免多次转手、反复搬运造成损失，尽可能迅速地把产品出售给消费者，故多采用较短的渠道，如牛奶、水果、蔬菜、海鲜、玻璃制品等。

（5）产品的技术性：技术复杂性较高的产品，对售后服务和维护的要求也更高，而中间商缺乏必要的知识，由生产企业直接销售给用户为好，一般多用较短的渠道。

（6）产品的标准化程度：标准化程度高、通用性强的产品，渠道可长可短；非标准化的专用性产品，渠道宜短宜窄，一般由企业营销人员直接销售。

（7）产品是否为耐用品：耐用品多用较短渠道，非耐用品多用较长的渠道。产品是否为新产品：新产品上市，多用较短渠道；若是已经打开销路的产品，可以考虑采用较长的渠道。

9.3.1.3　市场因素

（1）市场区域的范围大小：市场区域宽广，宜用较宽、较长渠道；地理范围较小的市场，可采用较短、较窄的渠道。

（2）市场的集中与分散程度：产品的销售市场比较集中的纺织业、服装业可用较短、较窄的渠道向这些地区直接供货；对于分散生产、分散消费的产品，需要更多地发挥中间商的作用，多采用长而宽的渠道。

（3）消费者的购买习惯：顾客每次购买最少而购买次数频繁的产品，应采用较长的渠道，例如五金、药品、烟草等顾客每次购买数量大而购买次数少的产品，应采用较短的渠道。

（4）竞争状况：通常，企业使用与竞争者品牌相同或类似的渠道，如食品企业。竞争特别激烈时，则应寻求有独到之处的销售渠道。例如，竞争者普遍使用较短、较窄的渠道分销产品时，企业一反常规采用较长、较宽的渠道。

9.3.1.4　企业自身因素

（1）企业的规模和实力：规模大、资金力量雄厚的企业，有能力建立自己的销售网络体系，对渠道的控制程度要求高些，或者要求渠道短些；而规模小、资金力量不强的企业，往往须依靠中间商提供销售服务。

（2）企业的声誉和市场地位：声誉和形象良好的企业，越容易取得与中间商的广泛合作，选择中间商的余地就越大；相反的，声誉不高或没有地位的企业，中间商不大乐意合作，选择的余地就比较小。

（3）企业的经营管理能力：有能力控制销售渠道的企业，可选择较短的渠道，不必太依赖中间商；管理能力较低的企业，需要物色可靠、信誉好的中间商提供服务，多用较长的渠道。

（4）企业的服务能力：产品的售后服务也是很重要的。如果企业具备为最终消费者提供多元化的各项服务，如安装、调试、维修、操作培训等，则可以取消一些中间环节，采用短渠道，节约成本。如果企业的服务能力有限，则应当充分发挥中间商的作用。

（5）企业控制渠道的程度：如企业希望时刻控制渠道，以便有效控制产品零售价格，进行有效宣传推广，则不宜采取长渠道、宽渠道结构；反之，如果企业不希望控制渠道，则可选择长渠道。

9.3.1.5　外界环境因素

（1）经济环境：经济繁荣的时候，市场需求也相对旺盛，企业可以选择合适的长渠道；当经济不景气时，需求下降，市场萎缩，制造商总是希望以最经济的方式将其产品运到市场，力求使用较短的渠道，放弃可能增加货物最终价格的服务；

（2）政府有关立法及政策规定：专卖制度、反垄断法、进出口规定、税法等政策法令都会影响企业对分销渠道的选择。如烟酒实行专卖制度后，企业就应当依法选择指定的分销渠道进行销售；又如在出台限制企业进行多层传销的有关规定后，企业就不能选择多层传销这种分销渠道。

（3）信息技术的迅猛发展：随着互联网在20世纪90年代异军突起，互联网技术的发展对社会经济生活的各个方面，包括企业的生产和经营都产生了巨大的影响。作为企业营销系统的一个重要部分，分销渠道在这种影响下也正在发生深刻的变化。可以这样说，由于互联网技术的出现，传统分销渠道模式正在受到强烈的冲击。互联网的出现使信息交流方式的成本降低，帮助企业增加、疏通、细化分销渠道，迅速和准确掌握市场信息，提高产品竞争力。

实例链接

莲花味精的渠道选择

莲花味精是我国食品市场中的名牌产品，在市场中具有较高的品牌认知度和市场占有率。尽管每家每户都需要，但是消费者的购买频率低，每次购买的数量也相对较小。基于这样的产品特性，莲花味精选择各地有较强分销能力的食品批发企业作为销售代理，通过代理公司将产品摆放在包括便利店、超市、仓储式商店及各类食品商店的货架上。基于消费者通常是在出售食品特别是副食品的商店中购买味精，因此，企业必须选择此类商店作为销售场所。作为购买频率较低和数量较小但又是消费者经常需要的商品，消费者对其购买的便利性要求较高，这就要求企业应该具有较高密度的销售网点，能够最大限度地接近消费者并为其提供便利。大多数零售企业，特别是经营副食品的各类零售商店，其销售规模和经营实力都比较小，没有能力和渠道从生产企业获得稳定的货源，进货渠道主要是依赖当地的各种食品批发公司。因此，莲花味精制定了“借船出海”的销售渠道策略，即在各个区域市场中选择一些具有较强分销能力的食品批发公司，并与之建立起地区销售总代理关系，利用批发公司的既有销售渠道迅速进入和占领市场。例如在北京及华北地区市场，莲花味精的总代理是北京朝阳副食品批发公司，它是北京及周边地区最大的食品批发企业，在北京及周边地区市场有较高市场信誉和销售网络体系，使莲花味精迅速在北京及华北地区市场站稳了阵脚，取得了十分突出的销售业绩。

9.3.2 分销渠道的设计

分销渠道的设计就是建立以前从未存在过的分销渠道或者对已经存在的分销渠道进行变更完善的营销活动。分销渠道的设计是整个渠道决策的核心，渠道设计首先是对影响渠道建设的因素进行深入分析，然后拟订出可供选择的分销渠道方案。一般来说，设计一个有效的渠道系统，需经过以下步骤：

9.3.2.1 确定渠道目标和模式

企业要根据其营销战略目标与分销目标的要求，对各类影响因素进行综合分析，来据此决定企业分销渠道的目标和模式。每一个生产者在确定渠道目标和模式时都必须考虑来自目标消费者、产品、中间商、竞争企业本身、市场环境等方面的特性。

9.3.2.2 确定渠道的宽度

渠道的宽度，即企业确定在每个层次上使用中间商数目的多少，一般有三种策略可供选择。表 9－2 总结了这三种策略的特征比较。

表 9－2 分销渠道宽度三种策略比较表

	密集性分销	选择性分销	独家分销
渠道的长度、宽度	长而宽	较短而窄	短而窄
中间商数量	尽可能多的中间商	有限中间商	一个地区一个中间商
销售成本	高	较低	较低
宣传任务承担者	生产者	生产者、中间商	生产者、中间商
商品类别	便利品、消费品	选购品、特殊品	高价品、特色商品

密集型分销（Intensive Distribution）指制造商尽可能多地通过许多负责任的，适合的批发商、零售商推销产品。力求使商品能广泛地和消费者接触，在方便消费者购买的同时，也推动了产品迅速、广泛地占领市场。日常用品中的便利品（香烟、肥皂等）和工业用品中的标准件、通用小工具等，适于采取这种分销形式，以提供购买上的最大便利。

实例链接

可口可乐公司是一个大型的跨国快速消费品公司，因此，其营销渠道结构是一个非常复杂的结合体。概括地说，它是以间接渠道和宽渠道为主要形式，多级渠道并存的多渠道组合。其中最为消费者常见的是它采用的密集型分销渠道策略。可口可乐公司的产品出现在百货公司、连锁超市、便利店、小商店等地方。总之，在任何地方人们只要想买饮料，就能买到可口可乐的产品，这种十分密集的渠道策略，增强了可口可乐的竞争力，为可口可乐公司提供了广阔的市场覆盖面。

独家分销（Exclusive Distribution）指在一定地区内只选定一家中间商经销或代理，通常双方协商签订独家经销合同，实行独家经营，规定经销商不得经营竞争者的产品。独家分销通常适用于高档服装、电器、汽车以及一些名牌商品的销售。这种策略有利于制造商对中间商的控制，调动其经营积极性，占领市场。但是，独家分销使得销售渠道过于狭小，在抓住一部分消费者的同时，也往往使企业失去更多的市场。

选择性分销（Selective Distribution）是介于上述两种形式之间的分销形式，即生产商在某一地区仅仅通过少数几个精心挑选的、最合适的中间商推销其产品。选择性分销适用于消费品中的选购品，也适用于所有产品。一方面，它比独家分销面广，有利于企业扩大市场，展开竞争；另一方面，它又比密集性分销节省费用，对分销渠道的控制也比较容易。

实例链接

奥迪在中国市场上采取了选择性分销策略，奥迪将A4、A6系列通过德国奥迪公司、德国大众公司与一汽集团的合资企业——长春一汽—大众汽车有限公司生产，而奥迪A8则采取进口，由奥迪中国公司负责。由于奥迪系列产品有“进口”与“本土”生产之分，而国家明文规定“国产车”与“进口车”不能混合销售，使得奥迪A4、A6和A8进入市场的渠道有所不用，经销商服务配套体系方面亦有所区别。在世界高档豪华车市场上，宝马、奔驰都是奥迪最强劲的竞争对手，就产品线而言，奥迪A4产品级别与宝马3系列相当，奥迪A6与宝马5系列、奔驰C系列相当，A8与奔驰S系列、宝马7系列相当。通过这种策略，奥迪公司成功地完成了在中国市场上的产品布局。

9.3.2.3 确定渠道成员彼此的权利和责任

企业需要与渠道的每个成员达成协议，明确各渠道成员的权利和义务，进行相互的约束，以维护各自的利益。如对不同地区、不同类型的中间商和不同的购买量给予不同的价格折扣，提供供货保证、质量保证、退换货保证，明确应执行的特定服务。中间商应向制造商提供市场信息和各种业务资料，保证实行价格策略，达到服务标准等，尤其是对采取特许经营和独家分销渠道的成员更应明确其权利与义务。

9.3.3 分销渠道方案的评估

分销渠道方案确定后，生产厂家就要根据各种备选方案，进行评价，找出最优的渠道路线，通常渠道评估的标准有三个：经济性、可控性和适应性（如图9－8所示），其中最重要的是经济标准。

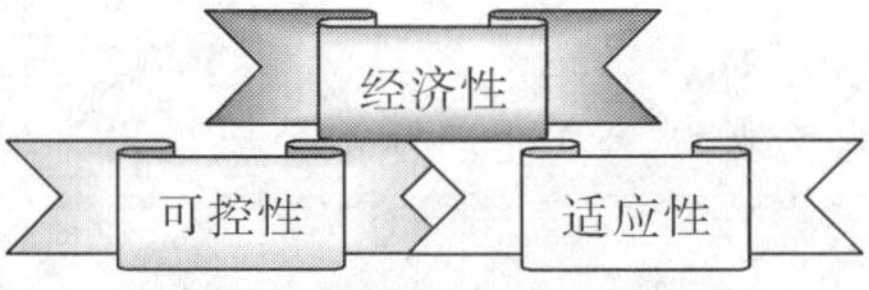

图9－8 分销渠道评估标准

9.3.3.1 经济性标准

经济性标准主要是比较每个方案可能达到的销售额及费用水平。

（1）比较由本企业推销人员直接推销与使用销售代理商哪种方式销售额水平更高。

（2）比较由本企业设立销售网点直接销售所花费用与使用销售代理商所花费用，看哪种方式支出的费用大，企业进行权衡，从中选择最佳分销方式。

9.3.3.2 可控性标准

企业对分销渠道的设计和选择还应考虑能否对其分销渠道实行有效地控制。分销渠道是否稳定对于企业能否维持其市场份额，实现其长远目标是至关重要的。一般来说，采用中间商可控性小些，企业直接销售可控性大；分销渠道长，可控性难度大，渠道短可控性较容易些，企业必须进行全面比较、权衡，选择最优方案。

9.3.3.3 适应性标准

在评估各渠道方案时，还需要考虑分销渠道是否具有地区、时间、中间商等适应性。

（1）地区适应性：在某一地区建立产品的分销渠道，应充分考虑该地区的消费水平、购买习惯和市场环境，并据此建立与此相适应的分销渠道。

（2）时间适应性：根据产品在市场上不同时期的适销状况，可采取不同的分销渠道与之相适应。如季节性商品在非时令季节就比较适合于利用中间商的吸收和辐射能力进行销售；而在时令季节就比较适合于扩大自销比重。

（3）中间商适应性：企业应根据各个市场上中间商的不同状态采取不同的分销渠道。如在某一市场若有一两个销售能力特别强的中间商，渠道可以窄一点；若不存在突出的中间商，则可采取较宽的渠道。同时还要评估分销商的实力、能力和信誉。

营销讨论 2

以快速消费品行业为例，一部分外资、台资为代表的一线品牌，由于受销售理念、销售模式等因素的影响，往往会陷入止于县城的谜团。其中康师傅就是典型的例子。自 2000 年第一阶段通路完成后，康师傅建立了遍布全国的营业据点和仓库，形成了庞大的经销网络，控制了终端零售，但遗憾的是，康师傅这个一线品牌却往往止于县城。在乡镇、农村市场康师傅卖不过白象，这不禁让人咋舌。

一线品牌为什么止于县城呢？这还得从销售渠道设计说起。就康师傅而言，自从 2000 年导入通路精耕模式后，在地级以上城市建立了自己的直营公司、营业所和仓库，这就直接导致它的运营费用非常高。但是，中间的渠道利润却被大大压缩。由于乡镇、农村市场相对分散，配送、维护费用太高，加之渠道利润太低，所以一线品牌在乡镇、农村市场遭到了“封杀”。

请结合分销渠道的选择和设计有关知识，分析康师傅应该如何打通乡镇、农村市场的销售渠道。

9.4 分销渠道的管理

对分销渠道进行有效的管理是为了规范和协调渠道成员的行动，提高渠道的整体运作效率；发挥渠道的竞争优势；降低分销渠道成本。需要加强渠道的创新。渠道创新变革的最终目的是为了尽可能地“降低成本，提高效率”。可以通过减少流通环节，统购分销，对产品集中出货，加快库存和资金周转率来实现。

9.4.1 分销渠道的成员管理

分销渠道建立以后，企业还必须对其进行管理，目的是加强渠道成员间的合作，调解渠道成员间的矛盾，从而提高整体的分销效率。对分销渠道的管理主要是对中间商进行管理，内容包括选择、激励、评估与沟通四个方面（如图9-9所示）。

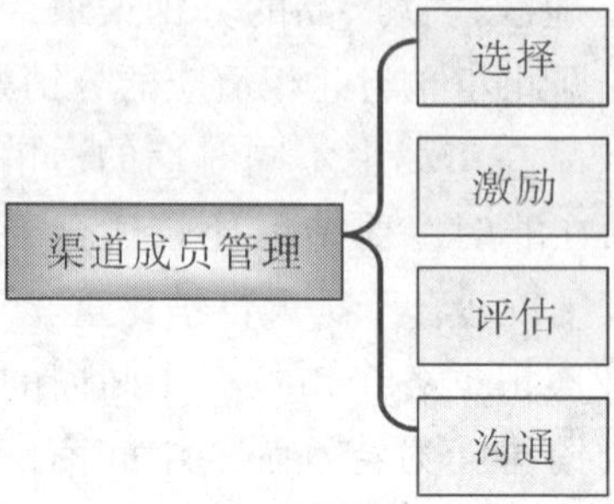

图9-9 分销渠道成员管理项目

9.4.1.1 选择渠道成员

选择经销商要广泛收集有关经销商的声誉、市场经验、产品知识、市场范围、管理能力和服务水平等各方面的信息。

9.4.1.2 激励渠道成员

生产者不仅要选择中间商，而且要经常激励中间商使之尽职。对经销商的激励可以分为直接激励和间接激励。直接激励包括制定严格的返利政策、价格折扣和开展促销活动；间接激励包括培训经销商和向经销商提供营销支持。同时，生产者必须尽量避免激励过分（如给中间商的条件过于优惠）和激励不足（如给中间商的条件过于苛刻）。

实例链接

百事可乐对在中国的渠道成员进行激励管理。1994年至今，百事在四川每年的销售额都以平均110%的速度在增长，却是建立在只生产三个品牌的碳酸饮料——百事可乐、七喜、美年达的基础上。在市场启动初期，百事可乐面对当时市场占有率极高的健力宝和雪碧、可口可乐等强势品牌，制定了一系列扣率管理政策，采用季扣和年扣相结合，积极鼓励各级经销商全面追求销量最大化，快速提升了百事可乐系列产品的市场占有率。当进入市场成长期时，百事可乐对客户地域分布状况和经销商网络结构进行了优化，采用现扣、年扣和专卖奖励三种方式发放折扣。经过5年的运作，百事可乐系列产品开始步入市场成熟期，为稳定价格和市场，公司将折扣政策又细分为年扣、季度奖励、年终奖励、专卖奖励和下年度支持奖励。

9.4.1.3 评估渠道成员

生产企业除了选择和激励渠道成员外，还必须定期地、客观地评估他们的绩效。生产企业还可以根据实际情况、渠道成员的实绩，对渠道结构加以调整：增减渠道成员；增减销售渠道；变动分销系统。

9.4.1.4 沟通

沟通是保证渠道畅通的一个很重要的条件。因此，如何促成渠道成员之间的相互理解、相互信赖乃至紧密合作，是分销渠道管理中一个重要的方面。沟通可以分为信息沟通和人际沟通两种形式：

（1）信息沟通：及时有用的信息是企业经营成功的基础，因此企业一定要建立相关的信息沟通机制，及时向渠道成员传递有关消费者信息、产品信息、价格信息、技术信息、环境信息、竞争者信息等渠道成员感兴趣的信息。

（2）人际沟通：在现实经营过程中，生产企业往往对经销商不满，究其原因是因为生产企业是站在自己的角度看问题。对于生产企业来说要理解经销商，经销商是一个独立的经营者，而不是企业的雇佣，他们有自己的经营目标和经营政策，他们关心所有产品的销售，而不会把注意力只放在一种产品上，他们首先是消费者的采购代理人，然后才是企业的销售代理人，了解了经销商的这些特点，渠道成员就可以相互理解，相互合作，保持渠道的畅通。

9.4.2 分销渠道管理的方法

生产企业可以对分销渠道实行两种不同程度的控制，即高度控制和低度控制。

9.4.2.1 高度控制

生产企业能够自由选择负责其产品销售的中间商的类型、数目和地理分布，并且能够支配这些中间商的销售政策和价格政策，我们称之为高度控制。根据企业的实力和产品性质，这样的绝对控制在某些情况下是可以实现的。比如一些生产特别品种的大型生产企业，往往能够做到对营销网络的绝对控制。日本丰田汽车公司把东京市场划分为若干区域，每一区域由一名业务经理专门负责，业务经理对于本区域内的分销商的资料都详细掌握，通过与中间商的紧密联系关注市场变化，及时反馈用户意见，不断督促中间商努力。

绝对控制对某类企业有着很大的益处，利用绝对控制维持高价格可以维护产品的优质形象；即使对于一般产品，绝对控制也可以防止价格竞争，保证经济效益。

9.4.2.2 低度控制

如果生产企业无力或者不需要对整个渠道进行绝对控制，企业往往可以通过提供具体支持协助来影响分销中间商，这种控制的程度是比较低的，大多数企业的控制属于这种方式。

低度控制也称为影响控制，包括：

（1）向中间商派驻代表。大型企业一般都会派驻代表到其分销中间商去监督产品的销售。生产企业人员也会给渠道成员提供一些具体的帮助，如帮助训练销售人员、组织销售活动和设计广告等，通过这些活动来掌握他们的销售动态。生产企业也可以直接派人支援中间商，比如目前常见的厂家专柜销售、店中店等形式均属于此类。

（2）与中间商多方式合作。企业可以利用多种方法激励营销中间商宣传产品，如联合进行广告宣传，并由生产企业负责部分费用；支持分销商开展营销推广、公关活动；对于业绩突出的给予价格上的优惠；传授推销、销售等管理知识，提高其经营水平。通过这些方式，调动分销渠道成员推销产品的积极性，从而达到控制网络的目的。

营销讨论 3

越来越多的航空公司发现，在航线、价格乃至服务同质化趋势加剧的今天，单凭航线产品优势来赢得竞争已经非常困难。实际上，在产品同质化背景下，只有通过“渠道”和“传播”才能真正创造差异化的竞争优势。未来航空公司之间的竞争不仅是航线产品、航空服务的竞争，更是分销渠道的竞争，拥有“稳定、高效”的分销渠道是航空公司具备核心竞争力的体现之一。

不容忽视的一个事实是，目前国内多数客货销售代理往往“质量不高”或“先天不足”：从“国营”转制过来的往往模式僵化；私营渠道成员虽然机制灵活，但很多都是从小代理商发展而来的，没有受过系统、专业的培训，素质欠佳。所以，代理商缺乏忠诚度是普遍现象，在企业发展到一定阶段，都会遇到分销渠道成员的流失、“叛变”问题。于是航空公司就责怪代理商没有忠诚度，但航空公司有没有想过，代理商凭什么要对你忠诚？代理商又不是航空公司的员工，不拿年薪，航空公司是没有理由要求代理商忠诚的。

由于分销渠道成员的机制、素质和营销能力参差不齐，相当一部分代理商“利”字当头，唯利是图，不注重长期经营，只强调短期效应，什么赚钱卖什么，他们“有奶便是娘”，才不管什么战略性合作伙伴的建立。谁代理费高、政策好就跟谁，不注重品牌推广、客户关系、顾客满意等战略性问题，不注重渠道、分销及终端管理。

结合本小节有关知识，你认为航空公司应当如何有效地对分销渠道成员进行管理？对于目前的国内航空公司销售现状，如何从渠道管理的角度给出合理的建议？

精要回顾

分销渠道又称销售渠道、营销渠道，是指产品从生产者向消费者移动时取得这种产品的所有权或帮助转移其所有权的所有企业和个人。分销渠道由生产者、消费者和中间商组成。与市场营销渠道不同的是，分销渠道中不包括供应商以及辅助商。

分销的形式有批发商经销、零售商经销、无门店零售形式经销和网上销售平台经销等。

分销渠道的类型 按照流通环节，可将分销渠道划分为直接渠道与间接渠道；按照中间环节层次，可划分为长渠道和短渠道；按照同一层次中间商，可划分为宽渠道和窄渠道；按照企业采用分销渠道的多少，可划分为多渠道和单渠道。

企业营销管理的成败，很大程度上取决于分销渠道的选择。企业必须认真分析各种渠道的特点及影响因素，以便做出正确的渠道决策。所以，在选择渠道时必须充分考虑以下因素的影响：①顾客需求因素；②产品特征因素；③市场因素；④企业自身因素；⑤外界环境因素。

分销渠道的设计就是建立以前从未存在过的分销渠道或者对已经存在的分销渠道进行变更完善的营销活动。一般来说，设计一个有效的渠道系统，需经过以下步骤：①确定渠道目标和模式；②确定渠道的宽度；③确定渠道成员彼此的权利和责任。

分销渠道方案确定后，生产厂家就要根据各种备选方案，进行评价，找出最优的渠道路线，通常渠道评估的标准有三个：经济性、可控性和适应性。

分销渠道建立以后，企业还必须对其进行管理，目的是加强渠道成员间的合作，调解渠道成员间的矛盾，从而提高整体的分销效率。对分销渠道的管理主要是对中间商进行管理，包括：①选择渠道成员；②激励渠道成员；③评估渠道成员；④与渠道成员有效沟通。

关键概念

1. 分销渠道
2. 经纪人
3. 代理商
4. 批发商
5. 零售商
6. 消费者
7. 百货商店
8. 折扣店
9. 选择性分销
10. 密集性分销
11. 独家分销

思考题

1. 什么是分销渠道？它的特征是什么？与市场营销渠道有什么区别？
2. 分销渠道的职能是什么？按照不同的环节，可划分为哪些类型？
3. 哪些因素会影响分销渠道的选择？产品和市场对于选择分销渠道有什么作用？
4. 在设计分销渠道时，企业可采用哪几种形式来确定中间商的数目？
5. 如何运用分销渠道的评估标准来分析一个企业的渠道管理能力？
6. 如何有效地加强企业对渠道的有效控制？你还能想到哪些方式可以提高企业的渠道管理能力？

营销工作坊 -9

产品从我们公司卖到消费者手中，必须经过分销渠道。不同的渠道选择会影响到我们产品的营销效果。因此，为了更有效地实现我们的营销目的，我们需要确定产品的分销策略。

具体来说，我们在本章“营销工作坊”的任务是：

1. 收集资料，分析所选行业的分销渠道特点；

2. 寻找可行的分销渠道成员，分析影响渠道选择的因素，设计适合我们产品的渠道模式；

3. 提出对渠道成员进行适当激励和评估的方案。

4. 把分析结果写成分销渠道策略分析报告。

学习档案

为了体现你在完成这一章的学习之后，已经掌握了相关的理论知识和技能技巧，达到了本章提出的学习目标，你需要提供以下资料：

1. 对本章“引导案例”的分析理解；

2. 对本章“营销讨论”的分析理解；

3. 对本章“思考题”的理解回答；

4. 根据“营销工作坊 -9”要求所做的分销渠道策略分析报告；

5. 在本章学习过程中的活动参与情况、课外学习情况（包括资料、方式与反馈等）。

10 促销策略

学习目标

▶ 知识目标

1. 了解人员推销的特点、技巧、组织结构和过程；
2. 了解广告的特点和广告媒体的特点；
3. 了解营业推广的特点和形式；
4. 掌握公共关系的特点和如何实施公共关系；
5. 熟悉整合营销传播的思想和内容。

▶ 技能目标

1. 掌握一定的推销技巧；
2. 熟悉如何选择广告媒体；
3. 策划公共关系活动。

内容结构图

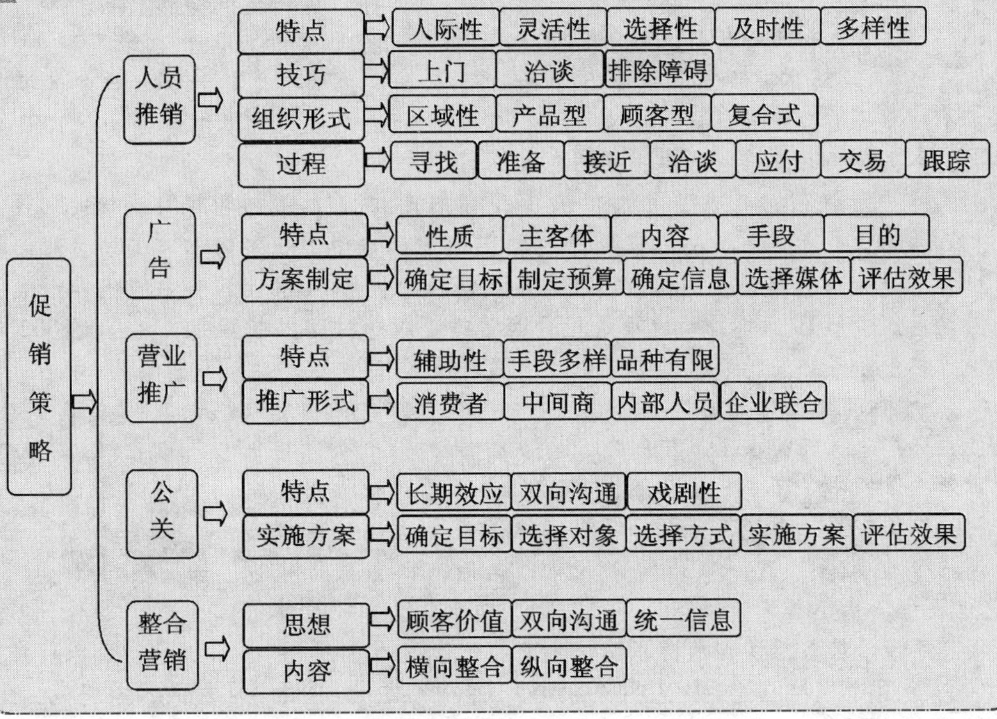

引导案例

金六福：中国人的福酒

近年来，金六福酒以整合营销传播为理念，在竞争激烈的白酒市场创造了优秀的销售业绩。

一、金六福的品牌命名

从品牌名称可以看出，金六福的品牌核心价值围绕着我国传统的民族特色——“福”。“金六福”三字中，“金”代表富贵和地位；“六”为六六大顺；“福”为福气多多。金六福酒质的香、醇、浓、甜、绵、净与人们向往的六福——寿、富、康、德、和、孝有机地融合在一起。这一命名既凸显出品牌的“福文化”，又与中国人追求吉祥富贵的心理紧密地联系起来。尤其是在喜欢讨个“口彩”的中国人心里，金六福成为喜庆时刻的首选品牌之一。

二、金六福“为城市干杯”

2002年下半年，金六福“为城市干杯”系列产品推出市场。在金六福酒的根据地湖南，金六福“为湖南干杯”系列产品一改白酒大品牌、大包装的传统做法，根据当地口感酿制，在包装上又体现了目标消费者所熟悉的风土人物历史。旗下六个产品品种分别体现张家界、爱晚亭、南岳、岳阳楼、岳麓书院、曾国藩等文化主题，利用文字和图案对上述代表湖南地方文化特征的要素进行了描述和表现，并采取了有针对性的不同包装设计，使得这一系列的白酒具有很强的亲和力和文化底蕴，所以上市以后很快就获得了消费者的认同。随后不久，金六福“为湖北干杯”、“为河南干杯”、“特供江苏”、“为山东干杯”等产品也相继上市。

三、金六福的宣传策略

“过日子离不开它，金六福酒。”提起金六福，恐怕很多人首先联想起的就是这个脆亮的童音广告口号。依靠“开门见福”的概念符号和具有冲击力的广告口号，金六福的名字迅速红遍大江南北。

以“中国人的福酒”为定位的金六福酒选择以“体育营销”为主打策略。2001—2004年中国奥委会合作伙伴、第28届奥运会中国代表团唯一庆功白酒、第21届世界大学生运动会中国代表团唯一庆功白酒、第14届亚运会中国代表团唯一庆功白酒、第19届冬季奥运会中国代表团唯一庆功白酒、中国足球队进入2002年世界杯出线唯一庆功酒、世界杯出线珍藏酒及第19届冬奥会珍藏酒等。

从2004年6月开始，金六福在中央电视台以及黄金地段的户外广告已经换上了新装：“奥运福·金六福”。金六福借奥运东风推出了新一轮整合营销传播。金六福通过大量的电视、路牌广告，围绕金六福一贯的“福文化”理念，使“奥运福·金六福”这一口号深入人心；同时，销售队伍也以“奥运福·金六福”为核心，将“福文化”的理念以具体的促销手段、公关活动和消费者互动。

（根据 http://wenku.baidu.com/view/f33adf2ded630b1c59eeb5d7.html/ 整理改编）

分析与讨论

中国已进入品牌的战国时代，群雄并起。日常用品的品牌已逾五千个，如何使自己的品牌异军突起是一个必须科学对待的问题。

1. 金六福使用了哪些宣传促销手段帮助自己提升销售业绩？

2. 如何运用整合营销传播等手段将金六福品牌进一步打造成世界知名白酒品牌？

10.1 人员推销

根据美国市场营销协会的定义，人员推销（Personal Selling）是指企业通过派出销售人员与一个或一个以上的潜在消费者通过交谈和口头陈述来推销商品，促进和扩大销售的活动。推销主体、推销客体和推销对象构成推销活动的三个基本要素。商品的推销过程，就是推销员运用各种推销术，说服推销对象接受推销客体的过程。

10.1.1 人员推销的特点

10.1.1.1 具有较强的灵活性

推销员可以根据各类顾客的特殊需求，设计有针对性的推销策略，容易诱发顾客的购买欲望，促成购买。

10.1.1.2 具有较强的选择性

推销员在对顾客调查的基础上，可以直接针对潜在顾客进行推销，从而提高推销效率。

10.1.1.3 及时促成购买

人员推销在推销员推销产品和劳务时，可以及时观察潜在顾客对产品和劳务的态度，并及时予以反馈，从而迎合潜在消费者的需要，及时促成购买。

10.1.1.4 营销功能的多样性

推销员在推销商品过程中，承担着寻找客户、传递信息、销售产品、提供服务、收集信息、分配货源等多重功能，这是其他促销手段所没有的。

10.1.1.5 具有公关作用

好的推销员善于与客户建立起超出单纯买卖关系的友谊和信任，能赢得一批忠实的客户。

实例链接

- ▶ 乔·吉拉德——创造吉尼斯世界纪录的世界第一汽车销售员。
- ▶ 原一平——创造日本保险业推销神话的“推销之神”。
- ▶ 弗兰克·贝德加——与卡耐基齐名的从失败走向成功的推销典范。
- ▶ 汤姆·霍普金斯——世界超级推销员与培训大师。

10.1.2 人员推销的组织形式

人员推销的组织形式大体有四种（图10-1）：

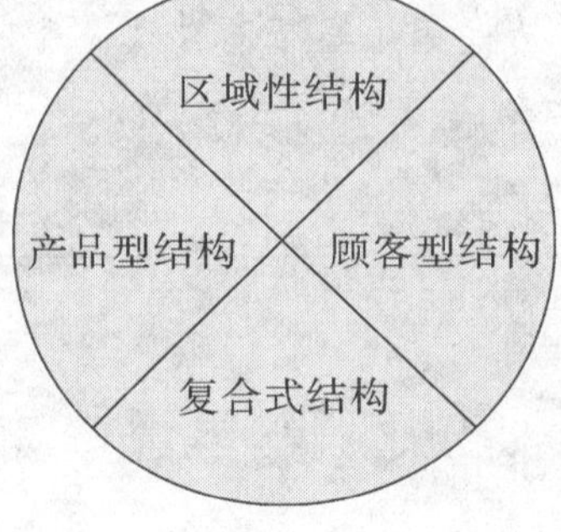

图10-1 人员推销的组织形式

（1）区域性结构：指每一个（组）推销员负责一定区域的推销业务。这适用于产品和市场都比较单纯的企业。主要优点是：①推销员责任明确，便于考核；②推销员活动地域稳定，便于与当地建立密切联系；③推销员活动范围小，节约旅差费用；④容易熟悉当地市场，便于制定有针对性的推销策略；⑤售后服务能做得比较到位。

（2）产品型结构：每个推销员（组）负责某种或某类产品的推销业务。其最大优点是能为顾客提供相对比较专业的服务。这种结构比较适用于产品技术性比较强、工艺复杂、营销技术要求比较高的企业。

（3）顾客型结构：主要根据不同类型的顾客配备不同的推销人员，其主要优点是能更深入地了解顾客的需求，从而为顾客提供差异化的服务。

（4）复合式结构：即将上述三种结构形式混合运用，有机结合。如按照"区域—产品"、"产品—顾客"、"区域—顾客"，甚至"区域—产品—顾客"的形式进行组合，配备推销员。其优点是能吸收上述三种形式的优点，从企业整体营销效益出发开展营销活动。这种形式比较适合那些顾客种类复杂、区域分散、产品也比较多样化的企业。

10.1.3 人员推销的过程

（1）寻找潜在顾客。即寻找有可能成为潜在购买者的顾客。潜在顾客是一个"MAN"，即具有购买力（Money）、购买决策权（Authority）和购买欲望（Need）的人。

（2）访问准备。在拜访潜在顾客之前，推销员必须做好必要的准备。具体包括：了解顾客、了解和熟悉推销品、了解竞争者及其产品、确定推销目标、制定推销的具体方案等方面。不打无准备之仗，充分的准备是推销成功的必要前提。

（3）接近顾客。接近顾客是推销员征求顾客同意接见洽谈的过程。能否成功接近顾客是推销成功的先决条件。推销接近要达到3个目标：给潜在顾客一个良好的印象；验证在准备阶段所得到的信息；为推销洽谈打下基础。

（4）洽谈沟通。这是推销过程的中心。推销员向准客户介绍商品，不能仅限于让客户了解你的商品，最重要的是要激起客户的需求，产生购买的行为。运用“JEB”的商品说明方法，能使推销事半功倍。“JEB”是指就是首先说明商品的事实状况（Just Fact），然后将这些状况中具有的性质加以解释说明（Explanation），最后再阐述它的利益（Benefit）即带给客户的利益。

营销人员在向潜在顾客展示介绍商品时可采用以下几种策略：

▶ 正统法：主要强调企业的声望和经验；

▶ 突出专门知识法：主要表明对产品和对方情况有深刻了解；

▶ 强调影响力法：可逐步扩大自己与对方共有的特性、利益和心得体会；

▶ 迎合法：可向对方提供个人的善意表示，以加强感情；

（5）应付异议。推销员应随时准备应付不同意见。顾客异议表现在多方面，如价格异议、功能异议、服务异议、购买时机异议等。有效地排除顾客异议是达成交易的必要条件。一个有经验的推销员面对顾客争议，既要采取不蔑视、不回避、注意倾听的态度，又要灵活运用有利于排除顾客异议的各种技巧。

（6）达成交易。达成交易是推销过程的成果和目的。在推销过程中，推销员要注意观察潜在顾客的各种变化。当发现对方有购买的意向时，要及时抓住时机，促成交易。为了达成交易，推销员可提供一些优惠条件。

（7）事后跟踪。现代推销认为，成交是推销过程的开始。推销员必须做好售后的跟踪工作，如安装、退换、维修、培训及顾客访问等。对于VIP客户，推销员特别要注意与之建立长期的合作关系。

营销讨论1

推销员应具备“3H”与“1F”。第一个“H”是“头”（Head）。推销员需要有学者的头脑，必须深入了解顾客的生活形态、顾客的价值观，以及购买动机等，否则不能成为推销高手。第二个“H”代表“心”（Heart）。推销员要有艺术家的心，对事物具有敏锐的洞察力，能经常地对事物有一种好奇和感动。第三个“H”代表“手”（Hand），推销员要有技术员的手。推销员是业务工程师，对于自己推销产品的构造、品质、性能、制造工艺等，必须具有必要的技术方面的专业知识。“F”代表“脚”（Foot）。推销员要有劳动者的脚。不管何时何地，只要有顾客、有购买力，推销员就要不辞劳苦，尽快赶到，无孔不入。因此，具有“学者的头脑”、“艺术家的心”、“技术员的手”和“劳动者的脚”是一个推销员的基本条件。

请结合推销的特点、技巧、过程，分组展开讨论：如何成为一名优秀的推销员？

10.2 广告

广告（Advertisement）是广告主以付费的方式，通过某种的媒体有计划地向公众传递有关商品、劳务和其他信息，借以影响受众的态度，进而诱发或说服其采取购买行动的一种大众传播活动。

10.2.1 广告的特点

广告主要具有以下特点：

▶ 广告是一种有计划、有目的的活动；

▶ 广告的主体是广告主，客体是消费者或用户；

▶ 广告的内容是商品或劳务的有关信息；

▶ 广告的手段是借助广告媒体直接或间接传递信息；

▶ 广告目的是促进产品销售或树立良好的企业形象。

“商品如果不做广告，就好像一个美女在黑暗中向你送秋波。”西方流行的这句谚言充分表明了广告在营销中的独特地位。

10.2.2 广告促销方案的制订

企业的广告决策，一般包括五个重要的步骤，简称“5M”—“Mission、Money、Message、Media、Measurement”（见图10-2）。

图10-2 广告决策的“5M”步骤图

10.2.2.1 确定广告目标（Mission）

广告目标是企业通过广告活动要达到的目的，其实质就是要在特定的时间对特定的目标受众完成特定内容的信息传播，并获得目标受众的预期反应。

根据产品生命周期不同阶段中广告的作用和目标的不同，广告的目标大致分为告知、劝说和提示三大类。

（1）告知性广告（Informative Advertising）。告知性广告主要用于向市场推销新产品，介绍产品的新用途和新功能，宣传产品的价格变动，推广企业新增的服务，以及新企业开张等。告知性广告的主要目标是为了促使消费者产生初始需求（Primary Demand）。

（2）劝说性广告（Persuasive Advertising）。在产品进入成长期、市场竞争比较激烈的时候，消费者的需求是选择性需求（Selective Demand）。此时企业广告的主要目标是促使消费者对本企业的产品产生“偏好”。具体包括，劝说顾客购买自己的产品，鼓励竞争对手的顾客转向自己，改变消费者对产品属性的认识，以及使顾客有心理准备乐于接受人员推销等。劝说性广告一般通过现身说法、权威证明、比较等手法说服消费者。

（3）提示性广告（Reminder Advertising）。在产品的成熟期和衰退期使用的主要广告形式，其目的是提示顾客购买。比如提醒消费者购买本产品的地点、提醒人们在淡季时不要忘记该产品、提醒人们在面对众多新产品时不要忘了继续购买本产品等。

10.2.2.2　制定广告预算（Money）

广告预算是否合理对企业是一个至关重要的问题。预算太少，广告目标不能实现；预算太多，又造成浪费，有时甚至决定企业的命运。中央电视台曾经的广告标王如秦池、爱多倒闭就是很好的例子。

确定广告预算的方法，主要有以下四种方法（见图10-3）：

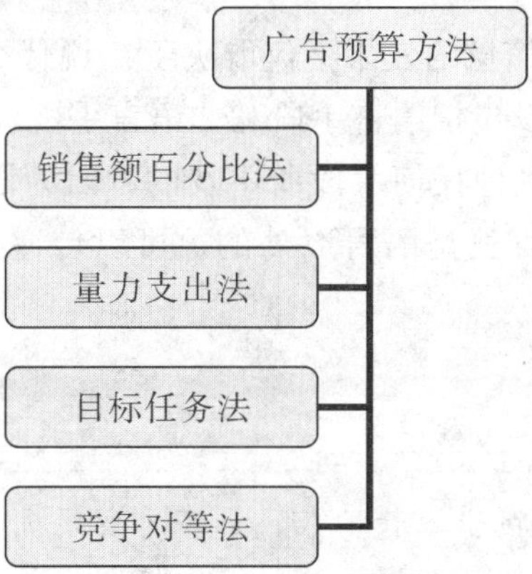

图10-3　广告预算方法图

（1）销售额百分比法（Percentage-of-sales Method）。即依照销售额的一定百分比来制定促销预算。如企业今年实现销售额100万元，如果将今年销售额的10%作为明年的促销费用，则明年的促销费用就为10万元。

（2）量力支出法（Affordable Method）。这是一种量力而行的预算方法，即企业以本身的支付能力为基础确定促销活动的费用。

（3）目标任务法（Objective-Task Method）。企业首先确定促销目标，然后确定达到目标所要完成的任务，最后估算完成这些任务所需的费用。

（4）竞争对等法（Competitive-Parity Method）。主要根据竞争者的促销费用来确定企业自身的促销预算。

10.2.2.3　确定广告信息（Message）

广告的效果关键在于广告的主题和创意。广告主题决定广告表现的内容，广告创意决定广告表现的形式和风格。只有广告内容迎合了目标受众的需求，广告表现具有独特性，广告才能引人注意，并给目标受众带来美好的联想，并促进销售。

广告的信息决策一般包括三个步骤：

（1）确定广告的主题。广告主题是广告所要表达的中心思想。广告主题应当显示产品的主要优点和用途以吸引消费者。对于同一类商品，可以从不同角度提炼不同的广告主题，以满足不同消费者的需要和同一消费者的不同需要。

（2）广告信息的评估与选择。一个好的广告总是集中于一个中心的促销主题，而不必涉及太多的产品信息。“农夫山泉有点甜”，就以异常简洁的信息在受众心中留下深刻的印象。如果广告信息过多过杂，消费者往往不知所云。

广告信息的载体就是广告文案。对广告文案的评价标准有许多，但一般要符合三点要求：其一，具有吸引力，即广告信息首先要使人感兴趣，引人入胜；其二，具有独特性，即广告信息要与众不同，独具特色，而不要人云亦云；其三，具有可靠性，即广告信息必须从实际出发，实事求是，而不要以偏概全，夸大其词，甚至无中生有。只有全面客观的广告传播，才能增加广告的可信度，才能持久地建立企业和产品的信誉。

（3）信息的表达。广告信息的效果不仅取决于“说什么”，更在于怎么说，即广告信息的表达。广告表现的手段包括语言手段和非语言手段。

语言在广告中的作用是其他任何手段所不及的，因为语言可以准确、精炼、完整、扼要地传达广告信息。非语言就是语言以外的、可以传递信息的一切手段，主要包括构图、色彩、音响、体语等。

实例链接

- ▶ 铁达时手表的“不在乎天长地久，只在乎曾经拥有”；
- ▶ 统一润滑油的“多一分润滑，少一分摩擦”；
- ▶ 中国移动通信公司的“我的地盘听我的”；
- ▶ 鹤鸣鞋店的“三人行必有我师，三人行必有我鞋，鹤鸣皮鞋”。

10.2.2.4　选择广告媒体（Media）

广播、电视、报纸和杂志是传统的四大大众传播媒体，因特网被称为第五大大众媒体。除大众传播媒体以外，还有招牌、墙体等户外媒体，车身、车站等交通媒体，信函、传单等直接媒体等众多种类。

企业在选择媒体时要考虑如下因素：

（1）目标顾客的媒体习惯。人们在接受信息时，一般是根据自己的需要和喜好来选择媒体。比如，教育程度高的人，接受信息的来源往往偏重于网络和印刷媒体；老年人则有更多的闲暇时间用于看电视和听广播；在校大学生偏爱上网和听广播。分析目标顾客的媒体习惯，能够更有针对性地选择广告媒体，提高广告效果。

（2）媒体特点。不同媒体的市场覆盖面、市场反应程度、可信性等均有不同的特点（见表10－1）。

表 10 - 1　　不同广告媒体的特点

媒体种类	覆盖面	反应程度	可信性	寿命	保存价值	信息量	制作费用	吸引力
报纸	广	好、快	好	较短	较好	大而全	较低	一般
杂志	较窄	差、慢	好	长	好	大而全	较低	好
广播	广	好、快	较好	很短	差	较小	低廉	较差
电视	广	好、快	好	很短	差	较小	很高	好
邮政	很窄	较慢	较差	较长	较好	大而全	高	一般
户外	较窄	较快	较差	较长	较好	较小	低	较好
因特网	广	较快	较好	短	差	一般	高	一般

（3）产品特性。不同产品在展示形象时对媒体有不同要求，如性能较为复杂的技术产品，需要一定的文字说明，较适合印刷媒体；服装之类产品，最好通过有色彩的媒体做广告，如电视、杂志等。

（4）媒体费用。不同媒体所需成本也是选择媒体所必须考虑的因素之一。考虑媒体费用不能仅仅分析绝对费用，如电视媒体的费用大，报纸媒体的费用低等，更要研究相对费用，即沟通对象的人数构成与费用之间的相对关系。

10.2.2.5　评估广告效果（Measurement）

广告的效果主要体现在三方面，即广告的传播效果、广告的促销效果和广告的社会效果。广告的传播效果是前提和基础，广告的销售效果是广告效果的核心和关键，企业的广告活动也不能忽视对社会风气和价值观念的影响。

（1）广告传播效果的评估。主要评估广告是否将信息有效地传递给目标受众。这种评估传播前和传播后都应进行。传播前，既可采用专家意见综合法，由专家对广告作品进行评定；也可以采用消费者评判法，聘请消费者对广告作品从吸引力、易读性、好感度、认知力、感染力和号召力等方面进行评分。传播后，可再邀请一些目标消费者，向他们了解对广告的阅读率或视听率，对广告的回忆状况等。

（2）广告促销效果的评估。促销效果是广告的核心效果。广告的促销效果，主要测定广告所引起的产品销售额及利润的变化状况。测定广告的促销效果，一般可以采用比较的方法。在其他影响销售的因素不变的情况下，比较广告后和广告前销售额的变化；或者其他条件基本相同的甲和乙两个地区，在甲地做广告而在乙地不做广告，然后比较销售额的差别，以此判断广告的促销效果等。

（3）广告的社会效果的评估。主要评定广告的合法性以及广告对社会文化价值观念的影响。一般可以通过专家意见法和消费者评判法进行。

营销讨论2

广告在生活中无处不在，并深深影响每个人的生活，请结合广告决策的"5M"步骤，分组讨论一个自己生活中非常熟悉的广告，然后分享其"5M"。

10.3 营业推广

营业推广又称销售促进（Sales Promotion），是企业在某一段时期内采用特殊的手段，对消费者和中间商进行强烈刺激，以促进企业销售迅速增长的非常规、非经常性使用的促销行为。

10.3.1 营业推广的特点

10.3.1.1 营业推广是一种辅助性促销方式

人员推销、广告和公关都是常规性的促销方式，而多数营业推广方式则是临时性和非正规性的，只能是它们的补充方式。营业推广方式一般不能单独使用，常常配合其他促销方式使用。营业推广方式的运用能使与其配合的促销方式更好地发挥作用。

10.3.1.2 营业推广手段多样

在开展营业推广活动中，可选用的方式多种多样。一般说来，只要能选择合理的营业推广方式，就会很快地收到明显的增销效果，而不像广告和公共关系那样需要一个较长的时间才能见效。因此，营业推广适合于在一定时期、一定任务的短期性的促销活动中使用。

10.3.1.3 营业推广有一定的应用条件

在大多数情况下，品牌声誉不高的产品采用营业推广的较多，而名牌产品则主要依靠品牌形象取胜，过多地使用营业推广可能降低其品牌声誉。

10.3.2 营业推广的形式

10.3.2.1 对消费者营业推广

对消费者的营业推广（Consumer Promotion），是为了鼓励消费者更多地使用产品，促使其大量购买。其主要方式有：

（1）赠送促销。向消费者赠送样品或试用品，促使消费者了解商品的性能与特点，赠送样品是介绍新产品最有效的方法，缺点是费用高。样品赠送的方式可以派人上门赠送，也可以通过邮局寄送，可以选择在商店或闹市区散发，或在其他商品上附加赠送，也可以公开广告赠送。

实例链接

日本有一家生产和销售美容化妆品的公司，生意特别好。日本的传统习惯是女学生高中毕业后才可以化妆，于是，每当一些高中举行毕业典礼时，该公司除当面表示祝贺外，还向每个学生奉送一盒高级化妆品，由美容师当场给学生进行美容化妆示范表演。毕业生回家以后，便会高兴地用这盒“赠品”进行模仿化妆学习。当这盒化妆品用完后，如这个学生想改用其他公司生产的产品，就不那么容易了。鉴于美容化妆用品的一些特性，如改用其他化妆品，有些女性可能不太适应，皮肤会出现一些过敏现象。没有办法，只好仍用原来那家公司的产品。而这些女生成家立业后，将来她们的孩子首先得到的印象是“我母亲最爱用某某化妆品”。这样，又为下一代留下了一个美好的印象。

（2）抽奖促销。这是通过给予购买者以一定奖项的办法来促进购买。奖项可以是实物，也可以是现金。常见的有幸运抽奖，抽奖可以有各种形式：当场摸奖、规定日期开奖或对每位购买者另赠纪念品等。

（3）现场演示。企业派促销员在销售现场演示本企业的产品，向消费者介绍产品的特点、用途和使用方法等，刺激消费者的购买欲望。这是属于动态展示，效果往往优于静态展示。现场示范特别适合新产品推出，也适用于使用起来比较复杂的商品。

（4）廉价包装。在产品质量不变的前提下，使用简单、廉价的包装，以较优惠的价格提供组合包装和搭配包装的产品，这是很受长期使用本产品的消费者欢迎的。

（5）折价券。以低于商品标价购买商品的一种凭证，也可以称为优惠券、折扣券。消费者凭此券可以获得购买商品的价格优惠。折价券可以邮寄、附在其他商品中，或在广告中附送。

（6）联合推广。企业与零售商联合促销，将一些能显示企业优势和特征的产品在商场集中陈列，边展销边销售。

（7）参与促销。消费者参与各种促销活动，如技能竞赛、知识比赛等活动，能获取企业的奖励。

（8）会议促销。各类展销会、博览会、业务洽谈会期间的各种现场产品介绍、推广和销售活动。

10.3.2.2　对中间商的营业推广

对中间商的营业推广（Intertrade Promotion），厂家的目的是吸引中间商经营本企业产品，维持较高水平的存货，抵制竞争对手的促销影响，获得他们更多的合作和支持。其主要营业推广方式有：

（1）销售津贴。销售津贴也称销售回扣，这是最具代表性的营业推广方式。这是企业为了感谢中间商而给予的一种津贴，如广告津贴、展销津贴、陈列津贴、宣传津贴等。

（2）列名广告。企业在广告中列出经销商的名称和地址，告知消费者前去购买，提高经销商的知名度。

（3）赠品。赠品包括赠送有关设备和广告赠品。前者是企业向中间商赠送陈列商品、销售商品、储存商品或计量商品所需要的设备，如货柜、冰柜、容器、电子秤等。后者是一些日常办公用品和日常生活用品，上面都印有企业的品牌或标志。

（4）销售竞赛。这是为了推动中间商努力完成推销任务的一种促销方式，销售竞赛应事先向所有参加者公布获奖条件、获奖内容。根据各个中间商销售本企业产品的实绩，分别给优胜者以不同的奖励，如现金奖、实物奖、免费旅游、度假奖等。

（5）业务会议和展销会。企业一年举行几次业务会议或展销会，邀请中间商参加，在会上，一方面介绍商品知识，另一方面现场演示操作。

（6）批发回扣。企业为争取批发商或零售商多购进自己的产品，在某一时期内给经销本企业产品的批发商或零售商加大回扣比例。

（7）扶持零售商。生产商对零售商专柜的装潢予以资助，提供 POP 广告，以强化零售网络，促使销售额增加；可派遣厂方信息员或销售人员。生产商这样做目的是提高中间商推销本企业产品的积极性和能力。

10.3.2.3 对内部销售人员的营业推广方式

这主要是针对企业内部的销售人员（Sales Force Promotion），鼓励他们热情推销产品或处理某些老产品，或促使他们积极开拓新市场。一般可采用的方法有：销售竞赛、免费提供人员培训、技术指导等形式。

10.3.2.4 企业间联合促销

联合促销是指两个以上的企业或品牌合作开展促销活动。这种做法的最大好处是可以使联合体内的各成员以较少费用获得较大的促销效果，联合促销有时能达到单独促销无法达到的目的。联合促销主要有以下类型：

（1）不同行业、相关产品企业间的联合促销。这是联合促销最常见的形式，不同行业之间不存在竞争关系，而且还可以优势互补。

实例链接

“金龙鱼”食用油与“苏泊尔”厨具曾联手开展过一场“引领健康新食尚”的促销活动。在活动期间，凡购买一瓶金龙鱼第二代调和油，可领取红运双联刮卡一张，享受购买苏泊尔产品的优惠。而购买苏泊尔产品价值 108 元以上，可获赠 900 毫升金龙鱼第二代调和油一瓶。

在“碧浪”洗衣粉的包装上写着：“推荐一流产品小天鹅洗衣机”；“小天鹅”在销售时，则赠送“碧浪”洗衣粉给顾客试用。由于“小天鹅”与“碧浪”都是名牌产品，双方不存在竞争关系，这种不同行业企业的联合促销能产生名牌叠加效应，达到双赢的目的。

（2）同一企业不同品牌的联合促销。同一企业不同品牌的联合促销，可以用来搭卖滞销商品，比单一品牌折价促销效果更好。

实例链接

上海太太乐调味食品有限公司曾推出多品牌联合促销活动：消费者购买“太太乐”鸡精、宴会酱油、任选两款调味包、一个礼品袋，一共只需花10元钱。这些商品原售价约为19元，接近50%的折价优惠。

（3）制造商与经销商之间的联合促销。这种厂商之间的合作促销，不但效果好，而且流通环节少、资金回笼快，产、销双方都乐于接受。

实例链接

北京贵友大厦对全场商品8折促销，其中厂家承担10%的降价损失，商家承担10%的降价损失，商品打8折后双方仍有钱可赚。

武汉中商集团于2001年3月投入2000万元，低价买断长虹29寸超平彩电1.1万台，以低于市场价400~1000元的价格抛售，仅4月6日~16日，就售出2500台。

（4）同行企业之间的联合促销。俗话说“同行是冤家”，但同行之间并不是完全没有合作的余地。我国几家VCD厂家就曾联合买断央视广告时段集中宣传；由一家企业单独举办产品看样订货会，很难吸引较多客商，而多家同行企业联合起来，共同展示各自的产品，才能吸引较多客商前来看样订货。

营销讨论3

请分组进入某个超市，选择某种商品的促销活动进行观察、了解并搜集相关信息，讨论分析其成败之处。

10.4 公关

公共关系（Public Relationship）是指某一组织为改善与社会公众的关系，促进公众对组织的认识、理解及支持，达到树立良好的组织形象、实现组织与公众的共同利益与目标的管理活动与职能。

10.4.1 公共关系的要素和特征

10.4.1.1 公共关系的要素

公共关系的构成要素分别是社会组织、传播和公众，它们分别作为公共关系的主体、中介和客体而相互依存。

社会组织是公共关系的主体，它是指执行一定社会职能、实现特定的社会目标，构成一个独立单位的社会群体。

公众是公共关系的客体。公众是面临相同问题并对组织的生存和发展有着现实或潜在利益关系和影响力的个体、群体和社会组织的总和。企业在经营和管理中必须注意处理好与员工、顾客、媒体、社区、政府、金融等各类公众的关系，为自己创造良好和谐的内外环境。

社会组织与公众之间需要传播和沟通。传播是社会组织利用各种媒体，将信息或观点有计划地对公众进行交流的沟通过程。社会组织开展公关活动的过程实际上就是传播沟通过程。

10.4.1.2　公共关系的特征

(1) 以公众为对象。公共关系是一定的社会组织与其相关的社会公众之间的相互关系。社会组织必须着眼于自己的公众才能生存和发展。公共关系活动的策划者和实施者必须始终坚持以公众利益为导向。

(2) 以美誉度为目标。塑造形象是公共关系的核心问题。组织形象的基本目标有两个，即知名度和美誉度。所谓知名度是指一个组织被公众知道、了解的程度，以及社会影响的广度和深度。所谓美誉度是指一个组织获得公众信任、赞美的程度，以及社会影响的美、丑、好、坏。在公众中树立组织的美好形象是公共关系活动的根本目的。

(3) 以互惠为原则。公共关系是以一定的利益关系为基础的。一个社会组织在发展过程中要得到相关组织和公众的长期支持与合作，就要奉行互惠原则，既要实现本组织目标，又要让公众得益。

(4) 以长远为方针。一个社会组织要想给公众留下不可磨灭的组织形象，不是一朝一夕所能及的，必须经过长期有计划有目的地艰苦努力。

(5) 以真诚为信条。以事实为基础是公共关系活动必须切实遵循的基本原则之一。社会组织必须为自己塑造一个诚实的形象，才能取信于公众。精诚所至，金石为开；至诚可以移山；热诚能成万事；真诚能产生最大的说服力。唯有真诚，才能赢得合作。

(6) 以沟通为手段。没有沟通，主客体之间的关系就不会存在，社会组织的良好形象也无从产生，互惠互利也不可能实现。要将公共关系目标和计划付诸实施，只有双向沟通的过程，才是公共关系的完整过程

10.4.2　公共关系的实施

10.4.2.1　确定公关目标

进行公共关系活动要有明确的目标。目标的确定是公共关系活动取得良好效果的前提条件。企业的公关目标因企业面临的环境和任务的不同而不同。

10.4.2.2　确定公关对象

公关对象的选择就是公众的选择。公关的对象决定于公关目标，不同的公关目标决定了公关传播对象的侧重点的不同。

10.4.2.3 选择公关方式

公共关系的方式是公共关系工作的方法系统。在不同的公关状态和公关目标下，企业必须选择不同的公关模式，以便有效地实现公共关系目标。一般来说，供企业选择的公关方式主要有以下十种：

▶ 建设性公关：主要适用于企业初创时期或新产品、新服务首次推出之时，其主要功能是扩大知名度，树立良好的第一印象。

▶ 进攻性公关：企业与环境发生摩擦冲突时所采用的一种公关模式，其主要特点是主动。

▶ 防御性公关：企业为防止自身公共关系失调而采取的一种公关模式，适用于企业与外部环境出现了不协调或摩擦苗头的时候，其主要特点是防御与引导相结合。

▶ 矫正性公关：企业遇到风险时采用的一种公关模式，适用于企业公共关系严重失调，使企业形象严重受损的时候，其主要特点是及时。

▶ 维系性公关：适用于企业稳定发展之际，用以巩固良好企业形象的公关模式。

▶ 社会性公关：利用举办各种社会性、公益性、赞助性活动开展公关，带有战略性特点，着眼于整体形象和长远利益。其方式有三种：一是以企业本身为中心开展的活动，如周年纪念等；二是以赞助社会福利事业为中心开展的活动；三是资助大众传播媒介举办的各种活动。

▶ 交际性公关：通过人际交往开展公共关系的模式，其目的是通过人与人的直接接触，进行感情上的联络。其方式是开展团体交际和个人交往。

▶ 宣传性公关：运用大众传播媒介和内部沟通方式开展宣传工作，树立良好企业形象的公共关系模式，分为内部宣传公关和外部宣传公关。

▶ 服务性公关：以提供优质服务为主要手段的公共关系活动模式，其目的是以实际行动获得社会公众的了解和好评。这种方式最显著的特征在于实际的行动。

▶ 征询性公关：以提供信息服务为主的公关模式，如市场调查、咨询业务、设立监督电话等。

10.4.2.4 实施公关方案

实施公共关系方案的过程，就是把公关方案确定的内容变为现实的过程，是企业利用各种方式与各类公众进行沟通的过程。实施公关方案是企业公关活动的关键环节。

实施公关方案，需要做好以下工作：

(1) 做好实施前的准备：公关准备工作主要包括公关实施人员的培训、公关实施的资源配备等方面。

(2) 消除沟通障碍，提高沟通的有效性。公关传播中存在着方案本身的目标障碍，实施过程中语言、风俗习惯、观念和信仰的差异以及传播时机不当、组织机构臃肿等多方面形成的沟通障碍和突发事件的干扰等影响因素。

(3) 加强公关实施的控制：公关实施中的控制主要包括对人力、物力、财力、时机、进程、质量、阶段性目标以及突发事件等方面的控制。

10.4.2.5 评估公关效果

公共关系评估，就是根据特定的标准，对公共关系计划、实施及效果进行衡量、检查、评价和估计，以判断其成效。

营销讨论 4

请分组搜集“美国强生公司泰利诺的危机公关案例”、“高露洁致癌事件”、“肯德基苏丹红事件”、“雀巢碘超标事件”、“95%啤酒含甲醛事件”等，了解相关公司处理危机的公关做法并讨论其成败之处。

10.5 整合营销传播

整合营销传播（Integrated Marketing Communication，IMC）是在20世纪80年代中期由美国营销大师唐·舒尔茨提出和发展的。

整合营销传播是一个业务战略过程，它是指制定、优化、执行并评价协调的、可测度的、有说服力的品牌传播计划，这些活动的受众包括消费者、顾客、潜在顾客、内部和外部受众及其他目标。

10.5.1 整合营销传播的思想

10.5.1.1 以顾客价值为导向

IMC理论的核心就是美国营销专家劳特朋教授在1990年提出的“4C”理论，它以消费者需求为导向，重新设定了市场营销组合的四个基本要素：消费者（Consumer）、成本（Cost）、便利（Convenience）和沟通（Communication）。它强调企业首先应该把追求顾客满意放在第一位，其次是努力降低顾客的购买成本，然后要充分注意到顾客购买过程中的便利性，而不是从企业的角度来决定销售渠道策略，最后还应以消费者为中心实施有效的营销沟通。

10.5.1.2 实行接触式管理，实行双向沟通

整合营销传播则更加注重接触管理（Contact Management），强调在信息传递过程中的每一环节都要与消费者进行沟通，同时准确地整合各种营销信息，一致面向顾客，从而帮助顾客建立或强化对品牌的认知、态度和行为。整合营销传播更是一种双向沟通形式。企业通过建立顾客资料库，进行全方位的信息传播活动，并对消费者的反应进行搜集和分析，再对消费者进行新的沟通并引起消费者新的反应，如此循环往复。

10.5.1.3 统一信息，整合媒体

整合营销传播要求以统一的目标和统一传播形象，向消费者传播一致的营销信息。这就要求企业内的各个部门和人员在与顾客沟通时要有统一的口径、统一的品牌个性、统一的顾客利益点和统一的创意；运用多种媒体的广泛传播在顾客心目中建立统一的品牌形象；运用广告、公关、人员推销等多种传播方式形成集中的品牌冲击力。

实例链接

麦斯威尔咖啡自1982年在中国台湾市场发售以来，一直以“分享”的广告策略塑造品牌，1986年到1988年，麦斯威尔通过随身包咖啡的上市，延伸“分享”的概念，并运用广告、公共关系、促销活动等手段，由形象代言人孙越发起“爱、分享、行动”的街头义卖活动，同年麦斯威尔随身包咖啡销量同上年相比增长50%。麦斯威尔通过不同的传播媒体传达“分享”这一核心概念，所运用的就是典型的整合营销传播策略。

10.5.2 整合营销传播的内容

整合营销传播可以从横向传播和纵向传播两个方面进行：

10.5.2.1 横向整合

（1）媒体信息的整合。语言、图片、声音、视频等媒体传播的形式尽管不同，但都在向消费者传达着某种信息。媒体信息的整合，主要要求各种媒体所传达的信息在内容上要高度一致，即多种媒体、一个声音。

（2）营销传播工具的整合。广告、公关、人员推销和营业推广是企业进行传播沟通的主要工具。不管企业选择哪种工具，消费者都接收的是同一个企业或品牌的信息，消费者都会以同样的方式对信息进行加工和处理。营销工具的整合，实质要求各种传播工具在运用时具有高度的协调性，传达的信息具有高度一致性。

（3）对各类目标受众的信息传达整合。不同的目标受众具有不同的媒体习惯，有不同的利益追求，在商品购买中也扮演着不同的角色。因此，企业进行营销传播要实行差异化，针对不同的受众运用不同的传播方式传达不同的信息。差异化传播是整合营销传播的基本要求。

10.5.2.2 纵向整合

纵向整合就是在不同传播阶段，运用各种形式的传播手段，从而产生协调一致、渐近加强的信息，实现传播目标。

10.5.2.1 营销活动各环节中的整合

营销活动主要包含着市场研究、市场细分、目标市场选择、市场定位、市场营销组合设计、市场营销管理等一系列活动，与顾客的传播和沟通贯穿于市场营销活动的始终。

（1）市场调研。市场调研通过设计独特的调查问卷、选择能够展示企业文化的调研人员和工具等途径把企业的个性展示给目标对象。

（2）目标市场营销策略。市场细分就是让特定的消费者感受到企业对他们的特别关注，市场定位是为了让消费者把握企业经营的独特性，如雅芳——“比女人更了解女人”，金利来——“男人的世界”等。

（3）设计营销组合。“4P”组合全方位地向消费者传达了企业的理念和文化：

（4）产品设计。西方一烟草公司把香烟设计得比一般香烟长出许多，并用“长得使你感到麻烦的长”进行宣传，取得巨大成功。

（5）品牌识别设计。品牌名称、品牌标志和品牌色彩是品牌识别的三大要素。

实例链接

- “白加黑”使消费者认识了产品独特的使用方法；
- “他加她”使消费者认识了产品的独特定位；
- “M”的独特设计使儿童一见到它就想去吃麦当劳；
- 三叉星圆环的设计则让消费者认知了奔驰公司的历史；
- IBM 的蓝色使它树立了“蓝色巨人”的形象。

（6）价格设计。价格的高低往往成为人们认知产品质量和档次的尺度。“劳力士手表可能是世界上最贵的手表”的高价定位使劳力士手表成为事业成功人士的首选，“飞机的速度，卡车的价格”则以其价廉物美使美国某航空公司取得成功。

（7）分销设计。戴尔、安利、宁波三生等公司以其独特的直销模式在消费者心目中树立了一道道美丽的风景。

（8）促销设计。促销中的广告、公关、营业推广等信息的设计必须与品牌定位、企业形象和风格高度一致。

10.5.2.2　与消费者关系发展过程中的整合

消费者与品牌的关系，就像一对陌生的男女经相识、初恋、热恋，最后走进婚姻的殿堂一样，也要经过一个逐步发展的过程，并最终形成一个品牌忠诚阶梯（Brand Loyalty Ladder）。消费者的品牌忠诚阶梯可大致分为以下五个阶段（见图 10－4）：

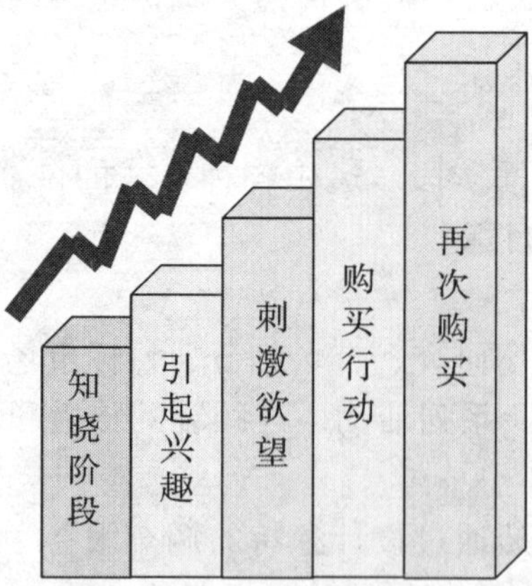

图 10－4　品牌忠诚阶梯图

（1）知晓阶段。该阶段传播的任务主要是让消费者意识到品牌的存在，并对品牌的个性和特色有初步的认识。高品质的广告和公关活动、独具特色的营业推广活动是引起消费者关注的重要手段。

（2）引起兴趣。兴趣的产生来源于对对象的比较充分的了解。比较详细的广告和媒体报道、派送宣传单等都是比较适宜的传播手段。

（3）刺激欲望。较高的性价比优势、意见领袖的倡导、独具特色的营业推广活动等都能激发顾客的购买欲望。

（4）购买行动。促使顾客把欲望转化为行动的手段，可以是人员推销，更重要的是营业推广活动对消费者产生的诱惑和卖场氛围的营造所形成的刺激。

（5）再次购买。这一阶段传播的主要目标在于维持消费者与品牌的稳定关系，使顾客成为企业的忠诚顾客。协调一致、持续出现的广告和公关活动是主要的传播方式，良好的口碑、售后服务等手段也扮演着重要角色。

营销讨论 5

整合营销传播是现代商业的一种制胜之道，常有企业家感叹为什么自己投入了大量的广告费，可品牌的形象在消费者心目中仍是模糊的。为什么中国的品牌“成名也速，败名也快”，许多品牌往往各领风骚没几年就不能维持自己的品牌优势？整合营销传播所要树立的正是品牌的“长治久安”形象。请根据整合营销传播的思想为本地最知名的品牌提出整合营销传播的建议，并将建议发给相关企业。

精要回顾

人员推销是指企业通过派出销售人员与一个或一个以上的潜在消费者通过交谈和口头陈述来推销商品，促进和扩大销售的活动。人员推销的组织形式大体有四种：区域性结构、产品型结构、顾客型结构、复合式结构。

广告是广告主以付费的方式，通过一定的媒体有计划地向公众传递有关商品、劳务和其他信息，借以影响受众的态度，进而诱发或说服其采取购买行动的一种大众传播活动。广告的目标大致分为告知、劝说和提示三大类。广告预算的方法主要有四种，即销售额百分比法、量力支出法、目标任务法和竞争对等法。

营业推广又称为销售促进，是企业在某一段时期内采用特殊的手段，对消费者和中间商实行强烈刺激，以促进企业销售迅速增长的非常规、非经常性使用的促销行为。

公共关系是指某一组织为改善与社会公众的关系，促进公众对组织的认识、理解及支持，达到树立良好的组织形象、实现组织与公众的共同利益与目标的管理活动与职能。

整合营销传播是以消费者为核心重组企业行为和市场行为，综合协调地使用各种形式的传播方式，以统一的目标和统一的传播形象，传递一致的产品信息，实现与消费者的双向沟通，迅速树立产品品牌在消费者心目中的地位，建立品牌与消费者长期密切的关系，更有效地达到广告传播和产品行销目的的活动。

关键概念

1. 人员推销
2. 告知性广告
3. 广告
4. 公共关系
5. 整合营销传播
6. 营业推广
7. 劝说性广告
8. 提示性广告
9. 量力支出法
10. 销售额百分比法
11. 竞争对等法
12. 目标任务法

思考题

1. 人员推销有哪些独特的优点？人员推销的过程如何？
2. 广告有哪些主要媒体？如何选择广告媒体？
3. 营业推广有哪些主要工具？
4. 公共关系有哪些特点？
5. 整合营销传播的主要内容有哪些？

营销工作坊－10

促销的目的是为了促进和扩大销售，因此，选择恰当的促销手段和策略对于确保营销的效果很重要。在前面的“营销工作坊”里，我们已经设计了产品组合4Ps中的三个P（产品、定价和渠道），还剩下最后一个P（促销）。所以，在本章“营销工作坊”里，我们要确定产品的促销策略。

具体来说，我们现在的任务是：

1. 选择行业内有代表性的企业，全面搜集其有关人员推销、广告、营业推广、公共关系和整合营销传播的资料，点面结合分析本行业行之有效的促销策略。找出可借鉴之处；

2. 根据项目所在行业的环境特点、竞争状况以及自身产品和资源的具体情况，确定适合自己的销售促进策略，包括人员、广告、营业推广、公关方式与策略；

3. 根据项目本身特点，选择合适的整合营销传播策略；

4. 把分析结果写成促销策略分析报告。

学习档案

为了体现你在完成这一章书的学习之后，已经掌握了相关的理论知识和技能技巧，达到了本章提出的学习目标，你需要提供以下学习证据：

1. 对本章“引导案例”的分析理解；
2. 对本章“营销讨论”的分析理解；
3. 对本章“思考题”的理解回答；
4. 根据“营销工作坊-10”要求所做的促销策略分析报告；
5. 在本章学习过程中的活动参与情况、课外学习情况（包括资料、方式与反馈等）。

11 服务营销

学习目标

▶ **知识目标**

1. 掌握服务的含义及特征；
2. 掌握服务营销的含义及特点；
3. 掌握服务营销在产品生产企业和服务企业中的运用；
4. 掌握服务质量的含义，了解服务质量差距管理和提供服务质量的方法。

▶ **技能目标**

1. 能根据具体情况分析不同服务产品的特征；
2. 能设计合适的服务营销策略；
3. 能够初步检测和评估服务质量，并提出提高服务质量的方案。

内容结构图

- 服务营销
  - 服务的含义及特征
    - 服务的含义
    - 服务的特征 ⇨ 无形性；不可分离性；可变性；易逝性
  - 服务营销的含义及特点
    - 服务营销的含义
    - 服务营销的特点
  - 服务营销的运用
    - 服务营销在产品生产企业中的运用
    - 服务营销组合在服务企业中的运用
  - 服务质量管理
    - SERVQUAL 模型
    - 服务质量差距模型

引导案例

香草味冰淇淋会使通用汽车不能发动吗？

有一天，美国通用汽车公司客户服务部收到一封奇怪的顾客来信。信上写道：“这是我为同一件事第二次写信，我不会怪你们没有回信给我，因为我也觉得这样别人会认为我疯了，但这的确是一个事实。我家有个习惯，就是每天晚餐后，都会以冰淇淋来当饭后甜点。由于冰淇淋的口味很多，所以我们家每天饭后才投票决定要吃哪一种口味，决定后我开车去买。但自从我买了新的庞帝雅克后，我去买冰淇淋的这段路程中问题就发生了。每当我买香草口味时，我从店里出来车子就不能发动。但如果买其他口味的，车子发动就顺利得很。我对这件事是非常认真的，尽管听起来很‘猪头’：为什么当我买了香草味冰淇淋它就罢工，而我不管什么时候买其他口味，它就像一条活龙？为什么？”

事实上，客服部的总经理对这封信还真的心存怀疑，但他还是派了一位工程师去查看究竟。当工程师找到这位顾客时，很惊讶地发现这封信是出自一位事业成功、乐观且受了高等教育的人。工程师安排与这位顾客的见面时间刚好是在用完晚餐的时间，两人于是一齐上车往冰淇淋店开去。那个晚上投票结果是香草口味，当买好香草冰淇淋回到车上后，车子又不能发动了。这位工程师之后又依约来了三个晚上。第一晚，巧克力冰淇淋，车子没事；第二晚，草莓冰淇淋，车子也没事；第三晚，香草冰淇淋，车子不能发动。

这位喜欢有逻辑性思考的工程师，到这时还是不相信这位顾客的车子对香草味过敏。因此，他仍然不放弃继续安排相同的行程，希望能够将这个问题解决。工程师开始记下各种详细资料，如时间、车子使用油的种类、车子开出及开回的时间……根据资料显示，他有了一个结论，这位顾客买香草冰淇淋所花的时间比其他口味的要短。为什么呢？因为，香草冰淇淋是所有口味中最畅销的，店家为了让顾客每次都能很快地取走，将香草口味冰淇淋特别放置在店的前端；至于其他口味则放置在后端。现在，工程师所要知道的疑问是，为什么这部车会因为从熄火到重新点火的时间较短就会不能发动呢？原因很清楚，绝对不是因为香草冰淇淋的关系，工程师很快地由心中浮现出答案：应该是“蒸气锁”。因为当这位顾客买其他口味时，由于时间较久，引擎有足够的时间散热，重新发动时就没有太大的问题。但是买香草口味时，由于花的时间较短，引擎太热以至于还无法让“蒸气锁”有足够的散热时间。

问题就这样解决了。

（根据 http://www.taoke.com/article/25442.htm#logoBar 2011－07－20 改编）

分析与讨论

顾客让通用公司解释为什么香草冰淇淋会使汽车不能发动，问题虽然很可笑，但是通用公司还是安排技术人员多次上门进行调查，为顾客解决疑难问题。

1. 你如何看待通用公司的这次行为？
2. 你认为什么是服务？有哪些行业会为消费者提供服务？

11.1 服务的含义及特征

11.1.1 服务的含义

在当今社会，服务业发展迅速，很多商业机构，如银行、酒店、咨询公司等，以及一些政府部门，如学校、医院、公安消防部门等，都是属于服务产业。此外，制作业同时也提供服务，如售前咨询服务、售后技术维护等。美国市场营销学会（AMA）于1960年最先给服务下了定义：“用于出售或者是同产品连在一起出售的活动、利益或满足感”。随后，一些学者在此基础上对服务的定义加以了补充，目前市场营销学领域倾向于营销大师菲利普·科特勒的定义：

“服务是一方向另一方提供的、不会导致任何所有权产生的所有无形的活动或行为。它的产生过程可以依赖也可以不依赖实体产品。”

从上述服务的定义，我们可以将服务的含义概括为以下三点：

（1）服务是一种无形的活动、行为、过程或结果。

（2）服务可以与有形（实体）产品相关联，也可以与有形产品不关联。

（3）服务没有所有权的产生或转移，但它能使服务购买者的需求得到满足。

11.1.2 服务的特征

有别于有型商品，服务有自己的特殊性。学者们对有型商品的特征做进行了探索和研究，归纳出服务的多种特征，其中无形性、不可分离性、可变性和易逝性为服务的最主要的特征（见图11－1）。

11.1.2.1 服务的无形性

服务的无形性也被称为不可感知性，这是指服务的特质及组成服务的元素，在大多数情况下都是无形无质，看不到，听不见，摸不着，与其他实体商品不同，消费者不能触摸或通过视觉感到其存在。

正因为服务的无形性，消费在选择服务时很难对服务的质量和效果做出判断，因此，服务提供者常常会通过服务人员、服务过程及服务的有形展示，并综合运用服务

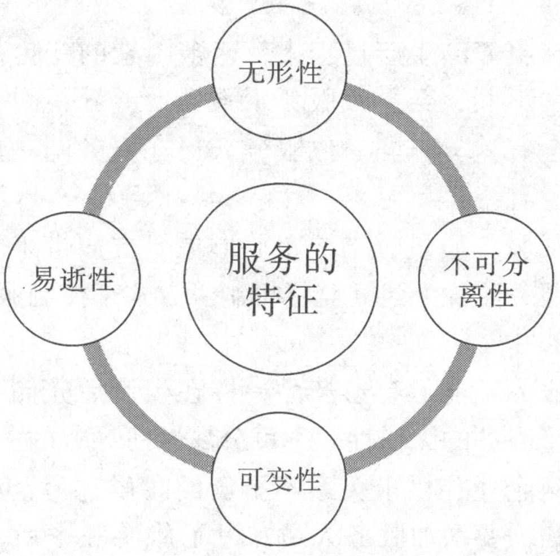

图11-1 服务的主要特征

设施、服务环境以及服务手段等方式在体现无形的服务。例如，酒店要向顾客展示其服务质量，它会通过向顾客展示酒店设施、装修等方式使顾客对服务产生有形的印象等。

11.1.2.2 服务的不可分离性

从之前的章节我们可以了解到，有形的商品通过生产、运输、多次分销后才会到达消费者的手里，然而，服务有别于有形产品，它的生产和消费是同时进行的，服务提供方提供服务的同时，服务接受方在享受服务，如酒店的客人在入住酒店的时候，酒店在“生产”住宿服务的同时，客人也在同时接受住宿服务。在某种情况下，服务接受方在享受服务的同时，也参与服务的生产，如病人在接受医生的治疗服务时，必须配合医生做各类身体检查，因此也在同时参与服务。这就是服务的不可分离性。

服务的不可分离性要求服务提供者能对其有效的时间很好地分配，如提高效率，缩减服务所需时间，提供集体服务代替个别服务等。

实例链接

新闻上时有报道日本温泉拒绝外国人入浴的新闻。外国游客通常不按日本人的规矩办事，如他们不用毛巾遮挡腰以下部位、身上带着肥皂沫就进入浴池、在浴室内喝酒喧哗等。这些行为影响了其他入浴的日本人，导致浴室客人减少，所以一些澡堂门口竖起了“日本人专用”或“外国人请勿入内”的牌子，这当然引起了外国人的不满。在温泉提供的服务中，顾客同时也参与了服务的过程，顾客不能按照温泉入浴方式享受入浴，也将影响服务工作的顺利完成，如带着肥皂泡进入浴池，便影响了温泉水的质量，影响了温泉水本身的效果；有顾客喧哗，使其他顾客无法享受本应安静、舒适的环境。此实例体现了服务的不可分离性，顾客也参与服务的生产过程，顾客若不能配合企业完成服务，必将影响服务的顺利进行。这一特征使服务的生产过程变得复杂，也造成营销管理的困难。

11.1.2.3　服务的可变性

服务的可变性表现在服务的生产过程中，诸多因素的变化都会导致服务的质量的产生差异。如服务人员的不同，会导致服务水平生产差异；同一位服务人员面对不同客户时所提供的服务也会有差异；同一位服务人员在服务同一位客户时，由于时空的不同，也有可能导致服务有差异。

服务的可变性为保证服务质量、维护企业形象等方面带来了挑战。服务提供者需可通过员工培训、优化服务流程、建立监督机制等方式来控制服务质量。

11.1.2.4　服务的易逝性

服务的易逝性是指服务不能像有形产品一样在生产后先储存下来，待有需要时在提供给消费者，这是由于服务的无形性和不可分离性所导致的。

服务的易逝性会导致企业在供求关系不平衡的时候，为企业带来困难。如酒店行业，在旅游旺季时，酒店需要增加服务人员；过了旅游旺季后，增加了的服务人员又会显得过剩。因此，企业需要能准确预计需求量，并通过聘请兼职人员、根据不同情况调整价格等方式减少易逝性所带来的影响。

营销讨论 1

张师傅的理发店刚开业，但顾客很少。因为顾客们都不知道张师傅的手艺如何，都不敢光顾。

你认为这种情况是服务的哪种特征所导致的？你认为服务的其他特征还会给张师傅的理发店的营销带来哪些影响？

11.2　服务营销的含义及特征

11.2.1　服务营销的含义

服务营销的核心是通过交换满足客户的需求，获取利润，促进企业的发展。要理解服务营销，首先要了解作为交换的供应品。企业向顾客提供的供应品是由服务与有形产品组成的。根据服务于与有形产品不同的组合情况，供应品可以分为以下五种，如图 11－2 所示：

图 11－2　提供物的分类图

（1）纯粹的有形产品：此类供应品不含或几乎不含任何服务。如杯子、肥皂、糖果等。

（2）伴随服务的有形产品：此类供应品是以有形产品为主，但伴随一项或多项产品支持服务，如家电产品都伴随着售后维修服务。

（3）服务与有形产品混合：该供应品中有形产品和服务分别都占有同等或相近的比例，如餐厅在提供有形的食物和饮料的同时，也同时为顾客提供服务。

（4）服务伴随少量产品：此类供应品是以服务为主，伴随少量的有形产品，如航空公司是以提供航运服务为主，同时会提供食物、饮料、杂志等有形的支持产品。

（5）纯粹的服务：此类供应品不含或几乎不含任何有形产品，如管理咨询公司只提供咨询服务，不提供其他有形产品。

从提供物的种类可以了解到，服务在供应品中具有两种角色：一种是在第（3）、（4）、（5）类供应品中，服务作为产品以满足顾客的主要需要；另一种是在第（2）种供应品中，服务作为满足顾客主要需求的有形产品的支持服务，满足顾客的非核心要求。

因服务具有两种角色，服务营销也相应地具有两种含义：

第一种含义：促进以服务为产品的交换，以满足顾客需求并获取利润的营销活动；

第二种含义：利用支持服务促进有形产品交换的营销活动。

虽然服务营销具有两种含义，但其研究的对象都是服务，目的都是为了满足顾客需求，促进交换，最后为企业带来利润。从这一点来看，服务的两种含义的本质是相同的。

11.2.2 服务营销的特点

区别与传统的市场营销，服务营销主要有以下三个方面的特点：

特征一：传统市场营销研究的对象是以产品生产企业的整体营销行为，服务营销研究的对象是服务企业的营销行为以及产品营销中的服务环节。

特征二：服务营销与传统市场营销在质量问题上存在不同的理解。关于服务质量的理解在本章的最后一节将做详细的介绍。

特征三：服务营销的组合发生了改变。传统的市场营销组合（4Ps）是基于有形商品来建立的，然而服务有其自身的特征，因此布姆斯（Booms）和毕特纳（Bitner）在原有的4Ps的产品营销组合的基础上，建立了适合服务营销组合（7Ps），包括产品（Product）、定价（Price）、渠道（Place）、促销（Promotion）、人（People）、有形展现（Physical Evidence）和过程（Process）。如图11－3所示。

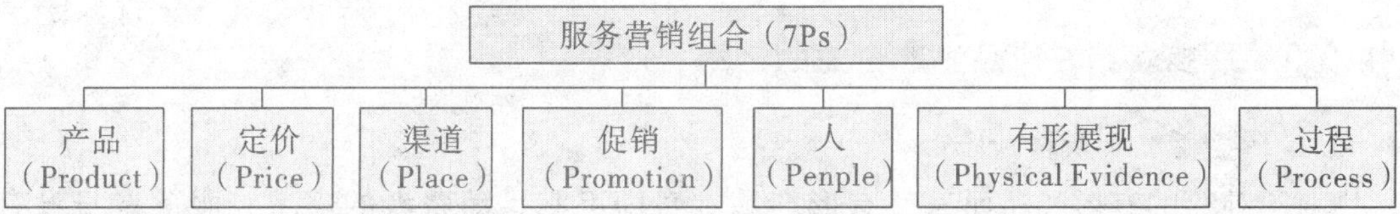

图11－3 服务市场营销组合图

服务营销组合与传统营销组合的最大区别是多了人、有形展现和过程三个要素。人的参与在服务产品的提供过程中成为不可缺少的，内容包括人力的配备，如选用、培训、激励、仪表等，人的态度、顾客的参与度等。服务的有形展现，包括环境、装备实物、信息沟通、其他实体性线索，在服务的无形性的影响下，成为了服务营销组合中的要素之一。过程要素指服务的生产、交易和消费的总过程，包括政策、机器化程度、顾客的参与度、手续、活动流程等。

营销讨论 2

请以上述营销讨论中张师傅的理发店为例，谈谈在理发店中的产品是指什么？有形展现具体在理发店中指的是什么？过程要素包括哪些方面？

11.3 服务营销的运用

产品生产企业的供应品为上述供应品分类中的第（1）、（2）类即纯粹的有形产品和伴随服务的有形产品。服务营销的第二种含义主要适用于此类企业，也就是说服务营销的产品生产企业中的运用主要是利用服务促进有形产品的销售。

服务产业包括交通运输业、餐饮业、旅游业、金融业、电信业、商务服务业、零售业、酒店业、教育业，医疗业、文化体育业以及政府的服务部门等。服务产业的企业所提供的供应品主要为上述供应品种类中的第（3）、（4）、（5）类。上述所说的服务营销的第一种含义主要适用于这类企业。

因此，服务营销运用在产品生产企业的目的是促进有形产品的交换，运用在服务业中的目的是促进服务产品的交换，如图 11－4 所示。

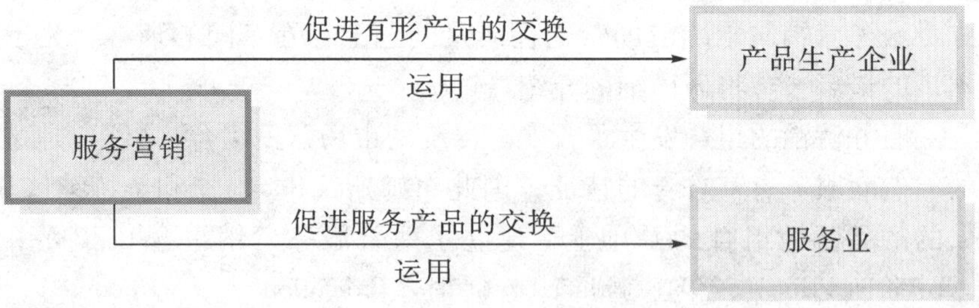

图 11－4　服务营销的运用

11.3.1　服务营销在产品生产企业的运用

11.3.1.1　利用服务增加产品的差异度

对于纯粹的有形产品而言，有形产品本身即可满足消费者的需求，服务本身没有纯在的必要性，但企业若能利用服务满足消费者其他与其产品有关的需求，使其产品有别于其他产品和更具吸引力。以下实例连接就是一个很好的案例。

实例链接

中美合资中国庄臣有限公司（S. C. Johnson Wax）是于1987年在上海成立的。该公司就是通过顾客服务来销售其蜡制品的。该公司蜡制品主要用于高级宾馆、饭店以及其他重要场所的地板清洁及打蜡等。销售人员自己负责一个区域的许多客户并形成良好关系。由于宾馆、饭店等场所的营业特点，销售人员一般要在晚上12点以后才能为顾客服务，包括如何打蜡、如何抛光、如何使用有关机器设备等。销售人员在服务过程中注意倾听客服的意见并反馈给企业，以促进产品质量的提高。销售人员除了联系新客户外，还不断拜访老客户，征询他们的意见，平时经常用电话等方式加强与客户的联系。正是靠着这种优质的顾客服务，庄臣公司的蜡制品在中国市场上占据了一席之地。（根据：张文贤. 市场营销创新. 上海：复旦大学出版社，2002：271 改编）

另外一类有形产品，如电器，消费者在购买的时候，会顾虑很多问题，包括产品是否易操作，产品的可靠性和故障频率，产品的维修时间和维修费等。因此，此类有形产品都伴随着服务支持产品，如安装服务、维修服务、咨询服务，培训服务等。对于伴随服务的有形产品而言，从顾客的需求出发，提供周到的产品支持服务尤为关键。

实例链接

海尔集团是一家以优质的产品支持服务闻名的电器生产商。海尔集团所提出的星级服务，认真考虑顾客的需求，为顾客提供各类支持服务，其中包括“开设用户学校”、“家电维护、保养”、“上门设计、咨询导购、安装调试”、“为用户提供成套家电解决方案”等海尔一条龙星级服务，赢得了顾客的好评。

11.3.1.2 利用服务增加产品附加值

产品支持服务不但能促进有形产品的销售，还可以通过增加附加值为企业带来额外的利润。企业在提供免费的维修服务的同时，可赚取更换零配件的费用。企业也在提供免费的基本服务的同时，再提供收费的服务。这种做法常在汽车行业、家电行业、计算机生产行业等行业上得以应用。

实例链接

戴尔电脑的售后支持服务就是采取免费服务与收费服务相结合的方式。消费者在购买电脑后，可以在一定时间内免费享受硬件保修服务。若消费者想延长保修的期限，需要额外支付费用。同时，消费者若需要更为专业的技术支持，也需要支付额外的费用。其收费服务为有不同需求的顾客提供了不同的选择，企业也可以通过提供支持服务获取更多的利润。

11.3.1.3 利用支持服务授权促进产品销售

消费者在选择产品时，产品支持服务的地理位置也是考虑的因素之一，即消费者会考虑购买产品后，能否就近获取产品支持服务。因此服务网点越多、服务网点遍布的范围越广，就越有利于产品的销售。在产品生产企业有限的资金和资源下，为迅速扩张网点数量和遍布范围，有些企业选择了授权专门提供服务的公司为其提供支持服务，企业只赚取更换零配件的服务。外包服务的好处是企业可以同时授权多家专门的产品服务公司，短时间内能迅速增加服务网点，从而促进产品销售。

11.3.2 服务营销在服务企业中的运用

11.3.2.1 做好市场调研，了解和分析宏微观市场环境、竞争对手以及消费行为等信息

服务营销的调研方法、步骤和内容与传统市场营销基本相同，详细的做法可参考本书前面的章节。对于服务企业而言，需要特别注意调查服务产品的特征会对服务消费行为的影响。服务消费者的购买过程与有形产品的购买过程有所不同，这是受到服务的不可分离性的影响。服务产品的生产和消费是同时进行的，也因为服务传递过程的延长，顾客对服务的评价也在消费过程中就开始了。此外，服务的无形性使消费者在选择产品时更关注服务环境设计、人员素质、价格等有形展现以及伴随服务的有形产品等因素。因此，服务企业在设计市场调研方案时，也需要考虑这些因素的影响。

实例链接

根据义乌市消费者权益保护委员会2011年的调查，义乌市消费者选择快递服务时考虑的主要因素（依据被调查消费者认为的重要度排序）有：一是速度，占27.8%；二是服务态度，占23.7%；三是价格，占23.0%；四是方便程度，占18.0%；五是公司品牌，占7.5%。被调查的消费者希望快递公司在确保快递速度的同时，要保证快件安全，改善服务态度，业务量大的消费者则还要求适当降低价格。

11.3.2.2 恰当细分服务市场，选择目标市场，做好市场定位

服务市场细分、目标市场的选择以及市场定位的依据、原则、方法和定位策略等与有形产品市场基本一致，具体内容可参考本书第5章的内容。

实例链接

香港主要的银行采取的定位方式：

汇丰银行：定位于分行最多、实力最强、全香港最大的银行。这是以自我为中心，实力展示式的定位。

恒生银行：定位于充满人情味的、服务态度最佳的银行。通过走感情路线赢得顾客心。

渣打银行：定位于历史悠久、安全可靠的英资银行。树立可信赖的“老大哥”形象，传达了让顾客放心的信息。

中国银行：定位于有强大后盾的中资银行。直接针对有民族情结、信赖中资的目标客户群。（杜向荣．服务营销理论与实务．北京：清华大学出版社，北京交通大学出版社，2009：134.）

11.3.2.3 设计服务营销组合策略

（1）产品。产品是服务营销组合中的第一个要素。产品要素包括领域、质量、品牌名称、服务项目、水准、保证等因素。服务企业需要根据自己的市场定位，制定有别于竞争对手的服务产品，才能从竞争中获胜。在产品生产企业中，服务可以为有形产品增加差异度，同样，有形产品也可以协助服务产品增加差异度。企业可以在其满足顾客主要需求的主要服务的基础上，结合不同的次要服务和有形产品，甚至加大次要服务和有形产品的比重，吸引消费者。

实例链接

航空公司的主要服务是航空飞行旅程服务，其常见的次要服务和产品有餐饮服务、电影娱乐服务、商品销售。为进一步扩大产品差异度，世界各大航空公司还想出了各种次要的服务与产品，例如：

英国维真航空公司：提供专业美容治疗师，提供颈部、头部按摩及修甲的服务。

英国航空公司：选择乘公务舱飞离或抵达希思罗机场的乘客可以在英航旅行温泉疗养地享受独特的免费美容和温泉服务。还准备了旅行用具包，包括用于飞行中或飞行后恢复精神和补充水分的产品。

法国航空公司：商务舱备有各类护肤用品供随时使用。

美国西北航空公司：提供人性化的座位空间，如按摩靠垫、个性阅读灯以及座位设有插座，方便电脑的使用。

（2）定价。从前面的章节已了解到价格受到成本、需求、市场竞争等因素的影响。此外，在服务业，服务产品的特征也影响着价格的制定。

首先，服务的无形性导致服务的价格成为消费者感知服务品质和质量的一个重要标准。因此，顾客在一般情况下，不会接受价格过低的服务产品。

其次，服务的易逝性，使服务产品不能储存，导致企业平衡供求关系上造成困难。酒店、航空公司、旅行社、电影院等行业通常都是根据需求量的大小来调整价格。如电影院同一部电影在一天内不同时间的票价都会有变化。

此外，消费者也开始有服务分类标价的需求。将服务要素分类标价，消费者可以根据需求来选择服务要素。

实例链接

乘坐飞机的旅客，都可以在飞机上得到免费的餐饮服务。实际上，航空公司是把餐饮服务和飞行交通服务打包定价了。但如美国西南航空公司、英国易捷航空公司等廉价航空公司的出现，打破了航空公司这一打包定价的做法。此类航空公司不提供免费的餐饮，顾客如果需要食物和饮料，需要另行购买。这种做法能够吸引对于价格敏感的消费者。

（3）渠道。对于服务企业，尤其是对于只生产纯服务产品的企业而言，由于服务产品的易逝性使在企业营销渠道方面基本不需要考虑运输和仓储等因素。企业在服务渠道上需要重点考虑的是所在地、分销渠道、可及性、分销领域等因素。如电影院这类客户需要直接接触服务提供者的服务，企业或服务提供的地点的交通是否方便显得尤为重要。

（4）促销。因受到服务无形性的影响，服务企业在促销上需要注重使消费者对服务产品产生有形的印象，如向消费者展示服务的场所，介绍服务所带来的利益，或提供试用等。此外，服务的口碑成为顾客判断服务质量的重要信息来源，鼓励消费者向其他消费者分享消费后的感受也是促销的一种方式。

实例链接

目前市场上有很多提供酒店预订服务的中介网站，如同程网。这些网站都非常注重服务的有形展示和鼓励消费者留下对酒店的评价并为酒店打分。以同程网为例，它介绍酒店的内容就包括酒店设施的图片、显示酒店地理位置的地图等，这都使顾客对酒店产生有形的印象。此外，同程网还通过现金返还的方式鼓励顾客在网上留下对酒店的感觉、评分等，帮助酒店建立口碑，使其他顾客在预订酒店时能够做出更好的判断。

（5）人和过程。人和过程两个要素都是服务营销组合新增的要素。服务提供者与服务消费者的接触性越高，人的要素的重要性就越大。过程的要素中的内容所涉及的消费者的参与程度、服务人员应如何与消费者接触等方面都与人的要素息息相关。优秀的服务人员和愉快的服务消费过程都是促使消费者再次消费的原因。因此，企业需要在人力资源管理以及过设计方面做较大的投入。

实例链接

新加坡航空（SIA）一直被认为是全世界“最好的”航空公司。SIA 高度强调培训的重要，其最近的创新被称为“改造顾客服务”（Transforming Customer Service，TCS），涉及5个关键操作区域的员工：机舱乘务员、工程师、地面服务、飞行操作和销售支持。TCS 文化渗透在公司所有的管理培训中。TCS 还对人、过程和产品运用了40/30/30 规则，即40%的资源用于训练和激发员工的热情，30%的资源花费在对过程和程序的检验上，30%用于创新产品和服务理念。由此可见 SIA 的成功与其重视服务营销组合中人与过程两个要素有很大的关系。（根据：菲利普·科特勒，等．营销管理（亚洲版·第五版）．吕一林，王俊杰，译．北京：中国人民大学出版社，2010：353 改编）

（6）有形展现。服务的有形展现包括三个种类型：物质环境、信息沟通和价格。

物质环境包括服务场所的设计、服务场所气温、气温、声音以及服务人员给人的印象；信息沟通指企业通过各种媒体传递给顾客的信息，这涉及服务的促销策略；同时，如上文所说，顾客把价格看作反映质量的一个线索，因此价格也是有形展现的一个标志。因信息沟通和价格已在上文提及。

有形展现的主要作用及目的是使消费者产生良好的第一印象，对产品合理的期待并能感受服务给自己带来的利益。因此企业从物质环境的设计、传递信息的内容以及设计合理的价格方面都要围绕这些目的出发。

实例链接

据了解，在星巴克美国总部，有一个专门的设计室，拥有一批专业的设计师和艺术家，专门设计全世界的星巴克店铺。他们在设计每个店铺的时候，都会依据当地商业圈的特色，去思考如何把星巴克融入其中。所以，星巴克的每一家店，在品牌统一的基础上，又尽量发挥了个性特色。这与麦当劳等连锁品牌强调所有门店的视觉设计高度统一截然不同。例如中国上海的星巴克，以年轻消费者为主。在拓展新店时，他们费尽心思去找寻具有特色的店址，并结合当地景观进行设计。位于城隍庙商场的星巴克，外观就像座现代化的庙宇；而濒临黄浦江的滨江分店，则表现花园玻璃帷幕和宫殿般的华丽。

（自《经理日报》2010年9月29日 A3版，节选）

11.4 服务质量管理

11.4.1 服务质量的含义

服务质量指服务满足规定或潜在需要的特征和特性的总和。服务的质量与有形产品的质量在内涵上有所差别。服务质量的好坏在很大程度上取决于顾客的主观评价。服务质量是一个主观范畴，它取决于顾客对服务的预期质量和实际体验到的服务质量之间的对比。高质量的服务无论是对服务产品本身的销售，还是利用服务促进有形产品的销售，都有重要的意义。

11.4.2 服务质量差距模型

柏拉所罗门、塞登尔和贝利建立20世纪80年代的服务质量差距模型（如图11－5所示），指出了导致服务传递失败的五方面的差距。分析差距形成的原因并寻求缩小差距的方法，对提高服务质量有着重要意义。

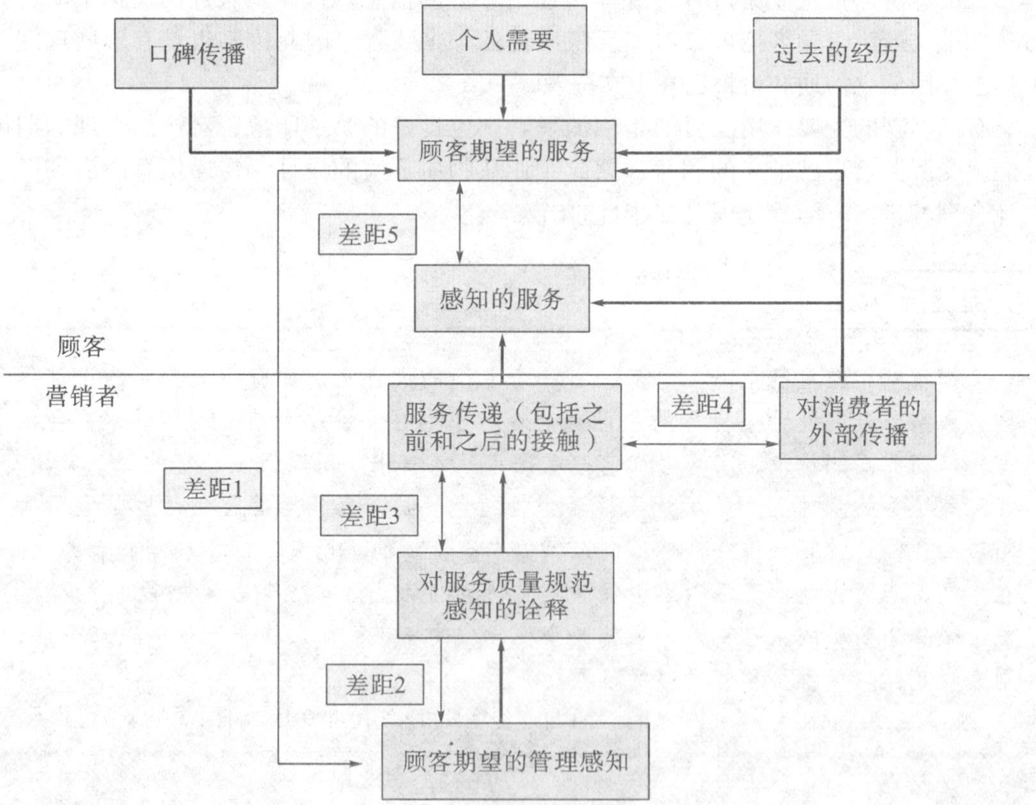

图11－5 服务质量差距模型

［资料来源］菲利普·科特勒，等．营销管理（亚洲版·第五版）．吕一林，王俊杰，译．北京：中国人民大学出版社，2010：357.

11.4.2.1 差距1——管理者感知的顾客期望和实际的顾客期望之间的差距

产生差距的主要原因：

（1）管理层忽视市场调研的重要性，没有做市场调研。

（2）市场调研设计及分析不准确，不能准确反映顾客期望。

（3）管理者与顾客之间的信息沟通不畅通，如一线员工在与顾客接触过程中没有向管理层反映顾客所提出的要求。

（4）管理者对顾客反馈的信息产生误解。

缩小差距的主要方法：

（1）重视市场调研，参考专业人士及一线员工的意见设计及实施有效的市场调研方案。

（2）重视顾客投诉及意见反馈，建立有效的投诉处理及意见反馈机制。

（3）培训员工学会如何在与顾客接触过程中了解顾客需求，并鼓励员工积极反馈贵客情况，做好管理层与顾客之间的桥梁。

实例链接

管理者可能认为顾客希望企业提供热情的服务，然而顾客可能更需要空间，过于热情的服务让他们觉得不舒服。

佐丹奴是一家总部设在香港的服装连锁公司，企业从前误解顾客对服务热情的需求，产生了“差距1”。企业将其销售员训练得过于热情，以至于他们很少给顾客独立做出购买决定的机会，因此收到众多投诉。此后，佐丹奴进行了调研，发现顾客虽然喜欢笑面相迎的销售人员，但同时也需要拥有充分的空间享受购物体验。因此，公司将培训变为教会销售人员给予顾客更多的个人空间，让他们自己做出购买决定。

佐丹奴曾经误解顾客对于热情服务需求的理解（“差距1”），但最终通过顾客投诉及调研了解到差距所在，并采取措施缩小了差距。

（根据：菲利普·科特勒，等. 营销管理（亚洲版·第五版）. 吕一林，王俊杰，译. 北京：中国人民大学出版社，2010：361. 改编）

11.4.2.2 差距2——管理者对顾客的期望感知与管理者所制定出来的服务质量规范之间的差距

产生差距的主要原因：

（1）管理者对服务提供者的工作理解不充分，服务规范实用性不强。

（2）服务质量规范设计不当，如标准不清晰，含糊等。

（3）前线管理层所设计出来的方案得不到最高管理层的支持和理解。

缩小差距的主要方法：

（1）设计服务标准时多方面考虑问题，听取各方意见。

（2）规范制定后通过各种方式对其有效性和适用性进行评估，不断改进和规范。

实例链接

服务的不可分离性导致管理者在设计服务规范的时候，不但要考虑如何设计服务人员的行为规范，还要设计顾客的行为规范。

在日本温泉拒绝外国人入浴的案例中，外国顾客因对日本温泉文化、习俗等方面不了解，造成了日本本土顾客的不满。其后，由于有美籍留学生起诉温泉拒绝其本人及其朋友入浴造成其精神损失获胜诉，一些澡堂于是贴出了注意事项，提示客人要冲净浴液后方可进入池内泡澡等规矩。

因此，企业在设计规范时，需要充分考虑顾客的因素，制定引导顾客行为的指引。

11.4.2.3 差距3——服务质量规范和实际提供的服务之间的差距

产生差距的主要原因：

(1) 员工培训不足，不能按照规范提供服务。

(2) 员工缺乏积极性，不愿意按照规定提供服务。

(3) 员工人数不足应付需求，工作量过大。

(4) 顾客不配合。如电影院在看电影过程中需保持安静，却有顾客大声说笑、讨论。

缩小差距的主要方法：

(1) 加强员工培训，其中包括教会员工如何引导顾客遵守规则。

(2) 建立健全监督机制，对员工进行监督。

(3) 建立奖励机制，提高员工工作积极性。

(4) 合理安排员工工作量，避免人员过剩，但也要避免员工工作中过于疲惫。

实例链接

系统的员工培训是服务质量的保障，许多大企业都非常重视员工的培训，建立完善的培训机制，甚至设立企业大学提供培训服务，并为优秀员工提供晋升的机会。中国平安集团设有平安大学。平安大学为员工提供各类培训，如新入职员工就要到平安大学进行2个星期的封闭式入职培训，使新入职员工适应角色的转变，建立良好的职业心态。通过培训可以提供高其工作能力，能更好提供服务。同时，员工通过培训，也增大了晋升的机会，对员工而言也是很好的激励措施。

11.4.2.4 差距4——企业向消费者提供的外部沟通（如广告宣传等）和实际提供的服务之间的差距

产生差距的主要原因：

(1) 营销部门未能准确理解企业所提供的服务。

(2) 营销部门设计的服务产品策略及标准，服务部门未能按照设计完成。

(3) 广告和销售人员的过度承诺。

(4) 带有误导性的宣传。

(5) 宣传过于夸大其词或只做片面地强调或宣传。

缩小差距的主要方法：

(1) 促进营销部门与服务提供部门之间的沟通。

(2) 建立制度对宣传的营销手法和销售人员的行为等进行规范。

(3) 顾客的个人经历、需要和企业的口碑等因素使顾客对服务造成错误或过高的期望时，企业的外部沟通需要对顾客进行引导和教育。

实例链接

在新闻上不难找到关于旅客投诉旅行社所提供的旅游服务新闻故事，如顾客投诉旅行过程中购物时间过长、提供的食宿不理想等等。很多这些投诉都来源于差距4，而产生的主要原因都是由于外部沟通存在失误。

山东青岛市是一个著名的旅游城市，青岛市旅游局在2008年发布了《关于进一步规范旅游广告宣传工作的通知》，对旅行社的广告进行了规范。该《通知》规定旅行社要清晰告知消费者旅行路线、项目、主要内容、天数等信息。同时不能使用易误导消费者的字眼，如不得出现“准×星”、“相当于×星”等、“当地最好的”、“豪华团”等字眼和表述。

该《通知》从另一个角度反映了旅行社在宣传上存在着不少误导、片面、夸张的行为。然而这些行为的后果是直接导致服务质量差距的产生，影响顾客的满意度。

11.4.2.5 *差距5——顾客期望的服务和感知到的服务之间的差距*

产生差距的主要原因：

(1) 以上4个差距的产生。

(2) 消费者对服务内容及服务质量存在误解。

缩小差距的主要方法：

(1) 缩小以上4个差距。

(2) 在外部沟通，如广告，以及在服务过程中给予消费者正确的引导。

(3) 勇于创新，挖掘顾客需求，为提供更胜于顾客期望的服务。

实例链接

顾客在购买空调的时候，很多都会得到安装服务。可是空调安装过程会产生灰尘，安装后顾客需要做清理工作。虽然顾客觉得清理麻烦，但也只能接受这一事实。海尔空调率先将服务做出改进，提出了“无尘服务”，解决了空调安装后需要添加很多清理工作的问题，得到了顾客好评。

要提高服务质量，企业不但要满足顾客的期望，还需要细心观察，挖掘顾客的需要，不断改进和提供新的服务，为顾客提供超出期望的服务。当顾客所接受的服务比其期望的服务要好时，顾客对服务质量的评价就会大大提高。

11.4.3 提高服务质量的方法

提高服务质量的方法有很多，在此我们重点介绍两种常用的方法。

11.4.3.1 标准跟进法

标准跟进法是一种向优秀的竞争对手学习的方法，它指企业将自己的服务、产品和策略等与竞争对手相比较，逐步提高自身的水平。标准跟进法并不是一种纯粹的模仿或“克隆”竞争对手做法的方法，企业需要结合自身特点、市场环境和市场定位等情况，寻找出适合自身的方式。

实例链接

以上的实例链接中，可以了解到海尔是一家以优质服务著称的产品生产企业。海尔获取成功的秘诀之一，是使用了标准跟进法。海尔是以日本松下和丰田公司为师，在经营中引入先进的质量和流程管理理念和方法，继而率先提出“星级服务”的概念，引领中国制造类企业进入服务制胜时代。

实例链接

中国民俗文化村是一个坐落于深圳的以民族文化、民族艺术、民族建筑和民族风情为主的主题公园。中国民俗文化村在深圳获得成功后，许多地方争相模仿学习，但始终未能获得成功。如海南省五指山市的中华民俗文化村就是一个失败的克隆案例，自其开业以来，就一直亏本，未能盈利。深圳是一个年轻的现代城市，真正的传统文化遗产很少，这是中国民俗文化村能在深圳获得成功的原因之一。但五指山市却拥有灿烂的黎族传统文化遗产，到五指山市的游客，因此大都选择游览中华民俗文化村附近的一个真正的黎族村寨。

11.4.3.2 蓝图技巧

蓝图技巧也称服务过程分析，是借助流程图的方式来分析服务的各个环节以及顾客同服务人员的接触点，从而从各环节来提高和改进服务质量的一种做法。使用蓝图技巧的主要步骤有：

第一步：画出服务流程图。

第二步：找出容易导致服务失败的点。

第三步：确立执行标准和规范，即企业的服务质量标准。

第四步：找出顾客能看到的服务证据，而每一个证据都被视为企业与顾客的服务接触点。在每个接触点，服务人员都要向顾客提供不同的功能质量和技术质量服务。

比如，酒店向客人提供住宿服务的过程主要涉及以下几个接触点：

（1）顾客向酒店寻求信息；

（2）顾客预订酒店；

（3）顾客到达酒店；
（4）顾客办理入住登记；
（5）顾客支付押金；
（6）顾客入住房间；
（7）服务员提供房间打扫等服务；
（8）顾客办理退房登记；
（9）顾客支付房费。

酒店要提高服务质量，就必须保证服务流程中的任何一个接触点（服务环节）都不能出问题。

营销讨论 1

王经理是一家酒店的大堂经理，他处理事情的能力非常强，遇到顾客投诉，他都能及时解决问题，并做好顾客的安抚工作。然而，他觉得顾客的投诉能妥善解决就可以了，他从来没有想过问题出现的原因，也没有想过总结问题，向上级部门反映。酒店的总经理因此一直未能得到关于顾客投诉的信息，并一直以为酒店的运营一切正常，服务质量非常好。

你如何评价王经理的工作表现？你如何看待顾客投诉与服务质量的问题？

精要回顾

当今社会，服务业的发展迅速，第二产业的企业也同时提供各类产品支持服务。服务是一方向另一方提供的、不会导致任何所有权产生的所有无形的活动或行为。它的产生过程可以依赖也可以不依赖实体产品。服务具有无形性、不可分离性、易变性和不可分离性四大基本特征。服务可以从不同角度进行分离，以满足研究和管理的不同需求。

服务营销有两种研究领域，分别为促进以服务为产品的交换，以满足顾客需求并获取利润的营销活动；和利用支持服务促进有形产品交换的营销活动。分别可以运用于服务企业和产品生产企业。服务营销与传统营销相比，在研究对象，服务质量的着眼点和营销组合的内容上都有差别。

服务质量水平的高低对企业业绩有至关重要的影响。企业可以运用服务质量差距模型来分析服务质量问题，并利用标准跟进法和蓝图技巧来提高服务质量。

关键概念

1. 服务　　2. 服务的特征　　3. 服务营销
4. 服务营销的特征　　5. 服务营销组合　　6. 服务质量

7. 服务质量差距模型　　8. 标准跟进法　　9. 蓝图技巧

思考题

1. 服务的定义是什么，如何理解服务的含义？
2. 服务具有哪些重要特征？举例说明这些特征的服务中的具体体现。
3. 什么是服务营销？服务营销有何特征？
4. 服务营销组合有哪些要数？
5. 服务质量差距模型是什么？它有什么作用？
6. 企业应当采取哪些措施和方法提高服务质量？

营销工作坊－11

服务营销的目的是通过服务促进商品交换的效率和效果，所以适当的服务营销策略能有效提升企业营销的利润率。

在前面的“营销工作坊”里，我们在所选行业环境里，针对目标市场的需求特点，设计了相应的产品，并进行了相应的定价、渠道、促销方案设计，这些方案也是符合我们产品的市场定位的。

为了更好地提升我们营销的效率和效果，现在有必要对产品的支持服务进行设计，采取合适的服务营销策略。为此，我们需要讨论一下问题：

1. 我们向市场供应的商品属于哪一类型？比如：是纯粹的有形产品，有形产品＋服务还是纯粹的服务？

2. 如何提升这种类型商品的价值？（例如，若是纯粹的有形产品，可考虑提供某种形式的附加服务；若是有形产品＋服务的商品，可考虑增加服务的比例、改变服务的形式、提高服务的质量等）

3. 结合我们的市场定位需要，设计能提升本商品价值、促进商品销售的服务营销策略。

4. 把分析结果写成报告。

学习档案

为了体现你在完成这一章书的学习之后，已经掌握了相关的理论知识和技能技巧，达到了本章的提出的学习目标，你需要提供以下学习证据：

1. 对本章“引导案例”的分析理解；

2. 对本章“营销讨论”的分析理解；

3. 对本章“思考题”的理解回答；

4. 根据“营销工作坊－11”的要求所设计的市场调查问卷以及市场调查报告等；

5. 在本章学习过程中的其他相关营销活动参与情况、课外学习情况（包括资料、方式与反馈等）。

12 市场营销新趋势

学习目标

▶ 知识目标

1. 了解绿色营销产生的背景，掌握绿色营销的含义、特点以及策略实施的基本方式；

2. 了解网络营销的含义、特点、策略，掌握其实施的基本方式以及网络工具的运用；

3. 了解体验营销产生的背景、含义和特点，掌握其基本的运用方式；

4. 了解事件营销的含义和特点，掌握其基本的实施方式。

▶ 技能目标

1. 能判断绿色营销、网络营销、体验营销和事件营销的实施条件。

2. 能结合实际，实施绿色营销、网络营销、体验营销和事件营销。

内容结构图

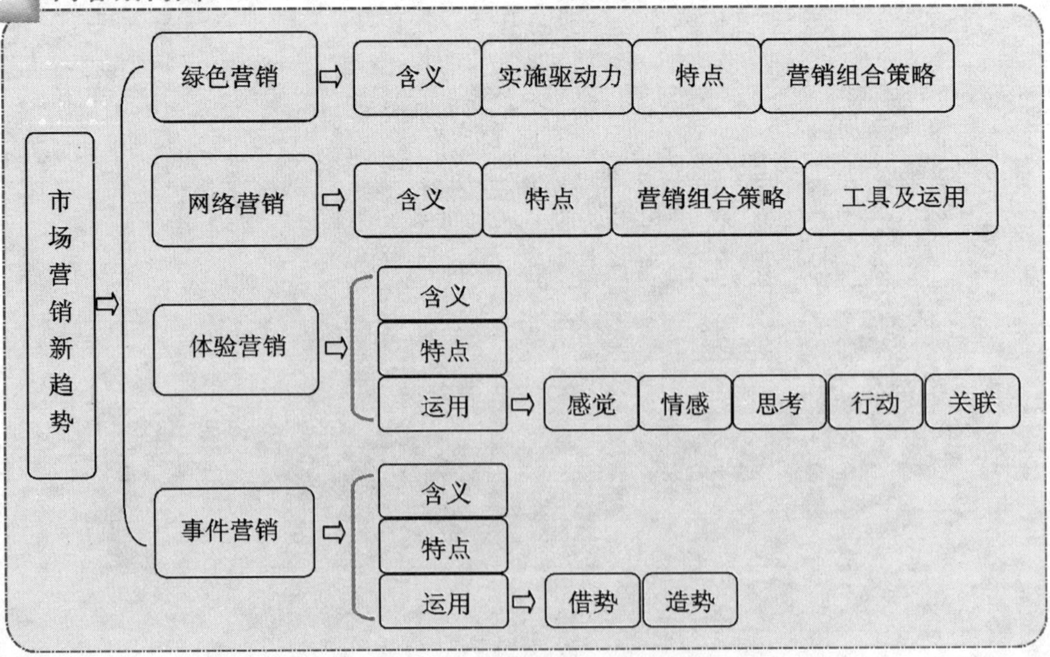

引导案例

绝味鸭脖的微博营销

微博，作为目前新兴且火热的网络交流渠道，先是为无数平凡人提供了分享心情、分享快乐、分享浪漫的大平台，随后又为明星大腕们创造了一条积累人气的通道。再后来，政府部门也纷纷开通微博，借微博大做文章，展示亲民形象。微博可谓目前最炙手可热的网络平台。不少品牌企业也看中了这一崭新的宣传平台，参与微博大军，通过微博宣传新产品，拓展企业影响力。可惜，在众多营销微博中，成功者不多。而“绝味鸭脖”这一休闲食品品牌，却独辟蹊径，在纷繁复杂的网络营销中走出了一条新路子。2011 年 3 月 8 日至 3 月 14 日，“绝味鸭脖”开展的“晒浪漫，爱分享”活动，堪称一次微博营销的成功案例。

只要微博主们成为“绝味鸭脖”的微博粉丝，关注和参与“晒浪漫，爱分享”话题讨论，转发微博、晒出对心中的他/她的浪漫宣言，或者原创“晒浪漫，爱分享”话题微博、晒出浪漫照片，便成功参与活动。绝味轩每天从参与者中随机抽取三位，送出绝味浪漫大礼包。

活动一经推出，便引来无数博友围观，“晒浪漫，爱分享”一时成为大家讨论热议的话题。尤其是那些热爱浪漫的年轻人，纷纷晒出自己的爱情宣言或甜蜜照片，参与到活动中来。有一个小伙子借助这一活动向暗恋已久的女孩表白，最终捕获女孩芳心。绝味轩闻知此讯，特意为这对恋人准备了一份浪漫大奖，在成就一段大好姻缘的同时，也为微博营销书写了一段佳话。那些获奖的网友，又通过网络晒出自己的奖品，给“绝味鸭脖”做起了二次宣传，成为绝味鸭脖的义务广告员。如 BBS（电子布告栏）中的一篇文章《爽！晒晒我白拿的绝味》，在网上引起了大量的关注与讨论。

活动期间，绝味鸭脖销量大增，购买者络绎不绝，常会排起长队。有不少人就是从微博上了解到绝味鸭脖，才来亲口尝一尝的。不过，他们第一次尝是因为绝味鸭脖活动宣传效应，第二次尝就是忘不了这难得的美味了。正如有对情侣在微博上说，口里吃着“绝味”，心里想着那些最浪漫的事，实在是由口到心的一大享受。他们还表示要把“绝味鸭脖”带上他们的婚宴，获得网友的真诚祝福。

绝味的微博活动，可谓取得了圆满的成功。无论是对品牌自身形象的打造，还是与消费者之间的互动，都是别的宣传渠道所难以达到的。这次活动，积聚了绝味鸭脖的人气，也塑造了绝味的亲民形象。产品本身的品质保证，加上成功的营销策略，为绝味鸭脖成功地开启了自身发展的新渠道。

（根据 http://www.fjtvc.com/marketing/Brand/2011/0328/742.html,2011－08－01 改编）

分析与讨论

微博作为一种新兴的信息交流渠道，受到广大群众的欢迎，也成为企业促销活动的新渠道。如何有效地利用微博进行市场营销活动呢？“绝味鸭脖”用这次“晒浪漫，爱分享”活动给出了自己的答案。

1. 你是否接触过微博营销？结合绝味鸭脖的案例，谈谈微博营销的优势及特点。

2. 近年来还出现了许多行之有效的新型营销方式，如绿色营销、事件营销、体验营销等。举一个你熟悉的营销例子，谈谈你对该营销方式的看法。

12.1 绿色营销

12.1.1 什么是绿色营销

随着工业的发展，生态环境被破坏，污染问题、全球气候改变等环境问题不断显现。绿色意识在19世纪末被西方学者所提出，目前绿色意识已在世界范围内普及。同时，绿色活动在20世纪中期被提出，20世纪后期也得到蓬勃发展。绿色营销于20世纪80年代末产生，现已成为21世纪企业发展的新趋势。

绿色营销是一种新的营销观念，关于绿色营销的定义，目前没有统一、公认的表述。有些学者从绿色消费的角度出发，强调绿色营销的目标是满足绿色消费；有些学者从利益协调的角度考虑，强调绿色营销是为了促进环境利益、消费者利益和企业利益相协调；有些学者从经营手段考虑，强调企业在绿色经营，即在营销及管理的各个环节中重视保护环境。

根据学者们的观点，我们可以将绿色营销（Green Marketing）理解为在绿色观念和绿色消费等因素的驱动下，企业履行其社会责任和义务，在市场营销过程中采取有利于环境保护和社会持久发展的活动，谋求企业利益、消费者利益和环境利益相协调。

实例链接

2006年7月5日，格兰仕在北京推出“绿色回收废旧家电——光波升级以旧换新”活动，消费者手中任何品牌的废旧家电，均可折换30~100元，用于购买格兰仕部分型号微波炉和小家电的优惠，同时格兰仕联合专业环保公司对回收的废旧小家电进行环保处理。活动推出后，格兰仕在北京市场连续3天单日销售突破1000台，高端光波炉的销售同比增长59.6%。北京电视台、《北京晚报》、《北京青年报》等都对活动进行了追踪报道。随后活动向山东、福建、辽宁、云南、吉林、重庆等地的10多个城市蔓延。格兰仕“绿色回收废旧家电”的活动成为2006年淡季小家电市场一道靓丽的风景。

12.1.2 实施绿色营销的驱动力

企业实施绿色营销是受多方面因素驱动的（如图 12－1 所示）。

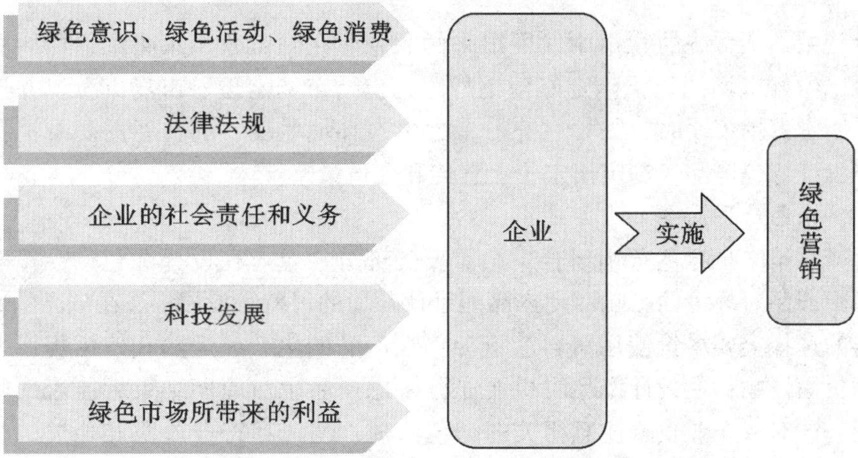

图 12－1 实施绿色营销的驱动力

（1）随着绿色观念和绿色活动的影响，消费者在消费上偏向选择绿色产品，而抵制对环境有破坏的产品。

（2）各种抵制和限制破坏环境的行为的法律法规的出台，使企业的生产、营销和各种企业行为都必须符合相关的法律规定。

（3）企业本身具有其社会责任和义务，因此企业也必须履行其保护环境的责任和义务，当企业做出破坏环境的行为，必将受到社会的谴责。

（4）随着科技的不断发展，为实施绿色营销提供了技术基础，新型的技术可以为企业设计出更有利于可持续发展的产品，以取代原来的高污染的产品。

（5）实施绿色营销，能为企业带来经济利益。随着绿色市场的不断扩大，企业只有实施绿色营销，建立企业的绿色形象，才能在绿色市场中获取更大的利益。

因此，绿色营销的产生是社会发展的必然趋势。

12.1.3 绿色营销的特点

区别于传统营销，绿色营销有四个主要的特点：

（1）绿色营销以可持续发展为导向。传统营销从产品导向发展到了顾客导向，在绿色观念等因素的驱动下，发展为以可持续发展为导向。

（2）绿色营销的经营目标注重环境利益、消费者利益和自身利益相统一。传统的市场营销是以获取最大利益为目的，但绿色营销除了要维护自身利益和消费者利益外，还要维护环境利益，谋求三者利益相协调，达到可持续发展。

（3）绿色营销使用“绿色”的经营手法。与传统营销相比，绿色营销在经营上更注重维护保护环境、减少污染、减少资源浪费等。

（4）绿色营销的实施需要政府、企业、个人三方协作以及科学技术的支持。从上述的关于促使企业实施绿色营销的驱动力中可以知道，实施绿色营销需要多方面的因素的驱动，因此绿色营销在实施的过程中需要多方面的配合。

12.1.4 绿色营销组合策略

绿色营销是从传统的营销中发展出来的。企业在制定营销策略前，需树立正确的绿色观念，做好市场调研，确定好营销战略，包括市场定位、市场细分，并选择好目标市场。制定营销策略时，需要在充分考虑生态环境状况、消费者需要及消费水平的前提下，设计绿色产品，制定出定价、宣传和渠道策略。

12.1.4.1 绿色产品策略

绿色产品策略是绿色营销组合中最重要的部分。企业在设计绿色产品策略时，需要充分考虑产品对环境的影响，使产品能维持环境的可持续发展。如在产品的原材料和包装材料的选择上要尽量使用可再生资源；在产品的生产、运输和使用程序上要减少对环境的负面影响；在设计产品时也要充分考虑产品生命周期结束后能否回收循环利用等问题。同时，企业也要注意相关的绿色法规，使产品符合规范和相关的标准，如设计汽车时要使尾气排放符合相关的尾气排放标准。此外，企业在能力范围内，需加大环保产品的研发力度，研究如何在最大限度内减少产品对环境的负面影响。

实例链接

康师傅矿物质水推出“环保轻量瓶”，它能有效地省电、节水与减碳。在确保瓶子品质的基础上，康师傅环保轻量瓶减少了塑料粒子的使用量，降低因使用塑料造成的碳排放量；更重要的是，瓶子变轻了，相应生产瓶子所需要的电量也减少了。有资料表明，每节约1度（千瓦时）电，就相应的节约了0.4千克标准煤，如果按全年的生产总量进行预估，至少可减少二氧化碳排量近10万吨。康师傅矿物质水采用新一代先进生产线，整合以往生产线繁琐的生产步骤，加快了生产速度，节约了用电量，有效地减少了能源消耗。随着用电量的减少，生产用水量也大大降低。此外，康师傅矿物质水采用最新的免冲瓶技术，避免了二次冲瓶生产过程中不必要的水资源浪费，真正做到了节约用水。

12.1.4.2 绿色价格策略

绿色产品的定价和普通产品的定价需考虑的因素是基本相同的，如成本、消费者需求、竞争者的情况等。绿色产品的成本较普通产品的成本会有所变化。绿色产品的研发、更换环保原材料和生产技术、处理废弃物等方面都为企业带来了额外的费用；与此同时，生产中节能、包装减少等也为企业节省了成本。消费者的心理也是企业需要考虑的重要因素之一。据相关调查，绿色观念强的消费者对价格的敏感性较低，部分绿色消费者愿意出更高的价格购买绿色产品。然而，企业还需认真调研其目标市场的消费者心理，如需要调查消费者是否愿意出较高的价格购买绿色产品，他们对价格的接受范围是多少等。此外，同类绿色产品和普通产品的定价也是企业定价的重要参考因素之一。产品的定价是一个复杂的过程，企业需要充分考虑各种因素，制定出合理的价格策略。

12.1.4.3 绿色渠道策略

构建绿色渠道的重点在于两个方面：一方面是减少分销过程中的资源消耗和废物的产生，主要是改善在产品运输环节所带来的环境问题。运输工具的能源消耗和废物排放以及产品运输包装物的消耗都为环境带来负面影响。企业需要通过优化分销流程，选择同样具有绿色观念的分销商等手段，减少产品在分销环节对环境所带来的负面影响。

实例链接

减少物流运输过程中对环境的破坏是企业实施绿色渠道的一种方式。DHL作为全球物流运输业的领导者之一，提供了绿色运输服务，协助企业实现绿色运输。DHL的绿色服务可以为企业按月、季度或年统计其产品运输中的二氧化碳排放量，还可以为其优化供应链，实现二氧化碳的减排。

12.1.4.4 绿色促销策略

绿色促销的重点在于树立企业和产品的绿色形象，取得消费者认同，并引导普通消费者建立绿色观念，选择绿色产品。绿色营销的促销方式与传统营销基本相同，包括广告、公关、人员推销、营销推广等。在做绿色促销时企业要注意促销行为，避免过于浪费和造成环境污染，例如过量印刷宣传单张，否则，将有违绿色营销的初衷，还会造成绿色消费者的反感。

实例链接

包装回收是蒙牛乳业一项长期坚持的环保活动。2010年6月，蒙牛就在上海首次启动了覆盖500个社区的“喝完压扁，支持回收”的活动，受到上海环保人士的积极支持。2010年12月，蒙牛在北京、上海等5座城市开展包装回收。40天的活动共回收奶盒超过50万个，成绩喜人。2011年，蒙牛再次出击，提出不限品牌回收利乐包装，还郑重作出承诺：“使用更多来自可持续发展森林制造的包装，并持续推进包装回收计划，相对上年，2011年的同比回收量翻番；蒙牛将继续致力于奉献更多好品质奶，与消费者分享绿色生活。”这一极有气魄的举动展示出蒙牛对社会公益活动的热情和坚持走绿色发展道路的决心。蒙牛的包装回收活动在为环境的可持续发展作出贡献的同时，既树立了绿色企业的形象，也引导消费者建立了绿色观念，实施绿色行动。因此，这次包装回收活动是一次成功的一举多得的绿色促销活动。

营销讨论 1

A 公司是一家垃圾袋生产企业，企业拟实施绿色营销，计划开发可降解的环保垃圾袋生产线。根据上述绿色营销策略，请讨论 A 公司除了开发绿色产品外，还可以在哪些方面实施绿色营销。

12.2 网络营销

12.2.1 网络营销的含义及特点

12.2.1.1 网络营销的含义

网络营销（Web Marketing）是指企业利用计算机网络平台，利用计算机及现代通信技术而进行的营销活动，包括网络市场调研、网络新产品开发、网络服务、网络促销、网络分销等，是计算机应用技术及电子信息技术的迅速发展和互联网的普及所带来的产物。

12.2.1.2 网络营销的特点

与传统市场营销相比，互联网及现代信息技术赋予了网络营销多种特点，其中主要包括以下八点（如图 12 -2 所示）：

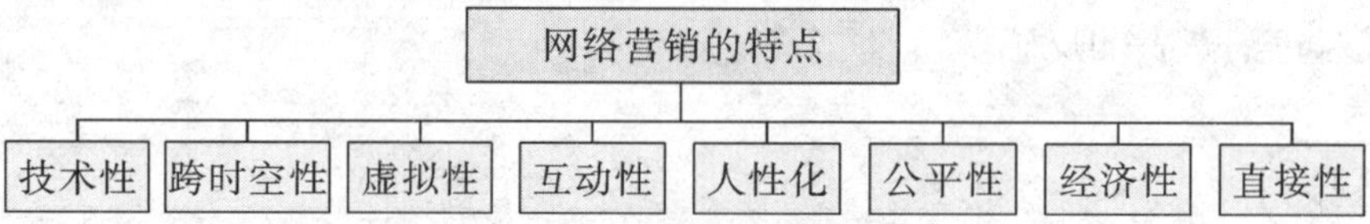

图 12 -2　网络营销的特点

（1）技术性：网络营销需要网络技术和现代通信技术的支持，要更好地实现网络营销，必须引入相关技术。

（2）跨时空性：为网络营销提供了一个不受时间和空间限制的平台，使营销活动可以每天 24 小时遍布全球地展开。

（3）虚拟性：互联网是一个虚拟的世界，使网络营销也具有虚拟性，如顾客在虚拟的商场进行购物，同时也用虚拟的电子货币进行交易。

（4）互动性：互联网技术为买卖双方提供了一个更灵活、更便捷的沟通方式，使双方可以更好地进行信息交换。

（5）人性化：网络营销的互动性促进了买卖双方的沟通，使卖方可以更好地满足买方更多样化和个性化的需要。

（6）公平性：企业不用担心因地理位置不理想、公司规模较小等因素导致顾客无法了解其产品，互联网为企业提供了一个公平展示产品的平台。此外，互联网使所有产品都能公开地展示，使竞争更为公平透明。

（7）经济性：互联网提供了一个虚拟世界，可以节省现实世界的许多费用，如可以节省传统商场租金等。

（8）直接性：网络使顾客可以更便捷地联系厂商，大大降低了中间商的费用，提供了更直接、便捷的渠道。

12.2.2 网络营销组合策略

12.2.2.1 网络营销的产品策略

目前的网络技术、多媒体技术等相关技术为企业提供了商品展示的平台。与计算机软件相关的无形商品，网络可以提供其产品的介绍与软件下载试用等功能。服务等无形产品和其他有形产品，网络多媒体技术可以通过文字、图片和影片等形式进行展现。然而，网络营销并非适合所有的产品，如网络会给需要试用的有形产品的销售带来局限性。目前的相关技术使网络营销较为适合以网络用户为目标市场的产品、计算机和科技含量较高的产品、市场涵盖范围较大的产品、不需要试用只靠网络信息即可做出购买决定的产品以及网络销售的费用远低于其他渠道的产品。

网络营销产品策略的另一特点是企业可以以客户为中心制定产品。网络营销的互动性表现在企业能很好地与客户进行沟通，了解客户需求，从而更好地制定个性化的产品。此外，有些企业也同时在网络平台上开发定制软件，使客户可以自行设计并定做产品。

实例链接

海尔集团旗下的“统帅”品牌，利用网络为消费者提供家电定制服务。海尔通过网络获取客户个性化的需求，并为客户定制出个性化的家电，这种产品策略受到具有个性的年轻消费者的欢迎。

12.2.2.2 网络营销的价格策略

网络营销的定价原则和传统市场营销的定价原则是基本一致的，企业需要根据产品的定位、竞争者的定价等多方面的因素权衡自身产品的定价。表 12－1 为网络营销中常见的价格策略：

表 12－1　网络营销中常见的价格策略表

价格策略	含义	运用举例
低价策略	产品的价格普遍比同类偏低	网络零售商当当网、京东商城等都采用低价策略，其商品的价格要比实体零售商的价格要低
定制定价策略	为定制的商品定制专门的价格	家具行业对于按照顾客要求定制的家具通常采用定制定价的方式

表12-1(续)

价格策略	含义	运用举例
使用定价策略	使用定价一般适合于能在网上使用的无形产品，如软件、在线电影等，企业根据顾客的使用次数或使用时间收费	通信服务提供商腾讯集团在其在线娱乐业务上就常实施使用定价的策略。对于其在线娱乐功能，腾讯常采用按使用次数或使用时间收费的方式
拍卖竞价策略	企业可以将商品直接放到网站上让顾客通过网络拍卖系统直接进行拍卖	网上交易网站 eBay 最为著名的就是为卖家所提供的货物进行拍卖，在规定时间内出价最高者才可以购买货物
自动调节价格策略	企业可以建立自动调节，根据市场供求状况等因素，自动调节价格	航空公司在售卖机票的时候常采用自动调节价格的策略，根据机票的售卖情况，实时调整机票价格
议价策略	采取与顾客共同商议价格的定价策略	重庆药品交易所提供的网络交易平台，设有议价系统，医院采购员可以利用系统与药品生产商议价砍价
免费策略	提供免费产品，以吸引顾客进一步的购买	软件设计公司常提供免费的使用软件。试用软件一般在使用时间或功能上受到限制，当用户在试用过后，想使用全部功能或长期使用，必须花钱购买软件

12.2.2.3　网络营销的渠道策略

网络营销的渠道策略可以分为两类。第一类是消费者直接向生产者购买产品。生产者通过网络渠道与消费者取得直接联系，消费者可以通过网络直接购物并付费，生产者通过物流公司将货物配送到顾客手中。第二类渠道是有中间商参与的渠道。在网络营销中，企业仍然需要中介商的影响力来扩大销售，而顾客则希望从中间商哪里得到更多的选择和比较，中间商仍然有存在的必要。新型的中间商同样能使用网络营销的方式，为顾客提供网上购买平台，如国内比较出名的有当当网、走秀网、京东商城等。

12.2.2.4　网络营销促销策略

现代化的网络技术及多媒体设备为网络营销提供了灵活、多样的促销方式。网络促销策略主要有以下几种：

（1）网络广告：企业可以通过在自己的网站或其他网站、电子邮件等工具发布广告，并利用搜索引擎扩大广告的点击量。网络广告较其他媒体的广告更为生动，它可以利用多媒体技术通过多种形式展现产品信息，如文字、图片、动画等，还可以利用网络游戏等工具与消费者产生互动。

（2）公共关系：企业可以通过在网络上发布新闻和通过论坛、博客、微博展开讨论等方式在网上展开建立和维护良好公共关系的活动。

（3）直销和促销：企业还可以通过网站进行网络直销和促销，如设置奖品、赠品等吸引消费者购买。

（4）事件营销及体验营销：网络为事件营销和体验营销提供了很好的平台。下文所提到的乐事薯片进入开心农场就是通过网络进行体验营销的例子。在稍后的章节将对事件营销和体验营销做详细介绍。

12.2.3 网络营销的工具及运用

网络技术为企业提供了网络营销的工具，如图 12－3 所示，企业网站、搜索引擎、

图 12－3 网络营销工具

博客等，都是实现网络促销的好工具。下面我们来分析各种网络工具的营销中的应用：

12.2.3.1 企业网站

企业网站是一个具有多用途的网络营销工具，它可以用于发布广告、企业新闻和产品信息，通过会员注册收集顾客信息，发布调查问卷，展开网上调研等。同时，企业网站也可以作为网上虚拟商店，直接用于产品销售。

12.2.3.2 搜索引擎

网络用户可以通过搜索引擎搜索万维网上的信息。企业可以通过与搜索引擎服务提供商合作，当顾客搜索相关信息时，向顾客推荐企业的网站。

12.2.3.3 网络论坛

网络论坛是一个可以为网络用户提供讨论的网络区域。企业可以在企业网站上增加论坛功能，或者在目标市场上的著名论坛上开设企业专区或展开与企业相关话题的讨论，可以通过讨论让顾客更加了解企业。

12.2.3.4 博客和微博

博客和微博（微型博客）是网络用户在网络上的公开日志，网络用户可以在自己的博客里写日志，日志可以图文并茂，甚至可以配上音乐。其他网络用户也可以观看、转载日志并发表对日志的看法。企业可以建立自己产品的博客和微博，发布信息，也可以利用产品试用、奖品赠送等活动，引起博主对产品的兴趣，并促使博主发表与产品有关的日志，扩大产品的影响。本章的引导案例就是利用微博进行宣传的成功案例。

12.2.3.5 电子邮件

电子邮件是互联网上最常用的服务之一，与传统的邮件相比，电子邮件更快速、成本更低。企业可以利用电子邮件发送市场调查问卷、广告、产品目录等信息，也可以利用电子邮件服务为顾客提供咨询服务，与顾客取得更好的沟通，了解顾客的需要。

12.2.3.6 网络游戏

网络游戏作为一种网上娱乐，也可以作为企业宣传的工具。企业可以将其产品植入网络游戏内，成为游戏的一部分，使消费者在游戏中了解产品，加深对产品的印象。

实例链接

开心农场是一个网络游戏，网络用户可以在网络上虚拟耕种，体验农民耕种的乐趣，是2009年非常红火的一个游戏。乐事薯片利用开心农场的人气，将其产品融入了游戏中，网络用户可以在虚拟农场内种植土豆，然后加工成乐事薯片，再虚拟销售。网络用户通过“生产”乐事薯片，加深了对乐事薯片的感情，有利于乐事薯片的销售。

营销讨论2

张先生开了一家小餐馆，他从前从未使用过网络宣传。现在他打算建立一个餐馆网站。请讨论：张先生的餐馆网站可以具备哪些功能？除了建立餐馆网站外，张先生还可以利用哪些网络工具？

12.3 体验营销

12.3.1 什么是体验营销

你愿意花多少钱购买咖啡呢？

当咖啡是货物时，你可能愿意花300元购买一斤，自己冲泡一杯不到10元。

当咖啡被包装成一件商品时，你可能愿意花20元购买一杯。

当咖啡加入了服务，在餐厅、咖啡店里购买的时候，你可能愿意花几十元购买一杯。

如果一家咖啡店，可以让你在喝咖啡的过程中体验到18世纪欧洲贵族般的生活，相信你会愿意花上百元购买一杯。

这就是体验营销的魅力。

体验营销是在体验经济的背景下产生的。约瑟夫·派恩与詹姆斯·H. 吉尔摩在1998年指出，我们面临的经济形态已经从过去的产品经济（即农业经济）、商品经济（即工业经济）、服务经济走向了第四个经济发展阶段——体验经济。21世纪以来，体验经济已经开始在发达国家萌发，并占据了重要的地位，体验经济已经悄悄地来临。

要理解什么是体验营销，首先要理解什么是体验。日常生活中，体验是指通过尝试而得到的体会、感受和感想。在营销学领域，斯克特·罗比内特认为：“体验是企业和顾客交流感官刺激、信息和情感的要点的集合，这些交流发生在诸多场合，如在零售环境中、在产品或服务的销售过程中、在售后服务的跟进中、在顾客的社会交往及活动中，即体验存在于企业与顾客接触的任何时刻。”

美国学者派恩和吉尔摩在1998年提出体验营销的概念，认为它是“从消费者的感官、情感、思考、行动、关联五个方面重新定义、设计营销理念”。此后，许多学者从不同角度给体验营销下定义。在这里，我们使用我国学者郭国庆的观点：“体验营销是指企业从感官、情感、思考、行动和关联诸方面设计营销理念，以产品或服务为道具，激发并满足顾客的体验需求，从而达到企业目标的营销模式。”

实例链接

蒙牛乳业在全国多个城市展开草原体验活动，并得到民众的广泛参与和关注。例如，在湖州市的体验活动中，市民可以通过360°全景模式了解到蒙牛生产线的各个环节，并可以通过3D视频体验未来“乳世界”。此外，蒙牛还设计了一些互动游戏，如环保纸盒DIY制作大比拼等。蒙牛的这次体验活动，触发了消费者对大自然的热爱之情，加深了消费者对致力于绿色活动的蒙牛乳业的感情，是一个成功的体验营销活动。

12.3.2 体验营销的特点

作为一种新的营销方式，体验营销主要具有以下特点：

12.3.2.1 体验营销关注顾客的体验，满足顾客的感性需要

传统营销认为顾客是理性的，认为消费者购买产品是为了满足自身的需求。但体验营销认为消费者不但是理性的，还是感性的，消费者购买产品也可能是为了满足感性上和个性上的需求。因此，体验营销更注重顾客对产品的体验，满足顾客感性上的感受。

12.3.2.2 体验营销中体验的注入增加了产品价值

当产品加入了体验，其价值将会大大增加。以咖啡为例，当咖啡包装为商品时，它的价格要比咖啡作为原材料货物时的价格要高；当咖啡在咖啡店出售时，增加了服务，它要比咖啡作为纯粹的商品时要高；当咖啡变成了一种香醇、休闲和美好的体验时，它的价值便会再次增加。

12.3.2.3 体验营销为消费提供场景，使顾客“触景生情”

体验营销强调要让顾客体验到产品如何融入其生活方式，才能获取顾客的支持和认同。企业不但要思考如何通过产品的质量、包装等方面来吸引顾客，还需要思考通过什么手段和途径，如店面、人员等，并思考其消费所表达的内在的价值观、消费文化和生活意义等方面。如销售洗发水时，体验营销不但要考虑洗发水本身的质量等因素，还需要考虑洗发水应该在什么样的场合消费，如浴室的气氛等，从而使其产品的包装和广告等都符合这种消费场合的氛围。

12.3.2.4 体验营销设有主题，并围绕主题展开活动

体验的活动并非随意设计，而是围绕一个主题，如主题公园、主题博物馆等的体验活动都是围绕主题而设计的。

12.3.2.5　体验营销强调企业与顾客的互动以及顾客的主动参与

企业注重与顾客的沟通，发掘他们内心的渴望，在体验营销中，顾客不再是被动地接受作为提供物的体验，而是主动地参与到体验活动中。

12.3.2.6　体验营销的方法和工具涉及多学科知识

体验营销的规划、设计和创作，需要融入科学、人文、技术、艺术等多个领域的知识。体验是五花八门的，体验营销的方法和工具种类繁多，企业需要勇于创新，寻找新的合适的方法和工具。

12.3.3　体验营销的应用

体验营销特别适用于通过外表无法判断，需要通过使用才能确定其质量和效果的产品或服务。目前体验营销已经在许多领域的企业开始运用，较有代表性的有餐饮业的星巴克，旅游业的迪斯尼，家具行业的宜家，IT 业的微软、联想、索尼等。

施密特按照消费者的心理认知过程，将体验形式分为感觉（Sense）、情感（Feel）、思考（Think）、行动（Act）和关联（Relate）五种类型，如图 12-4 所示。

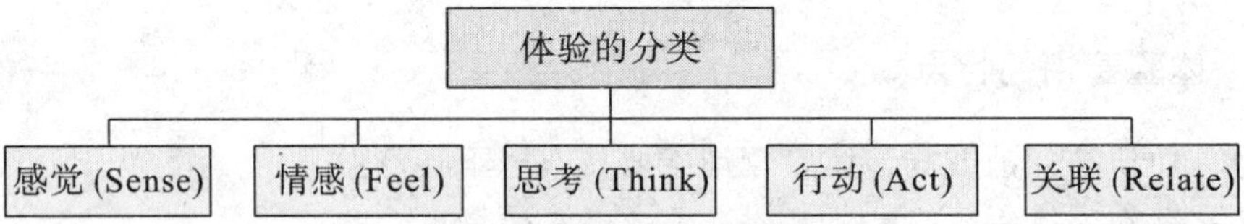

图 12-4　体验的分类图

12.3.3.1　感觉体验营销

感觉体验包括视觉、听觉、触觉、味觉和嗅觉的体验。感觉体验营销就是使消费者通过感觉的体验对产品产生感情并增强公司和产品的识别度，促使其产生购买的欲望。感觉体验营销经常发生在我们身边，如在超市里提供食物免费试吃，就是利用味觉体验销售；经过面包店我们常闻到一股烤面包的香味，这是面包店带给顾客的嗅觉体验。

实例链接

美体小铺（The Body Shop）是一家面部及身体护理产品零售商，其零售店遍布世界各地。顾客走进美体小铺的零售店，就能闻到一股属于美体小铺护肤产品的香味，这股香味在其他同类商店是无法闻到的。美体小铺用的就是一种嗅觉体验，利用独特的香味增加其零售店及其产品的识别度。此外，香味可以使顾客感觉愉悦、舒适，对商店和产品产生好感，从而增加购买的欲望。

12.3.3.2　情感体验营销

在情感体验营销中需要了解什么刺激才可以引起消费者的某种感情或情绪，其目标是创造情感的体验，如欢乐的心情，使消费者对产品产生情感并最终实现购买。

实例链接

优乐美杯装奶茶曾经播放一个著名的电视广告，广告讲述的是一对情侣边喝奶茶边聊天的情景。女孩问男孩："我是你的什么？"男孩回答："你是我的优乐美啊。"女孩惊讶地说："原来我是奶茶啊！"男孩解释道："这样，我就可以把你捧在手心里了。"甜蜜的对话将优乐美奶茶和甜蜜爱情联系起来，使顾客在消费中体验到爱情的情感。这就是情感体验营销的一种方式。

12.3.3.3 思考体验营销

思考体验模式主要是以创意吸引顾客的惊奇及兴趣，从而使其对问题进行思考，为顾客提供认知和解决问题的体验。思考体验营销常使用在高科技产品和一些 DIY 产品的营销中。

实例链接

苹果公司最近在国内推出了 iPhone4 手机的一系列新广告，这个系列的广告分别展现了 iPhone4 的一些独特功能，但最后都以一句"这就是 iPhone4 为什么被称做 iPhone4 的原因"的广告词结尾。iPhone4 的这一系列广告为消费者带来了思考体验，与消费者一同思考 iPhone4 的特色和优势，从而使消费者了解选择 iPhone4 的原因。

12.3.3.4 行动体验营销

行动体验营销通过增加消费者的身体体验，让他们感受并认同另一种做事方法、生活形态等，从而替代原有的做法和生活方式。行动体验营销常见的做法是利用明星的行为影响消费者的购买。

实例链接

耐克的"JUST DO IT"（尽管去做）系列广告一直被认为是行动体验营销中的经典，其广告主要是播放明星运动时的精彩画面，使消费者对体育运动产生向往，希望像体育明星一样参与体育运动。

12.3.3.5 关联体验营销

关联营销包含了以上四种营销的层面，并与个人对理想的自我、他人以及文化相关联，其活动的诉求就是为自我改进提供渴望，如要别人对自己产生好感，其目标是使消费者对品牌产生好感，让使用该品牌的人形成一个群体。关联体验营销特别适用于化妆品、日常用品等领域。

实例链接

关联营销的有效做法之一就是以名人命名或把名人与产品关联起来。耐克的篮球运动鞋系列中，就有一个系列是以著名篮球运动员乔丹命名的，乔丹也穿着该系列的篮球鞋上场比赛，该系列的标志还以乔丹运动中的身影为标志。这个系列的运动鞋使人联想到在篮球场上叱咤风云的乔丹。

以上的五种类型的体验营销并不是完全独立、互相不包容的。在实际应用中，企业可能单独应用其中一个类型，也可结合上述全部类型或其中的几个类型。

营销讨论3

A蛋糕店是国内蛋糕生产与零售行业的龙头老大，在全国各地都有零售店面。A蛋糕店想采用体验营销策略。结合上述五种体验营销的方式，讨论A蛋糕店可以如何实施体验营销。

12.4　事件营销

12.4.1　什么是事件营销

“海尔张瑞敏砸冰箱的故事”是一个广泛流传的案例故事，讲述的是海尔的新厂长张瑞敏宁愿把有质量问题的冰箱砸碎也不同意低价卖给员工的故事。此故事被广泛流传后，公众对海尔冰箱质量的信心倍增，从而使海尔树立了注重管理、注重质量的良好形象。这就是典型的事件营销。所谓的事件营销是指企业有计划、有组织地利用或制造热点事件，如新闻故事、热门话题、名人效应等吸引公众和消费者的注意，从而达到提升企业或产品的知名度、建立企业形象并最终获取利润的营销活动。事件营销已经成为近年来被广泛使用的推广策略，如赞助热门电视节目并用企业或产品名称冠名电视节目就是一种常见的事件营销。

实例链接

在奥运会期间，许多企业都利用奥运会的影响力实施事件营销。其中，深圳阳光医院就利用圣火传递契机，制造了一场吸引民众的事件。奥运圣火在深圳传递的时候，深圳阳光医院在整栋医院大楼的上百个窗口上挂满了国旗，并悬挂了一个超大的，写着“爱中国”和“中国加油”的横幅。于是，阳光医院的这栋楼吸引了无数观看圣火传递的深圳市民的眼光，圣火传递者经过时激动得落泪，更使各方媒体争相报道。

12.4.2 事件营销的特点

利用事件的影响进行营销活动的事件营销，具有以下几个特点（如图 12－5 所示）：

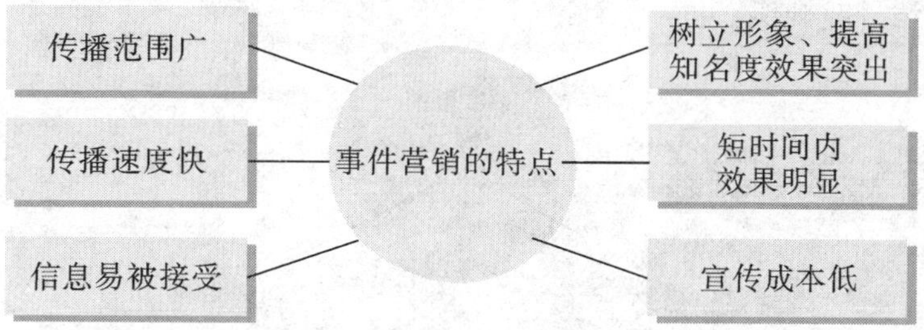

图 12－5 事件营销的特点

12.4.2.1 传播范围广

事件营销利用事件的影响力，可以引起多种媒体的关注和传播，引起公众的广泛讨论，因而信息能广泛地传播。此外，随着现代通信技术、网络技术的发展，使沟通不受空间的制约，更有利于扩大信息的传播范围。

12.4.2.2 传播速度快

相比一般广告、促销等营销活动，事件营销更能引起媒体和公众的关注，通过媒体和公众的积极讨论，信息能快速地传播。此外，同样随着现代通信及网络技术的发展，使公众讨论时克服了时间的限制，加快了传播的速度。

12.4.2.3 信息易被接受

与一般广告所传播的信息相比，公众更容易相信真实事件所带来的信息。如与做广告强调产品质量相比，公众更容易接受海尔的“砸冰箱事件”所反映出来的内涵——海尔重视产品质量。

12.4.2.4 树立形象、提高知名度效果突出

公众通过对企业切入的事件的讨论与传播，自然地加深了企业和产品的印象。因此事件营销有利于企业和产品提高知名度和树立形象。

12.4.2.5 短时间内效果明显

由于事件营销传播范围广、速度快的特征，更有利于企业在短时间内建立企业形象、提高企业和产品知名度。但是，事件的影响在一般情况下会随时间而减少，公众和媒体对事件的兴趣减弱，事件营销的效果便会降低。因而企业必须把握好事件营销的时效性，并策划好当事件影响减弱后的下一步策略。

12.4.2.6 宣传成本低

企业只要通过初期的投入，使事件引起关注，自然便会吸引媒体主动为其传播，公众主动进行讨论，起到“四两拨千斤”的效果。于是，企业便可利用低成本获得理想的宣传回报。

12.4.3 事件营销的模式

事件营销的应用主要有两种模式，如图12-6所示：一种模式为借力模式，被称为借势；另一种模式为主动模式，被称为造势。制定成功的事件营销策略，需要灵活地使用借势和造势两种模式。

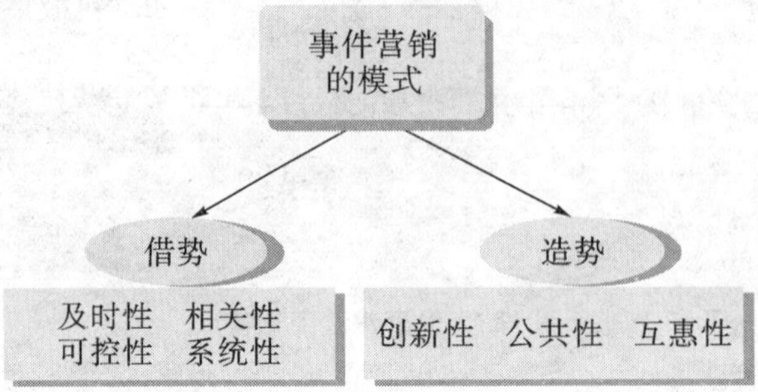

图12-6 事件营销的两种模式

12.4.3.1 借势

借势是一种借助社会上的热门事件、新闻、节日以及明星效应等的影响，结合一系列的相关活动以达到建立企业形象、宣传产品及促进产品销售等目的模式。借势的手法实际就是介入事件，将公众和消费者对事件的目光和注意力转移到对企业和产品身上。

借势最为简单的方式之一就是提供赞助，如赞助电视节目和公益活动。蒙牛果汁酸酸乳赞助并冠名“超级女声”节目、加多宝公司在汶川大地震中向灾区捐赠上亿元的捐款，都得到了很好的效果。此外，借用热门事件、新闻等效应，结合自身特点，推出主题或专题活动的方式也是常见的借势手法，如以下案例所示：

实例链接

2011年6月，电影《功夫熊猫2》在中国火热上映，麦当劳也借用《功夫熊猫2》的风潮进行借势营销，使用了与《功夫熊猫2》有关的营销策略。在促销策略上利用《功夫熊猫2》的电影片制作电视广告和制作相应的海报；在产品策略上推出《功夫熊猫2》的开心乐园餐（麦当劳的儿童套餐）和三款名称与电影主角熊猫阿宝的招牌功夫招式名称相近的夏季饮料。此外，麦当劳还借助“六一”儿童节的效应，在“六一”期间，麦当劳餐厅举行多场以《功夫熊猫2》为主题的“中国功FOOD”同乐会。《功夫熊猫2》的主要观众同时也是麦当劳的目标客户，麦当劳借《功夫熊猫2》之势，达到了促进其食物销售的目的。

那么，如何才能策划一次成功的借势营销呢？企业在策划时需注意及时性、相关性、可控性和系统性四个方面。

（1）及时性指企业能抓住时机，对热门事件、新闻等能做出及时的反应并加以利用。如上述麦当劳的案例中，如果麦当劳在《功夫熊猫2》在电影院下映后才做出相应的活动，电影的风潮已过，活动的效果也会不尽如人意。

（2）相关性指所选择的事件及公众讨论事件的方向必须与企业的发展或目标相关联，同时也要与企业的目标客户相关联，即目标客户感兴趣的或有关系的事件，如麦当劳选择《功夫熊猫2》就是因为其主要观众与麦当劳的主要客户相同，都是以儿童及其家长、年轻人等为主，麦当劳也利用广告推出其主题商品。

（3）可控性指企业在借用事件影响开展营销活动时，需了解公众对事件的反应有充分、准确的预测，并做出有效的行动，公众的反应等都必须在企业的控制范围内。如麦当劳可以通过《功夫熊猫2》播出时观众及公众的反应对利用《功夫熊猫2》的效果做评估，也能使其借势的可控性提高；反之，若麦当劳选择借用一部不能预估其观众反应的电影，其借势的可控性就低。

（4）系统性指企业在借用事件时，需认真策划出一套有系统的营销活动，使事件讨论的话题与公司设置的话题相结合，使公众能按照企业的引导将对事件的关注转为对企业或对企业宣传的产品的关注，如上述麦当劳的案例中，麦当劳为了充分借用电影的效应，就精心策划了一系列的活动。

12.4.3.2 造势

造势是一种主动模式，也就是企业不借用外部的事件，有计划、有策略地发布和利用与自身企业或产品相关的事件，使之成为社会的热点话题，从而达到企业营销的相关目的。上文所提到的“海尔砸冰箱事件”就是经典造势营销案例。

实例链接

富亚涂料在2000年的时候就策划了一场轰动一时的造势营销——“经理喝涂料”事件。富亚涂料首先通过媒体发布将举办一场“真猫真狗喝涂料”的活动，以证明其涂料不含有害物质。信息一发布，引起了社会的强烈反响，尤其引起动物保护者的强烈抨击。活动当天，大量记者和动物保护者赶到现场，富亚涂料的总经理蒋和平主持活动。然而，当现场的秩序被前来阻止事件的动物保护者弄得非常混乱之时，蒋和平表现出要豁出去的架势，决定取消让动物喝涂料，改为由他本人喝涂料。结果当天的“真猫真狗喝涂料”变成了“经理喝涂料”。第二天，全国媒体纷纷报道该事件，并引起了公众的热烈讨论，富亚涂料成功地建立了无害涂料的形象。事后，蒋和平在接受采访时承认，该“经理喝涂料”并不是突发性的事件，而是经过精心策划的。在此案例中，“真猫真狗喝涂料”的活动是吸引媒体和公众关注的第一步，活动现场的混乱是企业早已预料到的，而“经理喝涂料”也是早已安排好的计划，当然，最后也达到了他们期望的宣传效果。

造势的手段是多种多样的，除了制造如“海尔砸冰箱”事件以及“经理喝涂料”事件这类“突发事件”的方式外，还可以使用举办各类活动的方式，如公益活动等。要成功地使用造势营销，需要遵循创新性、公共性和互惠性的原则。

（1）创新性是指所策划的事件必须新颖、独特，过于平凡的事件无法吸引公众的注意力。如富亚涂料一开始的“真猫真狗喝涂料”和“经理喝涂料”之前都未有所闻，因而都非常具有创新性。

（2）公共性指所策划的事件是公众感兴趣和关心的话题。在富亚涂料的案例中所涉及的话题是保护动物和涂料的安全性的问题，这都是公众所感兴趣的。

（3）互惠性是指公众和企业都必须能从该事件讨论中取得利益，达到双赢，才能获取人们的持续性关注。以富亚涂料的事件为例，毫无疑问，富亚涂料通过该事件建立了产品的良好形象。与此同时，公众也能通过查看该事件的报道和参与讨论，了解关于涂料安全的问题。

营销讨论 4

A 培训学校是一家深圳的小型英语培训学校。A 培训学校小本经营，营销经费有限，当得知深圳即将举办世界大学生运动会之际，培训学校想借“大运之风”策划一场事件营销。具体的方式是举办几场免费专题课程，教授“大运英语”。请讨论：

- 你认为 A 培训学校的这种事件营销方式是否可行？若可行，在操作时有哪些方面要特别注意？如不可行，原因是什么？
- 对于 A 培训学校，你是否有其他方式利用世界大学生运动会的影响来进行事件营销？

精要回顾

近年来随着社会、经济环境的不断变化，科技的不断发展，市场营销理论也得到了发展。

绿色营销是在绿色观念和绿色消费的驱动下产生的，它的实施有赖于政府、消费者以及企业的共同努力。企业在实施绿色营销时，以绿色消费为出发点，维护企业与环境的共同利益，在营销的各个环节都体现出可持续发展的理念。

网络营销的产生有赖于现代信息技术与网络技术的发展以及互联网的普及。互联网为市场营销提供了一个多功能的平台，更有效地促进市场营销各项活动的实施。

体验营销是在体验经济的背景下产生的。体验营销认为消费者是理性和感性的统一，注重顾客的体验需求，利用产品和服务为道具，从感官、情感、思考、行动和关联诸方面设计体验模式。

事件营销是指企业有计划、有组织地利用事件吸引消费者的注意，达到提高企业知名度，建立企业形象的目的。借势和造势是事件营销的两种应用模式。

关键概念

1．绿色营销　　2．网络营销　　3．体验营销　　4．事件营销

思考题

1．实施绿色营销，政府、企业和消费者需要做哪些方面的努力？
2．互联网对市场营销有哪些影响？结合实例，说明网络营销的特点。
3．什么是体验营销？体验营销有何特点？
4．什么是事件营销？结合实例谈谈事件营销的特点及其特点所体现出来的优势。
5．借势和造势有何区别？企业在实施借势和造势时应注意哪些事项？

营销工作坊－12

这是学习本书的最后一个"营销工作坊"。在前面的"工作坊"里，我们对所选行业进行了全面的分析，选择了目标消费群体及其需求和消费特点，在充分的STP研究基础上，专门为这一群体设计了针对性的4Ps（营销组合）策略；在上一个"营销工作坊"里，我们还为产品进行了增值的服务营销策略设计。

在本书的最后一章，我们学习了当前的营销新趋势，了解了几种流行的营销新手段。如果这些营销理念和手段适合我们项目的特点，我们不妨选择使用，并写进报告里。

除此之外，我们在本章"营销工作坊"里最重要的任务是：

1．把本书所有12个"营销工作坊"里完成的营销报告汇总起来，加以完善，形成一份完整的营销策划书。该策划书是我们营销小组对所选的模拟营销项目的总结。报告应该包括市场环境、消费者、STP战略（即市场细分、目标市场选择、市场定位）、4Ps策略设计（产品和品牌、定价、渠道、促销）和服务策略这几大模块（注：这几大模块的顺序可以调整，根据具体情况需要，按照一定的逻辑思路来确定）。

2．作为学习总结，营销团队在上交策划书的同时需要做营销策划演示，汇报本项目的营销策划思路。因此我们需要准备演示工具（如产品实物、包装、PPT文件等），参加演示的人员也需要为演示进行练习。老师或营销专家将对每个团队的营销策划进行评比。

成功总是垂青有准备的人。在本书的学习过程中，我们营销团队成员通力合作，充分调研，希望我们精心设计的营销策划会收到好的效果。

学习档案

为了体现你在完成这一章的学习之后，已经掌握了相关的理论知识和技能技巧，达到了本章提出的学习目标，你需要提供以下资料：

1. 对本章“引导案例”的分析理解；
2. 对本章“营销讨论”的分析理解；
3. 对本章“思考题”的理解回答；
4. 根据“营销工作坊－12”的要求设计的市场营销策略书；
5. 为展示在本书“营销工作坊”里完成的市场营销策划项目而做的汇报演示；
6. 在本章学习过程中的其他相关营销活动参与情况、课外学习情况（包括资料、方式与反馈等）。

参考文献

［1］菲利普·科特勒，等. 市场营销原理（亚洲版）［M］. 何志毅，译. 北京：机械工业出版社，2010.

［2］菲利普·科特勒，等. 营销管理（第13版·中国版）［M］. 卢泰宏，高辉，译. 北京：中国人民大学出版社，2009.

［3］Warren J Keegan. 全球营销管理［M］. 段志蓉，钱珺，译. 北京：清华大学出版社，2004.

［4］常志有. 市场营销学［M］. 北京：科学出版社，2004.

［5］晁钢令. 市场营销学（第三版·通用版）［M］. 上海：上海财经大学出版社，2009.

［6］陈守则，等. 市场营销学［M］. 北京：机械工业出版社，2005.

［7］陈顺霞. 市场营销［M］. 上海：上海财经大学出版社，2004.

［8］陈永顺. 市场营销学［M］. 北京：中国纺织出版社，2007.

［9］菲利普·科特勒，等. 营销管理（亚洲版·第五版）［M］. 吕一林，王俊杰，译. 北京：中国人民大学出版社，2010.

［10］付丽，欧亚. 市场营销［M］. 北京：机械工业出版社，2010.

［11］郭国庆. 营销理论发展史［M］. 北京：中国人民大学出版社，2009.

［12］郝黎明. 市场营销实训教程［M］. 北京：机械工业出版社，2010.

［13］郝渊晓，张鸿. 市场营销学［M］. 西安：西安交通大学出版社，2009.

［14］金湖根. 市场营销学［M］. 杭州：浙江大学出版社，2004.

［15］金鑫. 高效营销的N种工具［M］. 北京：中国纺织出版社，2007.

［16］金永生. 市场营销管理［M］. 北京：机械工业出版社，2003.

［17］李业. 营销学原理［M］. 广州：广东高等教育出版社，2007.

［18］连漪. 市场营销管理——理论、方法与实务［M］. 北京：国防工业出版社，2010.

［19］梁东，刘建堤. 市场营销新观点［M］. 北京：经济管理出版社，2007.

［20］林慧. 体验营销：引领现代营销潮流［J］. 山西财经大学校报，2010（4）：144.

［21］刘红燕. 国际市场营销［M］. 重庆：重庆大学出版社，2007.

［22］刘建芬. 论事件营销在企业中的应用［J］. 商场现代化，2008（4）下旬刊：119－120.

［23］刘晓红. 市场营销学［M］. 北京：化学工业出版社，2008.

［24］刘艳红，王业军，张挺芹. 现代市场营销学［M］. 北京：机械工业出版社，2006.

［25］吕一林，岳俊芳. 市场营销学［M］. 3版. 北京：中国人民大学出版社，2009.

［26］马连福. 体验营销——触摸人性的需要［M］. 北京：首都经济贸易大学出版社，2005.

［27］迈克尔·所罗门，等. 营销学［M］. 李东贤，等，译. 北京：中国人民大学出版社，2009.

［28］沈铖，刘晓峰. 品牌管理［M］. 北京：机械工业出版社，2009.

［29］施密特. 体验营销［M］. 修改版. 周兆晴，译. 南宁：广西民族出版社，2004.

［30］孙曜. 营销操盘攻略［M］. 北京：机械工业出版社，2010.

［31］王放. 王老吉事件营销的启示［J］. 企业改革与管理，2008（8）.

［32］王莉. 事件营销问题探讨［J］. 吉林农业，2010（6）.

［33］王学东. 营销策划——方法与实务［M］. 北京：清华大学出版社，北京交通大学出版社，2010.

［34］王宜. 赢在网络营销——经典案例与成功法则［M］. 北京：人民邮电出版社，2008.

［35］吴边. 体验营销模式及实施浅论［J］. 财经界（学术版），2010（2）.

［36］吴建安. 市场营销学［M］. 北京：高等教育出版社，2004.

［37］吴建安. 市场营销学［M］. 北京：高等教育出版社，2007.

［38］吴宪和. 市场营销［M］. 上海：上海财经大学出版社，2009.

［39］闫毅. 市场营销理论与实务［M］. 北京：科学出版社，2005.

［40］杨立军. 市场营销管理全案［M］. 北京：电子工业出版社，2009.

［41］杨明刚. 市场营销策划［M］. 北京：高等教育出版社，2009.

［42］杨以雄. 服装市场营销［M］. 上海：东华大学出版社，2010.

［43］张晋光，黄国辉. 市场营销［M］. 北京：机械工业出版社，2010.

［44］张立明. 市场营销学［M］. 北京：科学出版社，2004.

［45］张遒英. 推销与谈判［M］. 上海：同济大学出版社，2003.

［46］张文利. 以事件营销提升企业品牌价值的策略探讨［M］. 北方经济，2008（8）.

［47］张文贤. 市场营销创新［M］. 上海：复旦大学出版社，2002.

［48］赵丽艳. 企业事件营销传播策略探讨［J］. 发展，2010（5）.

［49］赵亚祥. 市场营销［M］. 2版. 大连：大连理工大学出版社，2009.

［50］周立华. 市场营销学［M］. 北京：清华大学出版，2010.

［51］朱华，窦坤芳. 市场营销案例精选精析［M］. 北京：中国社会科学出版社，2006.

［52］杜向荣. 服务营销理论与实务［M］. 北京：清华大学出版社，北京交通大

学出版社，2009.

[53] 傅云新. 服务营销实务 [M]. 广州：广东经济出版社，2002.

[54] 慧聪. 看！星巴克的五大务实经营管理策略 [N]. 经理日报，2010-09-29 (A3).

[55] 季辉，王冰. 服务营销 [M]. 北京：高等教育出版社，2002.

[56] 李雪松. 服务营销学 [M]. 北京：清华大学出版社，北京交通大学出版社，2009.

[57] http://baike.baidu.com/view/1256938.html? wtp=tt，2011-8-12.

[58] http://baike.baidu.com/view/18119.htm，2011-3-2 .

[59] http://bbs.icxo.com/thread-152530-1-1.html.

[60] http://ch.sysu.edu.cn/hope/sites/yxcl/information/ave_03.htm.

[61] http://dealer.yesky.com/nb/24/8185024.shtml.

[62] http://doc.mbalib.com/view/3f3dd249e437c441727b12caf416ee12.html.

[63] http://guanli.100xuexi.com/ .

[64] http://guide.ppsj.com.cn/art/1475/yxjdjcjldp+djms/.

[65] http://hea.yidaba.com/sdfx/90978.shtml,2011-8-20.

[66] http://job.pingan.com/about/about_train.jsp，2011-8-24.

[67] http://manage.org.cn/Article/200911/68628.html.

[68] http://sheachow.blog.163.com/blog/static/1089407392009290361541l/.

[69] http://shipin.people.com.cn/GB/15251998.html 2011.7.27.

[70] http://wenku.baidu.com/view/202c7c1c59eef8c75fbfb355.html .

[71] http://wenku.baidu.com/view/483c35c69ec3d5bbfd0a743f.html，2011-7-10.

[72] http://wenku.baidu.com/view/5fa308f34693daef5ef73d0f.html.

[73] http://wenku.baidu.com/view/5fa308f34693daef5ef73d0f.html.

[74] http://wenku.baidu.com/view/f33adf2ded630b1c59eeb5d7.html/.

[75] http://wiki.carnoc.com/wiki/%E8%AE%BA%E8%88%AA%E7%A9%BA%E5%85%AC%E5%8F%B8%E5%88%86%E9%94%80%E6%B8%A0%E9%81%93%E7%AE%A1%E7%90%86/.

[76] http://wiki.mbalib.com/wiki/%E5%88%86%E9%94%80%E7%AD%96%E7%95%A5.

[77] http://www.8090shq.com/.

[78] http://www.bblfloor.com.

[79] http://www.ce.cn/cysc/sp/qydt/201103/25/t20110325_20956283.shtml 2011.7.27.

[80] http://www.chinanews.com/it/2011/07-08/3168698.shtml,2011-8-15.

[81] http://www.chinanews.com/life/news/2010/06-23/2358933.shtml,2011-8-20.

[82] http://www. cn. dhl. com/zh/logistics/freight _ transportation/go _ green. html 2011. 8. 27.

[83] http://www. ebay. com.

[84] http://www. eyzhidao. com/case/20100802251. html, 2011 -7 -26.

[85] http://www. fjtvc. com/marketing/Brand/2011/0328/742. html,2011 -08 -01 .

[86] http://www. globrand. com/2009/213810. shtml.

[87] http://www. hudong. com/wiki/% E8% 90% A5% E9% 94% 80% E6% B8% A0% E9%81%93.

[88] http://www. lotour. com/snapshot/2007 - 8 - 28/snapshot _ 70015 _ 1. shtml, 2011 -8 -27.

[89] http://www. mba. org. cn/mbahtml/01400318/28746_2. html/.

[90] http://www. mcdonalds. com. cn/news/news _ content. aspx? id = 187, 2011 - 8 -15.

[91] http://www. nikeID. com.

[92] http://www. people. com. cn/GB/jingji/1045/2075001. html, 2011 -2 -18.

[93] http://www. ppsj. com. cn.

[94] http://www. sytour. gov. cn/Html/200810/2008101395921 - 1. html, 2011 - 8 -27.

[95] http://www. taobao. com .

[96] http://www. themanage. cn/200910/yingxiaogushi_3. html .

[97] http://zs. chcgs. com/yxch - r. 668. aspx.

[98] http: //www. cca. org. cn/web/search/searchShow. jsp? id = 52738&pid = 314&kind =5 2011 -11 -3.

[99] http: //www. hinews. cn/news/system/2006/11/21/010048135. shtml 2011 - 11 -3.

[100] http: //www. jufeng. com/news/200832711850. html 2011 -11 -3.

附件 评价指引与评价标准

评价目的

此评价指引旨在帮助评估学生对“学习目标”提出的知识与技能的掌握程度。本书每章都提出“学习目标”，明确本章要求理解和掌握的知识和技能。为了帮助学生达到“学习目标”的要求，教材安排了各种不同形式的任务与活动，包括小组讨论、案例分析、报告撰写、市场调研、资料收集、项目策划、演示报告等。学生为了展现其学习成果，必须提供他们完成上述任务与活动的证据，包括讨论笔录、分析报告、策划书、演示文件、产品设计成果、现场演示等。为了评估学生完成这些任务与活动的质量和水平，评估人员除了要评价其上交的最终书面作业以外，还必须对其在完成该作业的过程进行评价。因此，我们制定了一系列的评价标准供教师与其他评估人员使用。学生自己也可以利用这些标准来引导自己的学习，并对学习效果进行自我检查。

评价标准分类

针对不同的活动形式，我们制定了四个不同的评价标准，包括书面报告评价标准、口头演示评价标准、过程表现评价标准和多媒体作品评价标准。

1. 书面报告评价标准适用于各类活动结果的书面报告，包括：

- ▶ 案例分析报告；
- ▶ 市场调查报告；
- ▶ 策略设计报告；
- ▶ 市场分析报告；
- ▶ 项目策划书等。

2. 口头演示评价标准适用于评价各种口头活动的效果，包括：

- ▶ 案例分析结果演示；
- ▶ 营销讨论结果演示；
- ▶ 营销项目策划汇报演示等。

3. 过程表现评价标准用来评价学生在完成任务与活动过程中的具体行为表现，包括：

▶ 各种技能：如策划组织能力、采集与整理资料的能力、理论应用的能力、解决问题的能力、创新能力、沟通能力和时间管理能力等；

▶ 协作态度：如协作意愿、交流讨论、分工合作等。

4. 多媒体作品评价标准用来评价学生以电子文件形式上交的展现其学习成果的各类作品，如：

▶ PPT 文件；

▶ 策划报告电子文件；

▶ 视频音频作品等。

评价标准使用说明

教师在使用这些评价标准时，要注意以下事项：

1. 教师要根据不同的评价项目，选取相应的评价标准。

2. 教师应该事先告知学生任务与活动结果的相关评价标准，以便学生可以按要求完成任务。

3. 评价标准的制定一般是根据学生的能力而编写的，教师宜根据学生的具体情况而做相应的调整。

4. 教师须决定每个评价项目所占总分的比例，如：A、B、C、D 四个等级各相应的具体分数，既可以用定性化标度，如采用“优、良、中、差”或“甲、乙、丙、丁”等的语言来描述；也可以用定量标度，即采用分数形式进行标度，如“90 分以上，90 ~ 80 分，80 ~ 60 分，60 分以下”，等等。

5. 教师宜留意某些持续性项目，如协作能力、时间管理能力等，并不宜等到项目完成时再做评价。

6. 教师可以选择一些须进行持续评价的项目，让学生进行自我评价或同伴评价。比如，教师在评价学生的沟通能力时，须不断观察学生的表现，才可做出正确及客观的判断。当教师须评价大量学生的表现时，可考虑给予学生已修订的评价标准，让他们自行评价自己或其他同学的表现，以减少教师的工作量。

评价标准

1. 书面报告评价标准

评价指标	评价等级	评价标准	得分
报告内容与理论应用	优秀	内容充实切题，论述中肯客观；有充足的理论支持，并与实际结合充分；能较好地利用图表处理数据和资料	
	良好	内容比较充实，表述具体；有较充足的论据支持，比较切合实际；能较好地用图表将资料和数据做清晰的表述	
	中等	内容不够充实，表述的论点欠论据支持；有理论阐述但与实际结合不够充分；未能用好图表处理数据和资料	
	差	内容模糊不清；理论应用不当或无理论应用	

续上表

评价指标	评价等级	评价标准	得分
逻辑与组织	优秀	报告结构合理，思路清晰，逻辑性强，组织严谨，行文流畅易懂	
	良好	结构比较合理，思路比较清晰，有一定的逻辑性，组织较严谨，行文较流畅	
	一般	结构还算合理，思路还算清晰，组织不够严谨，行文还算通顺	
	差	结构不合理，思路混乱，行文欠流畅	
设计与表现	优秀	版面设计精美，善于利用色彩与图表，能吸引读者深入阅览 目录简明，能够规范地列出所有参考资料来源	
	良好	版面设计美观，附有合适的插图 目录清楚，能列出所有参考资料来源，但略欠规范	
	一般	版面设计一般，欠缺美工设计 目录不清楚，也未能列出全部参考资料来源	
	差	版面设计草率，欠整齐 缺目录，也未交代参考资料来源	

2. 口头演示评价标准

评价指标	评价等级	评价标准	得分
演示内容	优秀	演示内容丰富，能将内容扼要地、有条理和清晰地表达出来	
	良好	演示内容比较丰富，能扼要地、有条理地将内容表达出来	
	一般	演示内容一般，或者表达的内容繁杂，稍欠条理性	
	差	内容空洞，或者未能将内容有条理地表达出来	
演示技巧	优秀	恰当运用演示技巧，举止大方得体，声音洪亮，表达清晰流畅 与听众互动良好，能很好地吸引听众注意力	
	良好	演示技巧运用不错，举止颇得体，声音适中，表达清楚 与听众互动较好	
	一般	演示技巧运用一般，举止还算得体，声音颇适中，表达尚清晰 尝试与听众互动接触	
	差	演示技巧运用差，声音较弱，别人要很费劲才能听到 欠缺与听众的互动，演示对听众无吸引力	
演示工具	优秀	演示辅助工具齐全充足，例如设计精美的 PPT 文件、恰当的演示实物等，能很好地展示演示效果	
	良好	有必要的演示辅助工具，如 PPT 演示文件等，对演示效果起到较好的辅助作用	
	一般	演示辅助工具设计一般，对演示效果有一定的帮助	
	差	演示文稿准备草率，或者缺乏演示辅助工具	

3．过程表现性评价标准

一级指标	二级指标	评价等级	评价标准	得分
能力	策划能力	优秀	无须教师监督，能制定可行的工作日程和研究方案	
		良好	在教师的监督下，能制定可行的工作日程和研究方案	
		一般	在教师监督下，只能列出简单的工作日程	
		差	在教师的监督下，仍无任何具体计划和工作日程	
	搜集资料的能力	优秀	能按照研究需要，有效地安排各种途径以搜集资料，并能选用合适的工具去搜集第一手资料，例如问卷、访问问题等，所搜集的资料非常丰富、适当和准确	
		良好	能针对题目的要求，选择各种合适的途径搜集第一手资料和第二手资料，基本掌握其中的技巧，所搜集的资料较准确、适当和切题	
		一般	尝试通过各种途径搜集第一手和第二手资料，但未能完全掌握其中的方法，所搜集的资料亦不够全面，且有些资料未能切题	
		差	只能通过一两种途径搜集第二手资料，而所得的资料不够丰富和不准确，且未能切题	
	整合运用能力	优秀	能根据研究需要筛选、整合所得数据资料，并把它们恰当运用到报告中，成为有力的论据	
		良好	能根据研究需要，较好地筛选、整合所得数据资料，并运用它们作为支持论据	
		一般	对数据资料有初步的筛选、整合，并尝试运用它们作为支持论据	
		差	数据资料的整合运用差，或未能运用数据资料支持论点	
	解决问题的能力	优秀	完全了解要解决的问题及明白其重点所在，并能在数个可行的解决方案中选择最合适的一个	
		良好	了解要解决的问题及明白重点所在；并能运用一个可行的解决方案	
		一般	能识别要解决的问题，但不明白问题的重点，故未能采用合适的解决方法	
		差	需要教师从旁协助才能识别要解决的问题，也未能提出解决问题的方法	
	创新能力	优秀	创新能力强，提出许多别具一格但切合实际的创意	
		良好	颇有创造力，有一些创意并且不生搬硬套别人的套路	
		一般	有一定创新能力，但只能提出有限的意念，而且不太独特	
		差	只是照抄或模仿他人的意念	
	沟通能力	优秀	有很强的沟通意愿与能力，运用高效的沟通方式，与组员及其他相关人员进行及时沟通，取得良好的效果	
		良好	有较强的沟通意愿与能力，运用恰当的沟通方式，与相关人员进行沟通，效果不错	
		一般	愿意并尝试与相关人员进行沟通，但沟通方式以及效果欠佳	
		差	沟通方式不当，未能与相关人员进行有效沟通，沟通效果差	

续表

一级指标	二级指标	评价等级	评价标准	得分
能力	时间管理能力	优秀	绝大部分时间自发地在限期前完成所指派的任务，并能妥善地分配时间以便分阶段完成所有任务	
		良好	经常能自发地在期限前完成所指派的任务	
		一般	经教师催促后才能于期限前完成所指派的任务	
		差	虽经教师催促，仍未能在制定的时间内完成所指派的任务	
态度	协作意愿	优秀	与其他组员通力合作，并协助他人完成所指派的任务	
		良好	积极地参与小组工作，与其他组员合作无间	
		一般	不积极参与小组工作，但仍能完成所指派的工作	
		差	不愿意与其他小组成员合作	
	交流讨论	优秀	非常主动地参与小组的讨论，积极与其他成员交流想法，并善于听取他人意见，提出中肯和富有建设性的建议	
		良好	主动参与小组讨论，能发表自己的观点或听取同伴意见，并提出建议	
		一般	并不太积极参与小组讨论，讨论中能听取他人见解，但不善于或不能对问题提出自己的观点和看法	
		差	不愿意与其他小组成员进行讨论交流	
	分工合作	优秀	能积极主动承担小组的各类任务，并有计划地完成任务，若同伴需要能提供帮助	
		良好	能较积极地承担任务，并根据计划较好地完成任务	
		一般	能参与小组工作，但需要别人安排任务，在同伴的督促下能根据计划完成任务	
		差	不能积极参与小组工作，不愿认领各类任务，不能根据计划完成任务。没有责任心，往往由同伴代替完成	

4．多媒体作品参考评价标准

评价标准	评价指标	得分
思想性 科学性 （28 分）	主题明确、内容积极、健康向上（7 分）	
	能科学、完整地表达主题思想（7 分）	
	内容切合学习和生活实际（7 分）	
	文字内容通顺，无错别字和繁体字（7 分）	
创造性 （27 分）	素材获取及其加工属原创（10 分）	
	具有想像力和个性表现力（7 分）	
	主题表达形式新颖，构思独特、巧妙（5 分）	
	内容、结构设计独到（5 分）	

续上表

评价标准	评价指标	得分
艺术性（25分）	准确、合理地应用多媒体素材表达主题（7分）	
	整体布局平衡合理（7分）	
	页面设计与主题风格一致、界面美观（7分）	
	反映作者有一定的审美能力（4分）	
技术性（20分）	选用制作工具和制作技巧，运用恰当（7分）	
	画面衔接流畅，视听效果好（7分）	
	交互设计合理、导航和链接准确（6分）	
评价等级	优秀：100~90分，良好：89~80分，一般：79~60分，差：59~0分	
作品点评（特色及不足）		总分：